ELOGIOS PA
EL CÓDIGO DE LA

«Estoy convencido de que los descubrimientos que aparecen en este libro pueden ayudarnos a comprender cómo almacenamos las experiencias emocionales y, con ello, cambiar nuestras vidas. *El código de la emoción* ya ha cambiado la vida de muchísimas personas en todo el planeta y espero de corazón que otras tantas se animen a usar esta sencilla herramienta para sanarse a sí mismas y a sus seres queridos».

TONY ROBBINS

«En este maravilloso libro, el Dr. Brad Nelson nos ofrece un modelo muy evolucionado sobre cómo enfermamos y cómo podemos sanar. Asimismo nos explica de manera brillante de qué manera almacenamos un amplio espectro de emociones —que limitan nuestra salud— en nuestro cuerpo y nos ofrece herramientas prácticas para liberarnos de las cadenas de dichas emociones limitantes. Léelo y ¡sánate a ti mismo!».

DR. JOE DISPENZA, autor del aclamado
El placebo eres tú: Cómo ejercer el poder de la mente

«El libro del Dr. Bradley Nelson, *El código de la emoción*, encierra el potencial de cambiar el paradigma de la autoayuda y la autosanación por completo. Si deseas vivir un futuro completamente diferente de la realidad que estás experimentando en este momento, lee este libro y permite que tu mente se abra para siempre al que quizá sea el método de sanación más sencillo y poderoso que el mundo conoce».

GEORGE NOORY, presentador del programa
de radio *Coast to Coast AM*

«He leído cientos de libros de autoayuda, pero *El código de la emoción* te proporciona literalmente todas las herramientas que necesitas para crear tu realidad. Todos tenemos emociones atrapadas y bagaje emocional, así que ¿por qué no aprendemos a utilizar esta técnica, que nos permite soltar el pasado, y empezamos a crear nuestro futuro?».

FRAZIER BAILEY, director de los documentales
E-Motion y *Root Cause*

«*El código de la emoción* nos permite liberarnos del dolor y esto no solo resulta útil para ayudarnos a nosotros mismos, sino que también podemos utilizarlo para ayudar a aquellos que han sido víctimas de violencia y abusos».

TIM BALLAD, fundador de Operation Underground Railroad

«Si estás buscando una manera sencilla y barata de vivir de forma más saludable, ganar más dinero y atraer más amor a tu vida, no busques más. Sencillo, efectivo y poderoso, *El código de la emoción* es un método que cualquier persona puede aprender y utilizar».

DR. ALEX LOYD, naturópata y autor de *El código de curación*

«*El código de la emoción* nos catapulta a años luz de las explicaciones convencionales sobre esos síntomas y enfermedades que aparecen de forma aparentemente aleatoria... Este libro habla de ti, de tu vida y de todas y cada una de las relaciones que experimentarás mientras estés vivo. Estoy seguro de que *El código de la emoción* está destinado a convertirse en un pilar para la sanación del nuevo milenio».

GREGG BRADEN, autor de los éxitos de ventas
Humanos por diseño y *La matriz divina*

«La pasión de Bradley Nelson por crear *El código de la emoción* y sanar y alejar a los demás de su oscuridad interior le convierten en un auténtico promotor de la vida, la alegría, la felicidad y la realización. En lo más profundo de mi corazón, sé que Bradley Nelson es un verdadero regalo para las personas de este mundo».

DON TOLMAN, autor y conferenciante conocido como
The Whole Food Medicine Man

«El libro del Dr. Nelson está lleno de soluciones que funcionan para resolver esos problemas que experimenta la mayor parte de las personas del planeta. El autor ha realizado una labor de sanación increíble en miles de personas y comparte su sabiduría con todos nosotros. Léelo y aprende a ayudar a tu familia».

RAYMON GRACE, autor y fundador de la Fundación Raymon Grace

«A menudo se escucha que la medicina energética es el futuro y estoy seguro de que *El código de la emoción* del Dr. Nelson desempeñará un papel muy importante debido a su simplicidad y su poder».

JUSTIN LYONS, productor de los documentales
E-Motion y *Root Cause*

«Aprender a procesar tus emociones es sin duda lo más importante que podrías hacer en tu vida. *El código de la emoción* es un regalo que nunca perderá su valor».

DR. DARREN R. WEISSMAN, autor de *The Power of Infinite Love and Gratitude* y creador de la técnica The Lifeline Technique

«El Dr. Nelson ha descubierto que la gran mayoría de las personas de este planeta posee un "muro" energético alrededor del corazón creado por la mente subconsciente para protegerlo de posibles daños. Sé paciente, aprende este proceso de sanación emocional y utilízalo para sanarte a ti mismo, a tus hijos y a tus seres queridos».

RAZI BERRY, fundador y editor de *Naturopathic Doctor News and Review*

«¡El Dr. Bradley Nelson es un curandero moderno! *El código de la emoción* es uno de esos libros que no te puedes perder».

STEVE SHALLENBERGER, fundador y presidente de *Becoming Your Best Global Leader* y autor del éxito de ventas *Convirtiéndote en tu mejor*

«*El código de la emoción* es un regalo de sanación tremendamente poderoso para todos aquellos que aprenden a usarlo y lo practican».

JOHN HEWLETT, autor, formulador y fundador de Cardio Miracle

«El Dr. Bradley Nelson te ayudará a ubicar el origen de tus enfermedades emocionales con el fin de deshacerte de ellas. Compra este libro... léelo... y abre tu mente a la salud emocional».

TOM DANHEISER, productor sénior del programa de radio *Coast to Coast AM*

«El viaje de sanación que hice con *El código de la emoción* cambió mi vida y la de muchas otras personas. ¡Y también puede cambiar la tuya! ¡Los resultados sobrepasan con creces el minúsculo esfuerzo que necesitas hacer! Merece totalmente la pena».

DRA. SUSANNE HUFNAGEL (Alemania), profesional certificada en el Código de la Emoción y el Código del Cuerpo

EL CÓDIGO DE LA EMOCIÓN

EL CÓDIGO
DE LA
EMOCIÓN

Cómo liberar tus emociones para disfrutar
de salud, amor y felicidad en abundancia

Dr. BRADLEY NELSON

Ediciones

Primera edición: octubre de 2021
Primera reimpresión: abril de 2022

Título original: *The Emotion Code*

Traducción: María Gómez

Diseño de cubierta: Rafael Soria

© 2019, Bradley Nelson
Publicado por acuerdo con St. Martin's Publishing Group,
Nueva York, EE.UU., en asociación con International Editors' Co.,
Barcelona, España.

De la presente edición en castellano:
© Distribuciones Alfaomega S.L., Gaia Ediciones, 2020
   Alquimia, 6 - 28933 Móstoles (Madrid) - España
   Tel.: 91 617 08 67
   www.grupogaia.es - E-mail: grupogaia@grupogaia.es

Depósito legal: M. 2.468-2021
I.S.B.N.: 978-84-8445-885-2

Impreso en España por: Artes Gráficas COFÁS, S.A. - Móstoles (Madrid)

En memoria de Bruce A. Nelson y Ruth Nelson, mis maravillosos padres, quienes siempre me amaron y creyeron en mí. Mi único pesar es que no terminé el libro mientras estaban vivos, pero estoy seguro de que lo sabrán de alguna manera.

En memoria de los doctores Ida Glynn Harmon y Allen Baine (Doc e Ida), quienes sanaron mi cuerpo cuando yo era un niño muy enfermizo y me introdujeron en el mundo de la curación natural.

Al Dr. Stanley Flagg, mi profesor y mentor.

A mis maravillosos compañeros de Discovery Healing, por toda su ayuda para traer este trabajo al mundo.

A mi esposa Jean, cuyas ideas perspicaces, valiosas contribuciones, sueños y apoyo hicieron posible este trabajo.

Finalmente, a ti, lector. Espero que este libro te ayude a disfrutar de mayor salud y libertad, de un amor más profundo y más felicidad, tal y como ha ayudado a tantas otras personas en todo el mundo.

ÍNDICE

TERCERA PARTE
Cómo utilizar el Código de la Emoción

CUARTA PARTE
Un futuro más brillante

PRÓLOGO

por Tony Robbins

EXISTEN FUERZAS INVISIBLES muy poderosas que actúan constantemente en nuestras vidas; se trata de esas cosas a las que normalmente no prestamos atención, como la radiación, la gravedad o el electromagnetismo. Su presencia es fundamental; tanto que, si fuesen demasiado escasas, la vida en la Tierra no sería posible y, si se dieran en exceso, ¡estaríamos todos muertos! No obstante, debemos incluir las emociones en la lista de fuerzas que nos moldean. El amor, el odio, el miedo, la ira y la gratitud son solo algunas de las emociones que nos afectan de manera única y tan poderosa como cualquier otra cosa en el planeta. Por esta razón, neurocientíficos, psicólogos y fisiólogos han pasado las últimas décadas investigando en profundidad y demostrando los efectos que tienen las emociones en nuestra manera de pensar y actuar, así como en nuestra salud, bienestar, niveles energéticos y vitalidad general.

En la actualidad, tras un suceso traumático o una tragedia de gran envergadura, no es raro ver a reputados practicantes de la medicina energética ayudando a las víctimas a procesar los acontecimientos y a sanar de manera efectiva. Mi mujer, Sage, y yo escuchamos hablar del libro del Dr. Bradley Nelson, *El código de la emoción*, en este contexto, pero no lo habíamos leído. Varias personas a las que apreciamos mucho, como mi entrenador personal, Billy, y mi queridísima amiga y brazo derecho, Mary B., mencionaron *El código de la emoción* en varias ocasiones. La tercera vez que sucedió, Sage sintió una corazonada e, intrigada, me dijo: «Creo que deberíamos conocer a esta gente».

Pedí a un miembro de mi equipo que se pusiera en contacto con el Dr. Bradley Nelson y le preguntase si era posible concertar una cita. Esperábamos que Brad y su mujer, Jean, pudiesen organizarse y venir a Florida a visitarnos. Nos pusimos muy contentos al descubrir que estaban disponibles; de hecho, cogieron un avión aquel mismo día y llegaron a la mañana siguiente. Teníamos mucha curiosidad por saber más acerca de los descubrimientos realizados por el Dr. Nelson en el campo de la medicina energética durante los últimos treinta años. Durante las siguientes horas, Brad y Jean compartieron amablemente su historia con nosotros. Nos contaron cómo llegaron a involucrarse en las artes curativas y cómo, desde el principio, confiaron en la gracia, pues sentían la llamada a servir a la humanidad. Compartían el ángulo de su misión y el impulso por cambiar el mundo mediante el amor y la sanación (y eso es exactamente lo que están haciendo).

Brad y Jean también nos confesaron que hacía treinta años, cuando yo aún hacía publirreportajes, habían comprado en casete mi programa *Poder personal*. En ese momento estaban pasando por un momento bastante difícil, así que escucharon el programa de treinta días e hicieron los ejercicios y, gracias a esto, en menos de sesenta días pudieron poner en práctica su compromiso con la sanación abriendo su primera clínica de quiropráctica y estableciendo su hogar. Me encantó escuchar que, sin yo saberlo, había desempeñado un papel muy importante en sus vidas y que teníamos una conexión desde hacía tiempo.

En el marco clínico, Brad creció como profesional gracias a horas de dedicado estudio, mentores modelo y a su propia práctica espiritual, que consistía en rezar y pedir guía antes de la visita de cada paciente. Brad no solo se centraba en los síntomas evidentes, sino que también comenzó a escuchar su sabiduría interior, que utilizaba como guía para marcar la diferencia con los pacientes. He hablado con muchos doctores de renombre, aquellos que consiguen avances increíbles para personas con problemas de salud de todo tipo, y esta práctica es bastante común. (He aquí una valiosa lección sobre la importancia de ir más allá de los límites de lo que la mente puede decirte). En ocasiones, pacientes que se estaban enfrentando a desafíos muy difíciles y dolorosos venían a ver al Dr. Nelson y él no estaba seguro de qué hacer. Entonces, confiaba en su poder superior para que le guiase al origen de la enfermedad.

Lo que más nos gusta del Dr. Nelson es su determinación para animar a la gente a seguir indagando sobre cómo sanarse. Me siento identificado con esto porque siempre ando en busca de lo que yo llamo conocimiento profundo. ¿Qué es el conocimiento profundo? Para mí es poder aprender algo tan sencillo que puedes aplicarlo inmediatamente para cambiar tu vida o la de los demás. Este tipo de información y herramientas no tienen precio a la hora de crear una mayor calidad de vida y son absolutamente esenciales en las áreas de la salud y el bienestar, en las que resulta sumamente importante que tomemos las riendas de nuestra vitalidad emocional y física.

Con este propósito guiándoles a lo largo del camino, Brad y Jean Nelson han estado viajando discretamente por todo el mundo enseñando a la gente a deshacerse del peso de su pasado emocional con el fin de sanarse a sí mismos. Igualmente, durante los últimos treinta años, han formado y certificado en el Código de la Emoción a miles de profesionales para que puedan ayudar a aquellos que lo necesiten. Siempre digo que la complejidad es enemiga de la ejecución. Cuando algo no solo es efectivo, sino también fácil de aprender y llevar a cabo, es maravilloso. Es importante que recordemos que podemos tomar estas herramientas desarrolladas por el Dr. Nelson y aplicarlas en nuestra vida y en nuestra casa, no solo para ayudarnos a nosotros mismos sino también a nuestros seres queridos. Según el Dr. Nelson, todo el mundo puede utilizar los principios presentados en este libro; el único requisito es tener ganas de aprender.

Más tarde, aquella noche, Brad y Jean nos invitaron a experimentar su técnica de sanación de primera mano. No estábamos seguros de qué podíamos esperar, pero teníamos mucha curiosidad. Después de todo, ¿qué podíamos perder aparte de nuestro bagaje emocional? La pareja trabaja en equipo para descubrir cualquier desequilibrio en el cuerpo. Fue increíble lo rápido que encontraron alteraciones energéticas debidas a situaciones vividas en nuestra infancia y patrones familiares condicionantes. No nos sorprendió descubrir lo mucho que aquello que pensamos y sentimos afecta a nuestro cuerpo. Lo que sí resultó una sorpresa fue ver la facilidad y precisión con la que alguien que sabe utilizar el Código de la Emoción es capaz de identificar la energía almacenada de un trauma emocional y liberarla en cuestión de segundos. Recientemente se ha constatado que los recuerdos traumáticos quedan archivados en el cuerpo e incluso son heredados por nuestros hijos. Puesto que el Código de la Emoción depende de la mente subconsciente para obtener la información, es posible detectar y liberar incluso aquellas emociones que han sido legadas dentro de una familia.

La belleza de este proceso yace en que en el momento en que descubrimos las emociones atrapadas, no fue necesario que reviviésemos nada ni que hablásemos sobre ello. Brad y Jean simplemente eliminaron la «carga» emocional y despejaron el bloqueo energético. Sage y yo estamos sumamente agradecidos por que este método de sanación haya salido a la luz. Nos encantó conocer a Brad y a Jean y damos gracias por el tiempo que compartieron con nosotros. Vimos su luz inmediatamente y estamos muy contentos de poder contar con ellos como amigos.

Las últimas cuatro décadas de mi vida han estado dedicadas a ayudar a otras personas a superar sus impresiones del pasado y sus creencias limitantes, y también a aumentar su aptitud emocional. Estoy entusiasmado por la información que nos brinda el Código de la Emoción, pues hace que el camino hacia el crecimiento personal, la identidad expandida y una calidad de vida extraordinaria sean verdaderamente posibles para cualquiera que desee liberarse del pasado y convertirse en algo más.

Estoy convencido de que los descubrimientos que aparecen en este libro pueden ayudarnos a comprender cómo almacenamos las experiencias emocionales y, con ello, cambiar nuestras vidas. *El código de la emoción* ya ha cambiado la vida de muchísimas personas en todo el planeta y espero de corazón que otras tantas se animen a usar esta sencilla herramienta para sanarse a sí mismas y a sus seres queridos. Sage y yo estamos profundamente agradecidos por el trabajo y la generosidad de esta pareja. Gracias por el Código de la Emoción. ¡Gracias por compartirlo con todos nosotros!

Tony Robbins

AGRADECIMIENTOS

MI MAYOR AGRADECIMIENTO es para aquellos que me han ayudado en la elaboración de este trabajo.

A mis pacientes, por permitirme ser su amigo y médico, y por dejarme compartir sus historias.

A mi hermano Greg, por iniciarme en la terapia con imanes y en una nueva manera de ver las cosas.

A mi hermano Bruce, por enseñarme el poder de la caridad.

A mis hermanas Michele y Noelle, por su amor y su aliento positivo.

A mi hija Natalie, por sus consejos y sus increíbles habilidades de escritura y edición.

A mi hija Sara, por su excelente ayuda con la fotografía.

A mi agente literario, Tom Miller, por ayudarme a encontrar al editor perfecto.

A mi editor, Joel Fontinos, de St. Martin's Press, por creer en este mensaje y ver cómo podría ayudar al mundo.

A mis amigos Tony y Sage Robbins, por su franqueza y generosidad, y por su maravillosa disposición para sanar el mundo y servir a la luz.

A mi esposa, Jean, por estar a mi lado en los buenos y en los malos momentos, y por ser mi inspiración, mi ayudante y mi mejor amiga.

Finalmente, a Dios, por responder a mis oraciones, bendecirme con los dones que necesitaba para escribir este libro, convertirme en un instrumento de sanación y guiar mis pasos a lo largo del camino.

NOTA A LOS LECTORES

EL LLAMADO CÓDIGO DE LA EMOCIÓN es un método de autoayuda que a menudo produce maravillosos resultados y fantásticos beneficios de naturaleza tanto física como emocional. Sin embargo, es un descubrimiento relativamente nuevo y no ha sido estudiado a fondo todavía.

Todas las historias en este libro son reales, pero los nombres han sido cambiados para proteger la privacidad de los protagonistas. Este libro está basado en las observaciones y experiencias personales del Dr. Bradley Nelson y de otras personas que han puesto en práctica este método de sanación. Tú, lector, debes ser el absoluto responsable de tu propia salud, tanto física como mental. Ni el Código de la Emoción ni las pruebas musculares que aquí presentamos deben ser usados ni mal interpretados para diagnosticar la posible existencia de ninguna dolencia o enfermedad de carácter mental, físico o emocional en particular.

Las enseñanzas aquí expuestas no pretenden ser el sustituto de los profesionales de la salud. Ni el autor ni la editorial son responsables de su mal uso. El lector se hace responsable de las consecuencias que obtenga del empleo de los remedios o tratamientos analizados o enseñados en las siguientes páginas. La información contenida en estos materiales es para uso personal y no está destinada a la práctica de ningún arte de sanación, excepto hasta donde la ley lo permita. Ninguna representación contenida en este material tiene como fin sustituir el consejo médico y no debe ser utilizada como método de diagnóstico o tratamiento médico. Para obtener un diagnóstico o tratamiento, acuda a un profesional de la salud.

No obstante, los resultados individuales pueden variar y el autor y la editorial no ofrecen declaraciones ni garantías de ningún tipo, ni asumen responsabilidad alguna con respecto a la exactitud o integridad de los contenidos; también rechazan específicamente cualquier garantía implícita de comerciabilidad o idoneidad de uso para un propósito particular. Ni el autor ni la editorial serán responsables ante ninguna persona o entidad respecto de cualquier pérdida, incidencia o daño causados o presuntamente causados, directa o indirectamente, por la información o los programas contenidos en este libro.

INTRODUCCIÓN

S ER TESTIGO DEL INCREÍBLE crecimiento y aceptación que ha experimentado la sanación energética desde que *El código de la emoción* fue publicado por primera vez en 2007 ha resultado inmensamente gratificante. En bastantes ocasiones he dicho que las experiencias de mi vida me han preparado para traer al mundo esta bella y sencilla herramienta. Creo sinceramente que este método de sanación viene de allá arriba, de la fuente divina de la verdad, y que ha aparecido en el mundo en el momento en que más se necesitaba.

Se me condujo a acercarme al mundo de las artes de la sanación con una respuesta muy poderosa y clara a mis plegarias, en un periodo en el que estaba pidiendo ayuda para determinar la dirección que debía tomar mi vida.

El Código de la Emoción es un método curativo que desarrollé en mi pequeña clínica holística del sur de California a principios de los noventa. Surgió cuando trabajaba con pacientes a diario, averiguando qué funcionaba y descartando lo que no y aprendiendo todo lo que podía sobre cualquier método curativo que estuviesen utilizando mis colegas o que apareciese en textos antiguos sobre sanación. Mi talentosa mujer, Jean, trabajaba conmigo y, siendo una de las personas más intuitivas que conozco, resultó ser de gran ayuda. Asimismo, desarrollé un hábito privado y personal de pedir ayuda a Dios de manera rápida y discreta con cada paciente que venía a la consulta y así fui recibiendo inspiración de manera gradual y a veces repentina.

Desde 2009 he participado en cientos de programas de radio y he aparecido en bastantes programas de televisión. He formado a todo tipo de personas en el Código de la Emoción y he tenido el privilegio de ver cómo este método echaba raíces y se expandía en áreas remotas de la tierra. He presenciado cómo miles de personas descubrían sus habilidades de sanación, cosa que de otro modo creo que no habría ocurrido. Se han salvado incontables matrimonios; se han resuelto casos de depresión, ansiedad y ataques de pánico. Mucha gente ha sido capaz de dejar atrás el dolor y encontrar la paz que tanto anhelaba. Mi equipo en Discovery Healing ha formado y certificado a miles de personas de todo el mundo, y en la actualidad muchas de ellas se dedican profesionalmente a ayudar a los demás. Son capaces de cambiar la vida de las personas para siempre, a pesar de que, en algunos casos, el sanador y el cliente no se lleguen a ver nunca en persona.

Me considero el mensajero de este método, eso es todo. Soy el representante, el profesor. Creo que ese es mi propósito en esta vida: informar al mundo de que sanarse es posible. Decirle al mundo que hay un Creador Divino por encima de nosotros, que es real, que vive, que nos ama, que desea que sanemos, que desea que crezcamos, que desbloqueemos nuestros dones sanadores, que pidamos ayuda y que, con el tiempo, volvamos a casa habiendo aprendido a amar incondicionalmente. Cuando estamos intentando ayudar a otra persona, cuando pedimos ayuda divina para hacerlo, se nos da acceso a una fuente de poder ilimitado, una fuente que todo lo que tiene para ofrecernos es amor, una comprensión perfecta de quiénes somos realmente y el potencial glorioso que todos poseemos en nuestro interior.

Nuestro «bagaje emocional» impide que desarrollemos la mejor y más pura versión de nosotros mismos. Tal y como aprenderás en este libro, parte de tu bagaje proviene de tus propias vivencias, mientras que otra parte ha sido legada por tus familiares y seres queridos. Puedes utilizar el Código de la Emoción para cambiar tu vida o la de cualquiera que te importe, ¡incluso la de tus mascotas!

Abre el corazón y la mente y haremos un viaje juntos en el que compartiré contigo el método de sanación más poderoso y eficaz y, aun así, más sencillo que jamás se ha concebido: el Código de la Emoción.

PRIMERA PARTE

Emociones atrapadas

1

EMOCIONES ATRAPADAS: LA EPIDEMIA INVISIBLE

«La verdad es más extraña que la ficción, pero esto es porque la ficción está obligada a atenerse a la probabilidad; la verdad no».

MARK TWAIN

¿DÓNDE ESTARÍAS SIN TUS EMOCIONES? Si la suma total de todas tus experiencias conforma el tapiz de tu vida, son las emociones que has experimentado las que dan color a ese tapiz. Trata de imaginarte por un momento un mundo donde las emociones no existieran. La alegría no sería posible ni tampoco ningún sentimiento de felicidad, dicha, compasión o amabilidad. El amor no podría sentirse, así como ningún sentimiento positivo. En ese planeta imaginario sin emociones, tampoco existirían las sensaciones negativas. Ni pena, ni ira, ni depresión, ni dolor. Vivir en semejante mundo implicaría existir sin más. Sin nuestra capacidad para sentir emociones de ningún tipo, la vida quedaría reducida a un ritual mecánico poco prometedor durante toda la existencia. ¡Agradece que puedas sentir emociones! Pero ¿existe alguna emoción que preferirías no haber sentido? Como la de la mayoría de las personas, tu vida ha debido de tener sus rachas oscuras. Probablemente has experimentado momentos de ansiedad, angustia, ira, frustración y miedo. Puede que hayas vivido periodos de dolor, así como de depresión, baja autoestima, desesperanza o cualquier otra dentro de una gran variedad de emociones negativas.

Lo que quizá no sepas es que algunas de las emociones negativas que has experimentado, a pesar de que las hayas sentido hace mucho tiempo, pueden aún estar creándote problemas de manera muy dañina aunque sutil. Gran parte de nuestro sufrimiento se debe a energías emocionales negativas que han quedado «atrapadas» dentro de nosotros. El Código de la Emoción es un método simple y poderoso para encontrar y liberar esas energías prisioneras en nuestro cuerpo.

Muchas personas han descubierto que cuando ellas mismas se liberan de sus emociones atrapadas son capaces de vivir existencias más sanas y felices, ya que una sola emoción atrapada puede crear tanto problemas físicos como emocionales.

Los siguientes ejemplos de la vida real ilustran cómo la liberación de la energía emocional atrapada, utilizando el Código de la Emoción, puede dar como resultado mejoras asombrosas y repentinas en nuestro bienestar físico y emocional:

- El dolor de cadera de Alison la abandonó instantáneamente y pudo bailar en su función aquella noche.
- Los constantes sentimientos de depresión suicida de Linda desaparecieron.
- La ansiedad crónica de Jennifer fue reemplazada por la total seguridad en sí misma que siempre había deseado tener.
- Laurie anunció que por primera vez sintió el amor de Dios en su interior.
- Sheryl pudo por fin deshacerse de la rabia hacia su exmarido y comenzar una nueva relación amorosa con otra persona.
- Julia aprobó con nota sus oposiciones a taquígrafa judicial después de haber suspendido varias veces.

- El dolor de pie de Larry desapareció junto con su cojera.
- Las alergias de Connie se esfumaron.
- Los años de resentimiento de Neil hacia su jefe se disiparon.
- Yolanda finalmente perdió el peso que había deseado perder durante años.
- Joan dejó de padecer bulimia.
- La visión de Tom mejoró.
- El dolor de hombro de Jim desapareció.
- El síndrome del túnel carpiano de Mindy se resolvió.
- El dolor de rodilla de Sandy, por el cual ya había acudido a otros tres médicos, se fue en instantes.
- Los terrores nocturnos de Carol, que la habían invadido desde hacía más de treinta años, se esfumaron en una semana y no volvieron.

Estuve presente en cada uno de estos casos y en otros similares. En muchos años de práctica y enseñanza he visto innumerables curaciones aparentemente milagrosas como estas, pero son todas el resultado de la simple liberación de emociones atrapadas utilizando el Código de la Emoción. Mi propósito con este libro es enseñarte a encontrar y eliminar emociones atrapadas tanto en ti mismo como en los demás.

Tanto si eres médico como pescadero, ama de casa o estudiante, puedes aprender el Código de la Emoción. Es fácil.

Todos podemos aprender cómo liberarnos de los efectos realmente dañinos de las emociones atrapadas.

¿QUÉ SON LAS EMOCIONES?

A lo largo de toda nuestra vida experimentamos continuamente emociones de algún tipo. Todos esos sentimientos que experimentas tienen un propósito: te proporcionan motivación y dirección y te transmiten mensajes de tu cuerpo, tu yo superior y la Divinidad. Aunque normalmente sean incómodas y dolorosas, las emociones negativas también son útiles. Todos experimentamos extremos emocionales negativos en determinadas ocasiones, ya que eso forma parte de lo que supone ser humano. Nuestras emociones no aparecen de la nada, sino que son generadas por nuestro cuerpo según dos criterios: lo que estamos experimentando en el momento y la información de experiencias previas que se encuentra almacenada en nuestro cuerpo y nuestra mente. Así que ya estemos sintiendo felicidad o vergüenza, esa emoción procede de nuestro interior y existe por una razón.

¿De qué están hechas las emociones? Aunque hablaremos detalladamente sobre esto más adelante, debes saber que las emociones son vibraciones de energía pura. Cada emoción tiene su propia frecuencia vibracional. En el universo todo está hecho de energía y las emociones no son una excepción. La física cuántica ha probado que una energía es capaz de afectar a otra energía. Por lo tanto, podríamos decir que la energía de nuestras emociones nos afecta porque nuestros cuerpos también están hechos de energía. Esta verdad tan sencilla es la razón por la que nuestras emociones pueden afectarnos tan profundamente a nivel mental, emocional y físico.

LA EXPERIENCIA EMOCIONAL EN POCAS PALABRAS

Cuando experimentamos una emoción ocurren tres cosas. Primero, nuestro cuerpo genera la vibración emocional. Segundo, comenzamos a sentir la emoción y cualquier pensamiento o sensación física que la acompañe. En tercer lugar, tras algunos segundos o minutos, elegimos soltar la emoción y seguimos adelante. Este último paso se llama *procesamiento* y, una vez completado, nos permite dejar atrás la experiencia emocional y esta ya no debería causarnos ningún problema.

Sin embargo, si el segundo o el tercer paso son interrumpidos, la experiencia emocional quedará incompleta y, muy probablemente, la energía de la emoción quedará atrapada en el cuerpo.

Aún no comprendemos totalmente las razones por las que las emociones no se procesan por completo. Parece ser que cuanto más abrumadora o extrema sea una emoción, más posibilidades tiene de quedar atrapada. También podría haber otras razones, como la debilidad corporal o el hecho de poseer demasiadas emociones atrapadas con una vibración parecida, pero hablaremos de esto más adelante.

¿QUÉ ES UNA EMOCIÓN ATRAPADA?

Por mucho que queramos olvidar aquellos momentos difíciles por los que hemos pasado, la influencia de estos acontecimientos puede quedarse con nosotros en forma de emociones atrapadas. En ocasiones es posible recordar estas situaciones de manera consciente, y en otras no. Sin embargo, no importa si eres capaz de recordar una situación dolorosa o no, ya que tu mente subconsciente *sí* la recuerda, y con ayuda del Código de la Emoción es posible acceder a esa información. Muchas personas que han atravesado un trauma severo han bloqueado años de sus vidas y no recuerdan apenas nada; sin embargo, el Código de la Emoción nos permite eludir la mente consciente completamente y acceder desde la mente subconsciente a la información vital acerca de las emociones atrapadas. Cada vez que atrapas una emoción, te quedas atascado en la situación traumática que estuvieses experimentando, y en lugar de dejar el momento de negatividad o tristeza atrás, esta energía emocional dañina puede permanecer dentro del cuerpo causando un significativo estrés físico y emocional. La mayoría de las personas se asombran al descubrir que su bagaje emocional es más real de lo que habían imaginado. En efecto, las emociones atrapadas consisten en energías bien definidas que tienen significado y forma. A pesar de no ser visibles, son muy reales.

EL RESENTIMIENTO DE NEIL

En esta historia, un profesor canadiense nos cuenta cómo una situación difícil devino en una emoción atrapada que permaneció con él e impactó en todos los ámbitos de su vida de manera negativa.

Hace algunos años, cuando era profesor, la directora del colegio y yo no nos llevábamos nada bien. Discutíamos por cualquier motivo casi desde el primer día que nos conocimos. Ella era extremadamente despiadada y vengativa y me humillaba de todas las maneras imaginables. Finalmente, alrededor del mes de enero del año escolar, decidí alejarme de ella. Acudí a mi médico y solicité una baja por estrés. Él me dijo: «Tómese algún tiempo y recupérese», y eso hice durante tres meses, al finalizar los cuales volví a incorporarme a mi puesto con el alta médica, pero bajo la condición de que no volviese a pasar por la misma situación con esta directora tan desagradable.

Pero los sentimientos que tenía sobre ella y sobre toda aquella situación no acababan de irse. Brotaban a menudo y yo cavilaba sobre ellos, sintiendo cómo subía mi presión arterial y cómo el enfado y el resentimiento se fortalecían dentro de mí por el modo en que había sido tratado y por el hecho de que ella nunca se disculparía ni sería amable con aquellos profesores que nos mostrábamos en desacuerdo con su visión sobre la autoridad.

Así continué dos años. No podía dormir por las noches debido al resentimiento y las emociones negativas que aca rreaba. Finalmente decidí viajar al sur de California a ver al Dr. Brad Nelson a su clínica. Este deslizó un imán hacia arriba y hacia abajo por mi espalda para liberar ese resentimiento y cuando lo hizo sentí —realmente lo sentí— que algo me abandonaba. Desde ese momento, a pesar de que aún no me gusta esa mujer, ya no cargo con sentimientos negativos ni tengo la presión arterial alta ni la ira ni el resentimiento que me habían poseído durante años. Esta es la historia de mi bloqueo emocional, que desapareció gracias a los conocimientos y el Código de la Emoción que enseña el Dr. Brad.

Neil B.

TU FUTURO COMO REHÉN

¿Sientes a menudo que estás cargando con el peso de algo pero no puedes decir concretamente qué es? Tal vez tu vida no esté resultando como habías esperado. Tal vez tus intentos por tener relaciones duraderas no acaben de funcionar. Puede ser que desees que algunos acontecimientos del pasado nunca hubiesen ocurrido pero te sientas impotente para superarlos. Incluso puedes tener la inquietante e indefinible sensación de que tu presente es rehén de tu pasado.

EL AUTOSABOTAJE DE JENNIFER

La experiencia de Jennifer es un buen ejemplo de cómo las emociones atrapadas se pueden interponer en tu camino. Ella era una amiga cercana de mi hija, una estudiante universitaria amante de la diversión y con un futuro brillante. De camino a casa, un verano vino a visitar a nuestra familia. Su vida universitaria iba bien, pero expresó la preocupación de que ciertos acontecimientos de su pasado la seguían afectando y se preguntaba si estaría sufriendo de emociones atrapadas.

Me contó que había estado involucrada en una turbulenta relación con un chico el año anterior. Jennifer dijo que desde el fracaso de aquel tormentoso noviazgo sentía la espina de la inseguridad cada vez que conocía a alguien nuevo y tenía un infundado miedo a una relación a largo plazo que no podía vencer. Añadió que su subconsciente parecía sabotear, sin querer, cada relación potencial; la examiné y descubrí que, en efecto, había al menos una emoción atrapada que agravaba su problema.

Decidí ayudarla a aprender a tratarse ella misma, así podría continuar liberando sus emociones atrapadas sin mi asistencia.

Jennifer aprendió rápida y fácilmente el Código de la Emoción y perseveró hasta encontrar varias emociones atrapadas en su cuerpo; la más notable, la emoción de inseguridad creativa. Esta emoción en particular surge por una falta de confianza en torno a la creación de cosas nuevas: desde pintar un cuadro hasta iniciarse en un trabajo o adentrarse en una relación amorosa. Jennifer había experimentado esa emoción en su anterior relación y esta había quedado atrapada dentro de ella. Por fin pudo liberarse, en unos minutos, de la inseguridad creativa, así como de algunas otras emociones atrapadas en su cuerpo, y después continuó su camino a casa.

Unos días después, llamó afirmando que experimentaba una diferencia asombrosa. Me dijo que sentía una notable mejoría en su habilidad para articular sus pensamientos y expresarse en compañía de un joven con el que estaba saliendo. Al principio se había mostrado tímida frente a él, pero después de liberar sus emociones atrapadas se sintió muy relajada y confiada. Meses más tarde continuó viendo crecer la relación. Estaba segura de que, si no hubiese liberado sus emociones atrapadas, habría saboteado de nuevo esta relación.

Deshacerte de tus emociones atrapadas puede ayudarte a vencer los obstáculos de tu pasado y brindarle una nueva vida a tu matrimonio, tu trayectoria profesional, tu familia y todas tus relaciones personales. Además, la liberación de tus emociones atrapadas puede hacerte sentir más seguro y motivado y ayudarte a vivir como siempre has deseado.

Es frecuente que las personas se sientan de alguna manera vencidas por sus emociones pasadas, pero no parecen saber cómo liberarse de ellas. En Occidente, el enfoque tradicional suele consistir en hablar del pasado con un terapeuta y determinar qué mecanismos pueden ayudarte a sobrellevar dichos traumas. Aunque esto suele ayudar y puede salvar vidas, no trata directamente las emociones atrapadas, es decir, la raíz del problema no se elimina. Las emociones atrapadas a menudo llevan a la gente a actuar de diferentes maneras con el fin de paliar sus efectos. Por ejemplo, es posible que te excedas trabajando, que consumas drogas o alcohol, que busques situaciones que te generen excitación o que intentes resolver los problemas de los demás. Muchas personas fracasan en desarrollarse conforme a su habilidad y tienen dificultad para hacer que su vida funcione como debería. A menudo, la causa subyacente de su frustración es la emoción atrapada de un acontecimiento del pasado que sin darse cuenta está saboteando sus esfuerzos. La siguiente historia es un ejemplo perfecto de cómo sucede esto.

JULIA, LA TAQUÍGRAFA

Julia estudiaba en la facultad para convertirse en miembro del personal que lleva el registro de los juicios y estaba entusiasmada con las perspectivas futuras de su trabajo. Los miembros de este tribunal aprenden a escribir en una máquina fonética especializada y deben teclear muy rápido y a la perfección para registrar todo lo dicho en la sala del tribunal. A Julia le iba bien en clase, pero cada vez que tenía que superar un examen difícil, donde sentía verdadera presión, no lo pasaba. Estaba muy preocupada, puesto que había suspendido la prueba tres veces y temía que la próxima fuera su última oportunidad de aprobar.

La traté para comprobar si había alguna emoción atrapada que pudiese estar influyendo en su comportamiento a la hora de hacer el examen y la respuesta que dio su cuerpo fue «sí». En su caso, la emoción atrapada era el desaliento. A la edad de quince años había atravesado un momento complicado cuando sus padres se divorciaron. Julia había experimentado una gran frustración que había quedado atrapada en su cuerpo. A la hora de su examen, con la presión encima, la emoción atrapada de desaliento saboteaba sus esfuerzos. Liberamos el desánimo atrapado y se presentó a su próximo examen sintiéndose relajada y confiada, de manera que obtuvo un resultado casi perfecto.

Julia no tenía ni idea de que el divorcio de sus padres y sus antiguos sentimientos en torno a este podrían estar afectándola de manera tan negativa en el presente.

Del mismo modo en que los efectos del viento pueden percibirse en vez de verse, las emociones atrapadas son invisibles; no obstante, pueden ejercer una poderosa influencia sobre ti. Teniendo en cuenta mi experiencia, un porcentaje significativo de las enfermedades físicas, las dificultades emocionales y el autosabotaje son causados, en efecto, por estas energías invisibles. La siguiente historia es un buen ejemplo de lo que acabo de exponer.

MARC, EL CANTANTE

Marc era cantante profesional y llevaba unos meses teniendo dificultades para grabar. No paraba de repetir que su voz ya no era la misma y estaba obsesionado con que tenía un bulto en la garganta. Su médico le recetaba antibióticos con regularidad para tratar el problema, pero la situación no mejoraba. Le comenté que quizá podría probar un enfoque diferente y accedió. La primera emoción que apareció fue asco. Esta emoción se había alojado en su laringe hacía seis meses y estaba relacionada con su prometida. Cuando le pregunté qué había ocurrido hacía seis meses, comenzó a llorar y me contó que había descubierto que ella le era infiel. En ese momento, recordó que fue precisamente por aquel entonces cuando comenzó a tener problemas con su voz. Cuando liberamos otras cuatro emociones relacionadas con aquella situación, se empezó a sentir mejor y ese mismo día fue a su estudio y grabó sin ningún problema.

Lustin L.

EL DAÑO QUE CAUSAN LAS EMOCIONES ATRAPADAS

Las emociones atrapadas pueden provocar que hagas suposiciones incorrectas, que reacciones de manera exagerada frente a comentarios inocentes, que malinterpretes una conducta y que causes un cortocircuito en tus relaciones. Aún peor, estas emociones pueden crear depresión, ansiedad y otros sentimientos indeseables que crees no poder resolver. Pueden interferir en el funcionamiento correcto de los órganos y tejidos de tu cuerpo, causando estragos en tu salud física, dolor, fatiga y enfermedad. Sin embargo, no importa cuán grande sea tu sufrimiento, la energía invisible de las emociones atrapadas no será diagnosticada por la medicina convencional, aun siendo un factor causante de tus dolencias físicas y emocionales.

Para eliminar cualquier tipo de problema que tenga que ver con tu salud o bienestar, estos síntomas deben ser tratados. Hay numerosos medicamentos que pueden aliviarlos, pero cuando sus efectos desaparecen, los síntomas a menudo regresan, debido a que las causas subyacentes de la enfermedad no han sido tratadas.

Es importante que reconozcas y elimines tus propias emociones atrapadas antes de que provoquen más daño. Puedes disfrutar de una vida mucho mejor al deshacerte de ellas.

Este libro revela la verdad: que las emociones atrapadas son una oculta pero potente semilla de sufrimiento y enfermedad, tanto emocional como física.

¿EL TIEMPO SANA TODAS LAS HERIDAS? TAL VEZ NO...

Probablemente hayas oído decir que el tiempo sana todas las heridas, pero esto no es necesariamente cierto. Puedes pensar que has dejado atrás todo el dolor emocional de relaciones anteriores y tal vez hayas hecho terapia para poder tratarlo. Puede parecer que todo ha quedado atrás, pero tu cuerpo quizá siga habitado por las energías invisibles de viejas emociones. Estas son heridas que el tiempo solo no puede ni podrá sanar, y que influyen en cómo actúas y cómo te sientes en tus relaciones. Es más, en ocasiones hacen que las sabotees. De hecho, cuanto más tiempo permanezca atrapada una emoción en tu cuerpo, más posibilidades tiene de generarte dolor emocional y físico. Cuando una emoción atrapada se libera, una carga es literalmente extraída de tu cuerpo. De hecho, la gente a menudo experimenta una sensación de alivio y levedad en torno a la liberación de la emoción atrapada. Encontrar y liberar aquellas energías negativas atrapadas puede causar cambios en cómo te sientes y te comportas, en las elecciones que haces y en los resultados que obtienes. Y la mayoría de las veces, ¡esa libertad y confianza recién descubiertas empiezan a fluir automáticamente!

LOS AVANCES DE J.

Mi hijo J., de diecisiete años, es autista. Es muy tímido y callado, y antes ni siquiera cogía el teléfono cuando alguien llamaba. Desde que empezó a recibir sesiones del Código de la Emoción, ha ido saliendo de su caparazón poco a poco.

Hace poco, fuimos a su concierto de primavera. La profesora le había asignado interpretar un solo en la actuación final. Se puso de pie en el escenario y cantó delante de cientos de personas. Mi hija y yo nos quedamos boquiabiertas. Le mirábamos abrazadas y con lágrimas en los ojos. Sí, estaba nervioso, pero lo hizo. Hace un año, esto habría sido impensable. También, se ha vuelto muy abierto en las últimas semanas. Intenté explicarle en qué consistía la terapia y no lo entendió, pero está claro que el método está teniendo un impacto increíble en su comportamiento.

Estoy sumamente agradecida por la oportunidad que nos ha brindado el Código de la Emoción.

RICHELLE T.

LO IMPOSIBLE SE HIZO POSIBLE

Quiero compartir la historia de uno de mis clientes. Se trata de un niño de seis años que fue adoptado internacionalmente. Es bastante menudo, pesará unos 15 kg y no parece tener más de dos o tres años. Sus test de desarrollo cognitivo le sitúan en los seis meses de edad (solo recibió agua durante su primer mes de vida). Además, apenas interactuaba con las personas de su entorno y carecía de habilidades verbales.

Llevaba un tiempo trabajando con él usando naturopatía para intentar restaurar el equilibrio. Un día su madre se puso en contacto conmigo para contarme que el niño había empezado a llorar durante dos o tres horas cada mañana. Le pedí permiso para examinarle utilizando el Código de la Emoción y ella accedió enseguida. Tras una única sesión, el niño dejó de tener ataques de llanto y nunca volvió a tenerlos. Sus padres me contaron que además sonreía más a menudo y parecía estar más tranquilo. Continuamos con las sesiones y los resultados han sido increíbles, por lo que doy gracias a Dios. El pequeño ha comenzado a interactuar con su familia como nunca antes, ahora responde cuando le hacen preguntas o le piden que haga algo y ha empezado a intentar articular palabras. Estos son los cambios más importantes, pero no son los únicos; el pequeño ha experimentado un sinfín de resultados beneficiosos desde que comenzó a acudir a las sesiones. Cuando lo adoptaron, los padres fueron informados de que ninguno de estos avances sería posible, pero ahora sabemos que obviamente lo son. Poder actuar como canal para los milagros es una bendición enorme para mí. ¡Estoy sumamente agradecida por el regalo que es el Código de la Emoción!

DRA. PAMELA R.

El Código de la Emoción consiste en retirar el bagaje emocional para que puedas ser quien realmente eres en tu interior. Tú no eres tu bagaje emocional, pero a veces tus emociones atrapadas pueden desviarte u ocasionar que transites caminos que preferirías no tomar. Las emociones atrapadas pueden apartarte de vivir la existencia sana y feliz para la que estás hecho.

LAS EMOCIONES ATRAPADAS Y EL DOLOR FÍSICO

Además del obvio dolor emocional, millones de personas sufren de males y molestias muchas veces generados por energías emocionales atrapadas que, pese a ser invisibles, contribuyen o generan dolor físico. El siguiente ejemplo ilustra cómo las emociones atrapadas pueden ejercer una influencia asombrosamente poderosa sobre el cuerpo físico.

EL CORAZÓN ROTO DE DEBBIE

Debbie había sido mi paciente durante un año más o menos, cuando un día entró en mi consulta quejándose de lo que pensaba podría ser un ataque al corazón. Tenía dolor de pecho y dificultad para respirar; su brazo izquierdo estaba completamente entumecido, al igual que el lado izquierdo de su cara. Me informó de que había ido empeorando de forma gradual a lo largo de las últimas veinticuatro horas. Inmediatamente la recosté y alerté a mi equipo de que podríamos necesitar asistencia médica. Después de comprobar sus constantes vitales y encontrarlas normales, examiné su cuerpo para ver si esos síntomas estaban siendo causados por una emoción atrapada. La respuesta de su cuerpo fue «sí».

Continué examinando a Debbie y rápidamente determiné que la emoción atrapada era pena. Una evaluación más minuciosa reveló que esta emoción había quedado prisionera en su cuerpo hacía tres años. En ese momento estalló en llanto y exclamó: «¡Pensé que ya lo había tratado todo en terapia! ¡No puedo creer que haya aparecido ahora!». Me explicó que tres años antes su marido había tenido una aventura amorosa. La noticia fue devastadora para ella. Destrozó su matrimonio y su vida durante un tiempo, pero gradualmente lo fue aceptando. Derramó muchas lágrimas, pasó un año haciendo terapia, se volvió a casar y siguió adelante, o al menos eso pensó.

Debbie expresó su asombro al comprobar que su pena del pasado aún la seguía afectando y de una manera tan dramática. ¿Cómo podía ser que este acontecimiento fuera la fuente de su dolor físico cuando había hecho lo posible por tratarlo? Había hecho todo lo que le habían aconsejado: había llorado y expresado sus sentimientos, había buscado el consuelo de sus amigos y el consejo de un terapeuta. Se abrió al diálogo con su marido y aceptó su divorcio. No había sido fácil, pero logró un avance importantísimo. En su mente, era algo tratado, asumido y dejado atrás. Lo que no vio es lo que tampoco ninguno de nosotros puede ver. Quedaba un efecto físico de su experiencia que era silencioso e invisible hasta que su cuerpo empezó a manifestar síntomas de él. Debbie había tratado sus problemas de todas las maneras, pero no contó con que sufría de una emoción atrapada.

Liberé de su cuerpo la pena atrapada y en pocos segundos la sensibilidad volvió a su brazo y a su cara. De repente pudo volver a respirar libremente y el dolor de pecho y la pesadez se fueron. Dejó mi consulta momentos después, sintiéndose completamente bien. La abrumadora pena que mi paciente había sentido durante aquellos primeros días de su ruptura había quedado literalmente atrapada en su cuerpo físico. El alivio instantáneo de sus síntomas físicos me pareció asombroso, ya que el concepto de emociones atrapadas era relativamente nuevo para mí. Quedé preguntándome acerca del mecanismo que estaba en funcionamiento. ¿Cómo podía una sola emoción causar síntomas físicos tan extremos?

La experiencia de Debbie es un dramático ejemplo de cómo las emociones atrapadas pueden afectarnos físicamente y cómo la terapia tradicional, a pesar de tener sus beneficios, no puede ni intenta eliminarlas. Las típicas emociones atrapadas no suelen causar síntomas tan intensos como los que experimentó Debbie. La mayoría son más sutiles, pero, no obstante, ejercen una influencia desequilibrante tanto en la mente como en el cuerpo.

LA MADRE DE SHARON

Una paciente llamada Sharon acudió a mi consulta un día quejándose de dolor en el abdomen, como si procediera de su ovario derecho. La examiné para ver si la causa del dolor se debía a una emoción atrapada y descubrí que así era.

Exámenes posteriores revelaron que la emoción exacta era la frustración, que tenía que ver con su madre y que había quedado atrapada en su cuerpo tres días antes. En el momento en que llegué a esta conclusión, se disgustó bastante y musitó entre dientes: «¡Ay, mi madre! Me llamó hace tres días para agobiarme con todo. ¡Desearía que desapareciera de mi vida y me dejara en paz!».

Liberé de su cuerpo la frustración atrapada y el dolor se disipó instantáneamente. Sharon estaba asombrada y casi no podía creer que el dolor se hubiera ido por completo y de repente. Incluso era más asombroso para Sharon el hecho de que su intensa frustración con su madre fuera la causa aparente del dolor físico que había estado padeciendo en los últimos tres días.

Las emociones atrapadas no solo generan dolor físico como en el caso de Sharon, sino que pueden crear desequilibrios musculares que conducen al mal funcionamiento de las articulaciones y a su eventual degeneración, para dar paso a la artritis. He visto cientos de casos en los que un agudo dolor físico se esfumó de manera instantánea tras la liberación de una emoción atrapada.

LAS RODILLAS DE JIM

La eliminación de emociones atrapadas puede a menudo aliviar el dolor y el sufrimiento, incluso en casos en los que sería considerado imposible por la medicina convencional. Esta es una carta que recibí de un antiguo paciente cuya dolencia se amolda a esta descripción:

> Fui su paciente durante algunos años y tenía muchos problemas físicos en las piernas, rodillas y espalda cuando di con usted. Gracias a sus habilidades para liberar los sentimientos de ira y miedo a los que estaba aferrado, pudimos alcanzar una

posición física en la que dejaron de dolerme las rodillas (el médico que me trató la cadera me había dicho que debía operarme las rodillas, porque también estaban desgastadas). Pude caminar y subir escaleras libre de dolor por primera vez en años. Hasta la fecha, estoy básicamente activo y no siento dolor. Sé que esto no quiere decir que la artritis no pueda entrar en juego cuando envejezca, pero mis desgastadas rodillas aún siguen funcionando bien y por ello le estoy agradecido. Le deseo lo mejor con su libro y ruego que pueda abrir la puerta a otros hacia una vida saludable.

JIM H.

La gente a menudo soporta su dolor y termina simplemente «conviviendo con él», especialmente cuando no puede encontrar una solución o una razón. El dolor es la manera que tiene el cuerpo de avisarte cuando hay un problema: es una señal de alerta.

Durante muchos años de práctica clínica, he observado que las personas que sufren dolores físicos casi siempre sienten alivio, a menudo de forma instantánea, cuando se liberan las emociones atrapadas subyacentes a su dolor. De hecho, alrededor del 90 por ciento de las ocasiones podría decirse que el dolor físico es un mensaje de la mente subconsciente acerca de la existencia de una emoción atrapada que debemos liberar.

CLAVADA AL PASADO CON UN IMPERDIBLE

Una vez, impartiendo un taller en Las Vegas, tuve una experiencia interesante. Pedí un voluntario, y una joven de apenas veinte años salió de entre el público. Le pregunté si tenía alguna dolencia física en particular y dijo que no, que gozaba de buena salud y que no tenía ningún problema. Examiné sus músculos para ver si tenía alguna emoción atrapada y sí, la tenía. La emoción era la falta de apoyo, un sentimiento similar a sentirse solo y sin ninguna ayuda cuando realmente se necesita. A través de este examen muscular le pregunté a su cuerpo cuándo había quedado atrapada dicha emoción negativa. Descubrimos que había ocurrido durante su primer año de vida. Le pregunté a la chica si tenía idea de a qué podría deberse esto y dijo que no con la cabeza.

Esta joven había venido al taller con su madre; miré al público y noté que su madre parecía estar muy incómoda. Se tapaba la boca con la mano y se la veía o bien temerosa o muy avergonzada, no podría asegurarlo. Le pregunté si ella sabía lo que podría haber pasado, ya que su hija era muy joven para recordarlo. Entonces, con voz dolida y avergonzada, explicó: «Bueno, cuando Jessica era un bebé yo usaba pañales de tela, que ajustaba con imperdibles. Hubo una ocasión particular en la que… me da vergüenza decir que la pinché con el imperdible por accidente. Ella lloraba y lloraba, pero yo no me di cuenta de que estaba enganchada a su pañal hasta que la volví a cambiar. No puedo creer que esto surja ahora. Yo me sentí tan mal por ello que todavía me horrorizo cuando lo recuerdo». Me dirigí a Jessica y le pregunté: «¿Es esa tu emoción atrapada?». Presioné su brazo y lo noté muy tenso, lo que indicaba que esa era, en efecto, la causa. Liberé la energía emocional atrapada y Jessica volvió a su sitio. Alrededor de dos semanas más tarde, recibí el siguiente correo electrónico:

Hola, Dr. Brad:

Cuando estuvo en Las Vegas, le quitó a mi hija Jessica una emoción que tenía atrapada desde su infancia. Jessica ha sufrido de dolor de caderas y rodillas desde aproximadamente los doce años… y ha ido empeorando con la edad. Desde que usted liberó de su interior esa emoción negativa de sentimiento de falta de apoyo (hace alrededor de una semana y media), no ha vuelto a sentir ese dolor en las caderas y en las rodillas que incluso estaba empezando a afectar a su forma de caminar.

Nunca había estado más de uno o dos días sin quejarse. Ahora está feliz, experimentando un nuevo sentimiento de alegría interna, y le da las gracias de corazón. También me pidió que le dijera que se sienta libre de compartir su historia... ¡Ella, desde luego, se la está contando a todo el mundo en Las Vegas! ¡Gracias!

MAUREEN C.

Acabamos de ver otro ejemplo de una emoción atrapada que causa dolor físico. El suceso que produjo la emoción atrapada ocurrió cuando Jessica era un bebé, y ella no tenía un recuerdo consciente de aquello. No comprendemos completamente por qué su dolor de cadera y rodilla no se desarrolló hasta que cumplió los doce años, pero lo importante es que ahora puede moverse sin sentir ese dolor tan intenso. Ahora que no se encuentra dolorida, no solo tiene más posibilidades de vivir una vida más completa y saludable, sino que además, gracias a que sus articulaciones están más sanas y se mueven adecuadamente, el riesgo de sufrir discapacidades en el futuro ha disminuido.

LOS EXTRAÑOS DOLORES DE SONYA

Mi madre falleció hace cinco años debido a una intoxicación por moho negro y fue una época muy difícil para mí. Unos meses más tarde, mi único hijo decidió mudarse a su propio apartamento. Me alegraba mucho por él pero estaba destrozada, ya que él era el centro de mi vida. Al cabo de un tiempo, me casé con un hombre maravilloso y, desgraciadamente, poco después, atropellé accidentalmente a mi querido perro, Jack. Tras la cirugía y tres semanas de cuidados intensivos, Jack consiguió salir adelante, pero requería cuidados las veinticuatro horas del día. Aunque sobrevivió, la culpa que yo sentía era enorme. En la misma época, me sometí a una histerectomía completa y mi trabajo me resultaba MUY estresante y poco satisfactorio. En muchas ocasiones la situación era demasiado para mí y luchaba por contener las lágrimas.

Comencé a sufrir dolores aleatorios en mi muslo derecho al irme a dormir. El dolor empeoró con el paso del tiempo y comencé a sentirlo en mi muslo izquierdo. Era tan fuerte que no me dejaba dormir, y, si lo conseguía, el malestar me despertaba. A veces solo lo sentía en una pierna y otras veces en las dos. El dolor se trasladó a mi brazo derecho y después al izquierdo. En ocasiones lo sentía por todo el cuerpo. Y al poco tiempo dejó de ocurrir solo por la noche; también se hizo mucho más frecuente. Consulté a varios doctores que decían que era «raro», pues los resultados de las pruebas siempre eran «normales».

Al mismo tiempo, sufría intensos dolores de cuello, hombros y espalda. Pensaba que todo se debía al estrés por el trabajo y acabé con un nervio pinzado en la columna. Acudí a un masajista, un quiropráctico, un acupuntor, un terapeuta físico y, al final, acabé tomando relajantes musculares y otros medicamentos para los espasmos musculares. Y la situación no mejoró. Todo el mundo decía que era «raro» o «extraño». El dolor me dejaba exhausta y muy débil, hasta el punto de que empecé a sentirme deprimida. Pensaba que iba a acabar en una silla de ruedas. Parecía que me estuviesen disparando con bolas de *paintball*. Mi marido se sentía muy mal, pues no sabía qué podía hacer o cómo solucionarlo.

Al año siguiente, me formé en los dos primeros niveles de Reiki e intenté utilizarlo conmigo misma para aliviar el dolor. No funcionó. Sentía que no «merecía» el Reiki, que no era digna. Lo que no sabía es que la «indignidad» era una de las emociones que puede quedarse atrapada en el cuerpo. Entonces, gracias a Dios, *El código de la emoción* apareció en mi vida. Normalmente, no me concentro cuando leo, pero en este caso no fui capaz de soltar el libro hasta que lo acabé. Se me ocurrió que era tan bueno que debía ser una lectura obligatoria en los colegios. Empecé a investigar más sobre el tema y en una semana ya había comprado el programa completo del Código del Cuerpo, pues contiene muchísima información sobre el cuerpo físico.

Empecé a trabajar en mí misma con el Código de la Emoción, liberando emociones atrapadas y escribiendo todo lo que iba saliendo en un cuaderno... hoja tras hoja tras hoja. Hoy, tras muchas páginas escritas, ya no sufro esos «extraños» dolores y solo han pasado unos meses desde que descubrí el Código de la Emoción. Tampoco siento esa profunda y oscura tristeza relacionada con las pérdidas y las muertes en mi vida.

Recé acerca de esto y le pregunté a Dios si todo esto era real y bueno, y la respuesta que recibí fue que sí, que es bueno y real. Decidí que con esta información podría ayudar a muchas personas y a tantas otras criaturas de Dios. TODOS sufrimos en algún momento de nuestras vidas, seamos humanos o animales. TODOS nos merecemos liberarnos del sufrimiento, sea del tipo que sea. Por eso decidí formarme como profesional certificada del Código de la Emoción... para aliviar a cuantos seres pudiera. También he empezado a tratar a mi hijo, a mi marido y a mis mascotas. Mi pasión siempre ha sido ayudar a los animales, pues se les suele marginar o descuidar y ellos son sumamente generosos con nosotros, sin pedir nada a cambio.

Cuando echo la vista atrás, desde mi niñez hasta ahora —tuve un accidente de coche que causó la muerte de mi padre (yo tenía 13 años, él 35); después llegaron el instituto, un divorcio desagradable, una carrera poco satisfactoria, y luego casi pierdo a mi familia entera (por muerte, distancia o por las circunstancias)—, no me sorprende haber manifestado todas estas «enfermedades», síntomas que requerían cirugías, dolor, etc. Quién sabe qué más andaba acechándome y «creciendo» en mi interior con cada emoción desagradable atrapada, almacenándose sobre otras. Me siento bendecida por haber encontrado esto. Siempre le digo a mi marido que la parte más dolorosa de mi vida ya ha terminado y que ahora es el momento de vivir con amor y propósito. ¡Estoy sumamente agradecida!

SONYA M.

Por supuesto que no todo el dolor físico es causado por emociones atrapadas. Pero ¿acaso no es interesante comprobar cómo pueden contribuir al dolor físico? He llegado a comprender que las emociones atrapadas parecen estar involucradas, en mayor o menor medida, en casi todas las enfermedades con las que me he encontrado. ¿Cómo puede ser posible?

LAS EMOCIONES ATRAPADAS Y LA ENFERMEDAD

La idea más antigua en el arte de la sanación es que la enfermedad es causada por un desequilibrio en el cuerpo. Las emociones atrapadas son tal vez el tipo más común de desequilibrio que sufren los seres humanos. Personalmente creo que las emociones atrapadas pueden estar implicadas, directa o indirectamente, en casi todas las enfermedades.

Debido a que la naturaleza de las emociones atrapadas es universal, porque siempre generan distorsión en el campo energético del cuerpo y porque son completamente invisibles, pueden causar una increíble variedad de problemas físicos sin ser descubiertas. A continuación te presento algunos ejemplos enviados por la usuaria del Código de la Emoción Laurie W.:

Claudia tenía cita para una operación ocular. Tras utilizar el Código de la Emoción, su doctor canceló la operación pues se había sanado por sí sola.

Catherine tenía ataques de ansiedad cada vez que se montaba en un coche tras un accidente de tráfico en el que había fallecido su hermana. El Código de la Emoción la ayudó muchísimo. Ahora, por fin, puede viajar en coche de nuevo.

Un bebé llamado Sam solía despertarse cada noche varias veces. Con ayuda del Código de la Emoción, descubrimos y liberamos varias emociones atrapadas acerca de su traumático nacimiento: había nacido con la ayuda de fórceps. Sus noches han sido mucho más tranquilas desde que liberamos la energía del trauma, y ahora duerme del tirón.

Camille se sentía incompetente con respecto a su carrera y deprimida en general. Además, un mes antes, había perdido a su mascota en un accidente muy traumático. Tras utilizar el Código de la Emoción para liberar todas las emociones que habían quedado atrapadas tras esta pérdida, sintió cómo la gran nube negra que la rodeaba se esfumaba esa misma tarde.

Las emociones atrapadas, de condición verdaderamente epidémica, pueden ser la causa invisible e insidiosa de mucho sufrimiento y enfermedad, tanto de naturaleza física como emocional.

Las emociones atrapadas debilitan el sistema inmunológico y dejan al cuerpo más vulnerable a la enfermedad. Pueden deformar los tejidos del cuerpo, bloquear el flujo de energía e impedir el funcionamiento normal de los órganos y las glándulas.

A continuación puedes ver una lista de enfermedades con las que mis pacientes acudieron a mí y en las que las emociones atrapadas aparecieron como un factor de riesgo y muchas veces como la única causa de la dolencia.

Acidez	Cáncer	Dolor de cadera
Adicciones	Codo de tenista	Dolor de cabeza
Alergias	Colitis	Dolor de cuello
Ansiedad	Depresión	Dolor de espalda
Ansiedad social	Diabetes	Dolor de hombros
Asma	Dificultades de	Dolor de lumbares
Ataques de pánico	aprendizaje	Dolor de rodillas
Autismo	Disfunción sexual	Dolor neuropático
Autosabotaje	Dislexia	Dolor ocular
Baja autoestima	Dolor articular	Dolor torácico

Enfermedad de Crohn

Enfermedades autoinmunes

Enfermedades inmunológicas

Esclerosis múltiple

Esterilidad

Estreñimiento

Fatiga crónica

Fibromialgia

Fobias

Hernia de hiato

Hipoglucemia

Impotencia

Insomnio

Lupus

Migraña

Parálisis de Bell

Paranoia

Párkinson

Pesadillas

Problemas de peso

Problemas de tiroides

Síndrome de colon irritable

Síndrome de túnel carpiano

Sinusitis

Tendencias suicidas

Terrores nocturnos

Trastorno bipolar

Trastorno de déficit de atención (TDA)

Trastorno por déficit de atención con hiperactividad (TDAH)

Trastorno de estrés postraumático (TEPT)

Trastornos alimenticios

Vértigo

Ojo, no estoy diciendo que la liberación de las emociones atrapadas sea una cura para todo. El Código de la Emoción no debería usarse por sí solo para intentar tratar alguna enfermedad grave, sino que tiene que ser considerado como una terapia complementaria. Cuando las emociones atrapadas contribuyen a la enfermedad física, tratarlas solo puede ayudar.

El Código de la Emoción es preciso y fácil de usar. A veces la liberación de una emoción atrapada traerá parejo un efecto de mejora instantáneo; otras veces (la mayoría) las consecuencias serán más sutiles, pero siempre nos brindará una mayor sensación de satisfacción y paz, ya sea inmediata o gradual.

UNA NUEVA VIDA

Quiero compartir mi experiencia tras recibir varias sesiones del Código de la Emoción.

Tanto mi miedo a las alturas como mi necesidad de hacer ejercicio para calmar mi mente se han esfumado.

Me siento considerablemente más conectada conmigo misma y con los demás y mi sentido de pertenencia ha aumentado. Me considero a salvo y confío más en mí misma. Mi paz mental, alegría y felicidad han aumentado y soy capaz de enfrentarme a los problemas familiares y poner las cosas en perspectiva.

Duermo mejor y mis problemas digestivos no son tan graves. Mis habilidades comunicativas también han mejorado y aprecio más a mis padres.

Siento que mi corazón se ha abierto inmensamente y noto una maravillosa sensación de libertad.

El diálogo negativo, la necesidad de ir a terapia, la tendencia a tomarme todo de forma personal, la ansiedad y preocupación constantes, además del dolor de cadera, se han esfumado.

Parece como si los traumas de mi pasado hubiesen desaparecido y ¡me siento mucho más ligera!

¡Estoy muy, muy AGRADECIDA!

LAURA J.

Si eres como las miles de personas que ya han descubierto el poder de esta modalidad curativa, el Código de la Emoción traerá una nueva sensación de alegría y libertad a tu vida y te aportará la serenidad que te faltaba, debido a que estarás desprendiéndote de tu antiguo bagaje emocional. Los resultados te darán equilibrio, una nueva calma interior y una profunda sanación donde nada había llegado antes.

2

EL MUNDO SECRETO
DE LAS EMOCIONES ATRAPADAS

«El médico del futuro no recetará medicinas, sino
que hará que sus pacientes se interesen por el cuidado
de la estructura humana, la dieta y la causa y preven-
ción de las enfermedades».

THOMAS A. EDISON

A ESTAS ALTURAS, SEGURAMENTE te estarás preguntando si tú
mismo tienes alguna emoción atrapada y cuál podría ser.
Todo el mundo tiene emociones atrapadas, porque todos hemos
pasado por situaciones difíciles en la vida. Incluso un problema
temporal o un día particularmente malo puede producir una
emoción atrapada. A continuación te presento una lista de circunstancias que a menudo resultan en emociones atrapadas:

- Pérdida de un ser querido.
- Divorcio o problemas sentimentales.
- Dificultades económicas.
- Estrés laboral o familiar.
- Aborto espontáneo.
- Trauma físico.
- Lucha física o emocional.
- Abuso físico, psicológico, verbal o sexual.

- Pensamientos negativos acerca de uno mismo o de los demás.
- Dirigirse a uno mismo de forma negativa.
- Enfermedad propia o de un ser querido.
- Discriminación o rechazo.
- Internalización de sentimientos.
- Estrés a largo plazo.
- Sentimiento de inferioridad.
- Falta de atención o abandono.

Obviamente, esta lista no lo incluye todo. La única manera de saber si tienes emociones atrapadas y a qué se deben es preguntarle a tu subconsciente. Esto puede hacerse de manera muy sencilla, así que a continuación te explico cómo.

LA MENTE CONSCIENTE Y EL SUBCONSCIENTE

Primero, analicemos la diferencia entre la mente consciente y el subconsciente.

Hay una forma muy simple de verla. Se ha dicho muchas veces que los seres humanos utilizamos solo alrededor del 10 por ciento de nuestro cerebro. Lo que esto quiere decir en realidad es que nuestra mente consciente requiere del 10 por ciento aproximado de los recursos de nuestro cerebro. En otras palabras, pensar, desplazarse, hacer elecciones, planificar, ver, escuchar, saborear, tocar y oler son actividades conscientes y requieren solo el 10 por ciento del poder de procesamiento de nuestro cerebro.

Si esto es cierto, ¿qué hace mientras el 90 por ciento restante del cerebro? Si la mente consciente emplea en nuestro día a día el 10 por ciento, podemos referirnos al otro 90 por ciento como el subconsciente.

Este silencioso y mayoritario porcentaje del cerebro está constantemente ocupado almacenando información y manteniendo en funcionamiento los sistemas del cuerpo de manera eficiente. También es importante comprender que el subconsciente ejerce una invisible pero profunda influencia sobre las cosas que hacemos y cómo nos comportamos y sentimos.

La mayoría de las personas piensan poco en su subconsciente; pero imagina por un instante tener que asumir las funciones que tu subconsciente desempeña. Imagina el esfuerzo de ordenarle a tu sistema digestivo cómo digerir tu almuerzo o de decirle a tus células cómo producir enzimas o proteínas. Imagina si tuvieras que preocuparte por mantener tu corazón latiendo o el aire entrando y saliendo de tus pulmones a cada momento del día y de la noche... ¿Y piensas que ahora tienes una agenda muy ocupada?

Como un ordenador, tu subconsciente es capaz de almacenar enormes cantidades de información.

Las neurocirugías se realizan a menudo cuando el paciente está consciente. El cerebro no tiene nervios sensibles al dolor y los cirujanos toman ventaja de este hecho para obtener respuesta de sus pacientes mientras los intervienen delicadamente durante una operación.

El Dr. Wilder Penfield descubrió que bajo determinadas circunstancias las personas que son sometidas a una neurocirugía mantendrán recuerdos que regresarán a ellos cuando una determinada área del cerebro sea estimulada. Por ejemplo, el cirujano podría tocar un área del cerebro con su electrodo y el paciente de repente recordaría una escena, un aroma o un sonido de algún momento en particular de su vida[1]. A menudo, estos *flashes* de memoria consisten en acontecimientos o escenas que no serían recordados bajo circunstancias normales. Si la misma zona

---

[1] Jefferson Lewis, *Something hidden: A biography of Wilder Penfield, Goodread Biographies*, Halifax, Nueva Escocia, 1983, p. 198.

del cerebro es tocada nuevamente por un electrodo en el mismo punto, el paciente volverá a experimentar la misma sensación.

Si eres como yo, a veces se te hará difícil hasta recordar qué cenaste ayer. Sin embargo, tu subconsciente es un fascinante dispositivo de grabación. Todo lo que has hecho en tu vida ha sido registrado en tu subconsciente.

Cada rostro que has visto en una multitud, cada aroma, cada voz, cada canción, cada sabor, cada caricia y cada sensación que hayas experimentado alguna vez han sido registrados por tu subconsciente. También cada virus, bacteria u hongo que haya invadido tu cuerpo, todas tus heridas, todos tus pensamientos y sentimientos y la historia completa de cada célula de tu cuerpo, todo ha sido archivado.

Tu subconsciente está igualmente al tanto de cualquiera de las emociones atrapadas que tu cuerpo pueda estar albergando; también sabe exactamente qué efecto tienen estas emociones atrapadas en tu bienestar físico, emocional y mental. Todo esto y mucho más está guardado en tu subconsciente.

LA MENTE-COMPUTADORA

El subconsciente también está al tanto de lo que necesita el cuerpo exactamente para encontrarse bien. ¿Pero cómo puedes acceder a esta información?

Empecé a hacerme esta pregunta cuando estudiaba en la escuela de quiropráctica. Aprendí que el cerebro es esencialmente una computadora, la más poderosa del universo conocido. Esto me hizo preguntarme si los sanadores podrían alguna vez explotar el inmenso poder del cerebro para encontrar información crucial acerca de lo que andaba mal en sus pacientes.

Durante mis años de prácticas, aprendí que en realidad es posible recuperar información del subconsciente usando un tipo determinado de kinesiología o examen muscular. Fue desarrollado por el Dr. George Goodheart en los años sesenta como una forma de corregir el desequilibrio estructural en el esqueleto; hoy por hoy el examen muscular es ampliamente aceptado. Mientras muchos médicos de todo el mundo emplean los procedimientos del examen muscular para corregir desajustes de la columna vertebral y otros desequilibrios, el hecho de que este examen pueda ser utilizado para obtener información directamente del subconsciente es menos reconocido[2].

CÓMO HABLARLE A TU CUERPO

La posibilidad de abrir una vía de comunicación con el subconsciente de un paciente a través del examen muscular se convirtió para mí en una poderosa herramienta. Me permitió conocer qué necesitaba para ponerse bien tan rápido como fuera posible. Llegué a confiar en la sabiduría del cuerpo de manera implícita y a tener mucha fe en su habilidad innata para comunicarme dicha sabiduría a través del examen muscular. Años de impartir seminarios tanto a particulares como a médicos me enseñaron que cualquiera puede hacerlo. Cualquier persona puede aprender a obtener respuestas de su cuerpo y cualquiera puede seguir los pasos necesarios para ayudar a sanar sus dolencias. No es necesario que seas médico, solo tienes que querer aprender.

Compartir estos maravillosos conocimientos con el mundo se ha convertido en mi misión de vida. Concretar y sintetizar el Código de la Emoción me llevó mucha dedicación y esfuerzo, pero aquí lo enseño lo suficientemente simplificado para que cualquiera pueda aprenderlo. Pronto dispondrás de todo el co-

---

[2] Robert Frost, *Applied kinesiology: A training manual and reference book of basic principles and practice*, North Atlantic Books, Berkeley, 2002, p. 4.

nocimiento que necesitas para empezar a utilizar este método sobre ti mismo y así eliminar las energías emocionales atrapadas en tu cuerpo.

ESTÍMULOS NEGATIVOS Y ESTÍMULOS POSITIVOS

Antes de enseñarte cómo obtener información del subconsciente, debes comprender un principio básico: que todos los organismos, no importa cuán primitivos sean, responderán a estímulos positivos o negativos. Por ejemplo, las plantas crecen en dirección a la luz solar y se apartan de la oscuridad. Una ameba en un acuario se moverá también hacia la luz evitando la oscuridad. Si echáramos una gota de veneno en ese mismo acuario, la ameba se alejaría del veneno y se dirigiría hacia el agua más limpia. En un nivel subconsciente, el cuerpo humano no es distinto de las plantas y las amebas.

Tu cuerpo se sentirá normalmente atraído por sucesos o pensamientos positivos y rechazará acciones o ideas negativas.

De hecho, esto ha sido así a lo largo de toda tu vida sin que ni siquiera estuvieras al tanto de ello. Si te permites apaciguar tu mente consciente por un momento y sintonizas con tu cuerpo, aprenderás que el subconsciente es lo suficientemente capaz de comunicarse contigo.

¿Estás preparado para dejar que tu subconsciente hable contigo?

LA PRUEBA DEL BALANCEO

El método más simple que conozco para obtener respuestas de tu subconsciente se llama prueba del balanceo. Más adelante aprenderás otros métodos de examen muscular en este libro,

pero la prueba del balanceo es extremadamente fácil de aprender y no requiere la ayuda de nadie más, por lo que la puedes
usar cuando estés solo.

Para hacer la prueba del balanceo, debes adoptar una posición vertical y asegurarte de estar cómodo. La habitación debe
ser tranquila y estar libre de distracciones, como música y televisión. Te será más fácil de aprender si te encuentras solo o con
alguien que esté aprendiendo contigo. Estos son los pasos:

1. Permanece de pie con los pies separados al mismo ancho
   de los hombros para estar en equilibrio de manera cómoda.
2. Quédate quieto con las manos a los costados.
3. Olvida todas tus preocupaciones y relaja el cuerpo completamente. Cierra los ojos si te sientes más cómodo haciéndolo.

En pocos segundos notarás que es casi imposible permanecer completamente quieto. Tu cuerpo cambiará de postura continua y suavemente hacia diferentes direcciones, mientras tus
músculos trabajarán para mantener la posición vertical. Notarás
que estos movimientos son muy suaves y que no están bajo tu
control consciente.

Cuando hagas una afirmación positiva, verdadera o congruente, tu cuerpo debería comenzar a balancearse hacia delante de modo notable en menos de diez segundos.

Cuando hagas una afirmación incongruente o falsa, debería balancearse hacia atrás siguiendo idéntico mecanismo.

Creo que este fenómeno ocurre por cómo estás acostumbrado a percibir el mundo a tu alrededor. A pesar de que tu medio ambiente te rodea por completo en todo momento, por todos lados, tú estás acostumbrado a tratar solo con lo que está inmediatamente situado enfrente de ti en cualquier preciso momento. Cuando conduces un coche, cuando hablas, cuando comes, cuando trabajas con tu ordenador, estás tratando de manera constante con el mundo que se halla justo enfrente, no con el mundo que existe detrás de ti o a los lados. Cuando realizas cualquier tipo de afirmación, tu cuerpo percibe ese pensamiento como cualquier otro estímulo con el que tenga que tratar, como un archivo en tu ordenador o la comida en tu plato. Esencialmente, puedes pensar en la afirmación que haces como si estuviese justo delante de ti, lista para ser tratada o procesada.

Cuando estés listo, simplemente di las palabras «amor incondicional». Mantenlas en tu mente y trata de sentir los estímulos que están conectados con ellas. En pocos instantes deberías notar que tu cuerpo se balancea hacia delante. Como una planta creciendo en dirección a la luz, tu cuerpo se balanceará de manera suave hacia la energía positiva de ese pensamiento. Quizá te sorprenda que el movimiento de tu cuerpo hacia él pueda ser más brusco que gradual en algunos casos.

Ahora deja la mente en blanco y pronuncia la palabra «odio». Trata de sentir las emociones que están conectadas a ella. Como cualquier organismo que se aleja de manera automática de una sustancia venenosa o dañina, tu cuerpo debería alejarse del pensamiento de odio. Notarás que tu cuerpo, en diez segundos más o menos, va a empezar a balancearse hacia atrás. Es muy importante que no trates de forzarlo para que se balancee hacia ninguna dirección. Simplemente deja que se incline solo. Le estás dando a tu subconsciente su primera oportunidad de hablarte de una manera tan directa, y la prueba debe hacerse de forma suave para conseguir mejores resultados. Con la práctica se te hará cada vez más fácil.

Ahora trata de hacer una afirmación que sepas que es verdadera. Por ejemplo, di cómo te llamas en voz alta: «Me llamo _____». Si tu nombre es Alex, por ejemplo, dirías: «Me llamo Alex». Tu subconsciente sabe qué es congruente o verdadero. Cuando hagas una afirmación cierta, sentirás que tu cuerpo empieza a balancearse suavemente hacia delante, porque es atraído hacia la positividad y la verdad.

Ahora puedes intentarlo con una afirmación incierta o incongruente. Si tu nombre es Alex y dices: «Me llamo Chris», «Me llamo Kim» o eliges cualquier otro nombre que no sea el tuyo, tu subconsciente sabrá que esta afirmación es falsa. Una vez que hayas hecho esta afirmación, si dejas la mente en blanco sin otros pensamientos, deberías sentir que tu cuerpo empieza a balancearse hacia atrás en pocos segundos. Esto es así porque tu cuerpo no solo repele pensamientos negativos como el odio, sino que además se aleja de la incongruencia y la falsedad.

DEJA LA MENTE EN BLANCO

Asegúrate de dejar la mente en blanco sin otros pensamientos después de hacer tu afirmación. Si tus pensamientos siguen deambulando, será difícil para tu subconsciente determinar lo que estás buscando. ¿Qué pasa si, por ejemplo, haces una afirmación positiva o verdadera pero inmediatamente después comienzas a pensar en la discusión que tuviste anoche con tu pareja? Probablemente te balancearás hacia atrás, porque el recuerdo de ese acontecimiento es negativo y tu cuerpo querrá alejarse de él de forma natural.

Es importante tener paciencia contigo mismo. Cuando aprendes este método, al principio puede llevarte más tiempo del esperado conseguir que tu cuerpo se balancee de manera natural. No te desanimes si esto sucede.

El tiempo de respuesta de tu cuerpo se acortará de manera significativa cuanto más practiques. Para muchas personas, el aspecto más desafiante de esta prueba es que requiere que pierdan el control de su propio cuerpo durante unos instantes y permitan que él mismo haga lo que quiere hacer. Perder el control no es fácil, pero se trata de una habilidad sencilla de aprender y no debería llevarte mucho tiempo convertirte en experto.

Lo más importante es permanecer enfocado en la afirmación o pensamiento que hayas pronunciado. Simplemente mantén la mente en calma y permite que tu subconsciente se comunique contigo a través del mecanismo de tu cuerpo físico.

Si por algún motivo no estás físicamente capacitado para llevar a cabo esta prueba, no te preocupes. Hay muchas otras alternativas que te explicaré en el capítulo 5.

¿TIENES UNA EMOCIÓN ATRAPADA?

Tan pronto como creas haber entendido a tu subconsciente, estarás listo para seguir con la prueba del balanceo. Haz la siguiente afirmación: «Tengo una emoción atrapada». Tu cuerpo se balanceará muy probablemente hacia delante, dándote una respuesta afirmativa de que tienes al menos una emoción atrapada. Si tu cuerpo se balancea hacia atrás, no te creas que estás libre de ellas todavía. Puede significar que tus emociones atrapadas están enterradas un poco más profundo y descubrirlas puede costarte algo más de tiempo y esfuerzo, pero esto no debe suponer un problema; te explicaré cómo encontrar y liberar este tipo de emociones atrapadas más adelante.

¿DE QUÉ ESTÁN HECHAS LAS EMOCIONES ATRAPADAS?

En el universo todo está hecho de energía, aunque esta no se manifieste de forma física o permanezca invisible. Es la particular disposición de estas energías y sus frecuencias específicas de vibración las que determinan cómo van a manifestarse en nosotros. En el nivel más básico, todo lo que existe está constituido de la misma sustancia: energía. No solo tú estás hecho de energía, sino que otras formas de energía están atravesando tu cuerpo en este preciso momento. La energía que no podemos ver fluye a nuestro alrededor en forma de resonancias sonoras, rayos X, infrarrojos, ondas de pensamiento y emociones.

Somos como peces nadando en un mar de energía. La energía es el material del que todas las cosas están hechas; se encuentra en todas las cosas, fluye a través de todas las cosas y llena todos los espacios del universo.

Podemos sentir la energía cuando se presenta en forma de emociones. Si cualquier energía emocional negativa queda atrapada en nosotros, puede afectarnos de manera perjudicial. Las emociones atrapadas están también hechas de energía, al igual que la energía conforma nuestros cuerpos y todo cuanto existe en el universo.

EL ORIGEN DE NUESTRAS EMOCIONES

Hace miles de años, los antiguos médicos eran astutos observadores del cuerpo humano. Descubrieron que aquellas personas cuyas vidas estaban dominadas por una emoción en particular padecían dolencias correlacionadas. Por ejemplo, las personas cuyas vidas estaban regidas por la ira sufrían más enfermedades de hígado y vesícula. Las personas que pasaban sus vidas sintiendo angustia sufrían a menudo del pulmón y el colon. Las personas temerosas parecían tener frecuentes problemas de riñón y vejiga. Establecieron así un paralelismo entre las emociones que sentimos y los órganos de nuestro cuerpo, y creían que los mismos órganos eran en realidad los productores de las emociones experimentadas. En otras palabras, si sentían miedo, pensaban que los riñones o la vejiga estaban creando esa energía o vibración particular, así como la angustia era producida por los pulmones o el colon. Por supuesto, ahora sabemos que ciertas áreas del cerebro se activan cuando sentimos determinadas emociones. También sabemos que hay un componente bioquímico en las emociones que sentimos. La Dra. Candace Pert, en su libro *Molecules of emotion* (Las moléculas de la emoción), explica con claridad este plano bioquímico de nuestra naturaleza[3].

Hay un componente energético en nuestra naturaleza y en nuestras emociones que hoy en día está siendo estudiado y puesto en relación por la ciencia moderna.

Después de toda la experiencia que he ido adquiriendo en la práctica clínica, estoy convencido de que los órganos del cuerpo realmente producen las emociones que sentimos. Los antiguos médicos tenían razón. Si estás experimentando un sentimiento de ira, este no proviene enteramente de tu cerebro, sino también de tu hígado o vesícula. Si sientes traición, la emoción emana de tu corazón o tu intestino delgado.

Echa un vistazo al cuadro de emociones que aparece en la página siguiente. Observa que cada fila contiene emociones es-

---

3 Candace B. Pert, *Molecules of emotion: Why you feel the way you feel*, Touchstone Press, Nueva York, 1997.

Cuadro de emociones

	A	B
1 CORAZÓN O INTESTINO DELGADO	Abandono Traición Desamparo Perdido Amor sin recibir	Esfuerzo no recibido Pena en el corazón Inseguridad Demasiada alegría Vulnerabilidad
2 BAZO O ESTÓMAGO	Ansiedad Desesperación Asco Nerviosismo Preocupación	Fracaso Impotencia Desesperanza Falta de control Baja autoestima
3 PULMÓN O COLON	Llanto Desánimo Rechazo Tristeza Pesar	Confusión Actitud defensiva Dolor profundo Autolesión Obstinación
4 HÍGADO O VESÍCULA	Ira Amargura Culpa Odio Resentimiento	Depresión Frustración Indecisión Pánico No valorado
5 RIÑONES O VEJIGA	Acusar Pavor Miedo Horror Fastidio	Conflicto Inseguridad creativa Terror Sin apoyo Falta de personalidad
6 GLÁNDULAS Y ÓRGANOS SEXUALES	Humillación Celos Nostalgia Lujuria Agobio	Soberbia Vergüenza Shock Indignidad Desprecio

pecíficas producidas por uno de los dos órganos mencionados. Por ejemplo, la fila 1 contiene las emociones producidas por el corazón y el intestino delgado. Sí, por raro que pueda parecer, estos dos órganos producen las mismas vibraciones emocionales en el cuerpo. Los demás órganos que aparecen en el cuadro producen las emociones que aparecen en sus filas respectivas. Para cumplir nuestro cometido, no necesitamos saber de qué órgano emanó la emoción atrapada originalmente, siempre y cuando la identifiquemos y la liberemos.

Recuerda que antes se creía que el cuerpo y la mente estaban separados y eran distintos, pero hoy su línea divisoria se ha borrado hasta tal punto que no sabemos dónde empieza la influencia de uno y dónde termina la otra. Todo tu cuerpo es inteligente, no solo tu mente. Tus órganos son diferentes inteligencias que desempeñan determinadas funciones y producen emociones específicas. La gente a menudo se sorprende al saber que determinados órganos de nuestro cuerpo producen las emociones que sentimos. Sin embargo, en la vida hay correlaciones con este principio que son bastante obvias, a pesar de que escapan a la atención de la mayoría de los médicos.

IDENTIFICAR LA VIBRACIÓN EXACTA

Existen innumerables palabras para describir cómo nos sentimos y esto varía de un idioma a otro. Por ejemplo, en español, podemos describir los diferentes grados de la ira con palabras tales como «rabia», «furia», «irritación», «exasperación», «enfado», «cólera», «fastidio» e «indignación», entre otras. Lo importante es darse cuenta de que, cuando usamos el Código de la Emoción, estamos intentando identificar la vibración y que la palabra que utilicemos para describir los matices de nuestros sentimientos no importa tanto.

Si la emoción exacta que experimentaste y estás buscando no se encuentra en el cuadro, tu mente subconsciente te conducirá a la emoción que más se le parezca. Como resultado, este cuadro de 60 emociones cubre toda la gama de emociones que experimentamos y será lo único que necesites para utilizar el Código de la Emoción.

Puedes consultar la lista de definiciones de cada vibración emocional en la página 411.

¿LAS EMOCIONES ATRAPADAS MATARON A DANA REEVE?

En 1995, el famoso actor americano Christopher Reeve quedó tetrapléjico tras sufrir un accidente montando a caballo. Nos conmovió la dedicación inagotable de su esposa Dana y nos entristecimos mucho cuando ella murió. Fueron solo diez meses después de la muerte de su esposo cuando anunció al mundo que padecía cáncer de pulmón, y siete meses después falleció, a los cuarenta y cuatro años de edad.

Dana Reeve era una no fumadora que murió de cáncer de pulmón, y, a pesar de que la sabiduría convencional sostiene que su muerte se produjo por ser fumadora pasiva, yo creo otra cosa. Los pulmones producen la emoción que llamamos angustia y la sobreabundancia de angustia conduce a la creación de emociones atrapadas que afectan a menudo al órgano de donde nacen. Dana seguramente tenía motivos para angustiarse, y sus emociones atrapadas, entre ellas la angustia, fueron al menos parcialmente responsables de su muerte, si no causantes del todo.

Podemos encontrar otro ejemplo en la forma en que el alcohol nos afecta. Todos sabemos que las personas alcohólicas a menudo mueren por enfermedades hepáticas. Pero también sabemos que muchas de las que beben se pueden poner bastante iracundas o violentas bajo los efectos del alcohol. Esta sustancia es descompuesta y procesada por el hígado, y demasiado alcohol estimula en exceso al hígado. Cuando estimulas o cargas un órgano en exceso, este producirá más la emoción para la que está diseñado. El hígado produce el sentimiento de ira. Este es el mecanismo que suele estar en funcionamiento cuando beber genera comportamientos violentos.

Si tienes un órgano que está enfermo, estimulado en exceso o desequilibrado de alguna manera, las emociones relacionadas con ese órgano seguramente se agudizarán.

Siempre se observa que las emociones atrapadas emanan de un órgano en particular, sin importar en qué parte del cuerpo se aloje esa emoción. Por ejemplo, una emoción atrapada de ira puede emanar originalmente del hígado, pero alojarse literalmente en cualquier parte de tu cuerpo.

Las correlaciones entre los órganos y nuestras emociones son tan fascinantes como importantes para comprender cómo funciona realmente nuestro cuerpo. Todo tiene que ver con el antiguo arte de la sanación energética.

LA MEDICINA ENERGÉTICA

La sanación energética es una de las prácticas más antiguas conocidas en el mundo hoy en día. Desde el año 4000 a. C., los médicos comprendieron que nuestra salud depende en gran medida de la calidad de energía que circula y conforma nuestros cuerpos. En la medicina china, esa energía se llama *qi* o *chi*. En la medicina ayurvédica de la antigua India, esta energía se denomina *prana*. Los desequilibrios en nuestra energía pueden afectar profundamente a nuestra salud física y mental.

Podemos comparar esta energía con la electricidad. No podemos ver la electricidad, pero sí podemos sentirla. La electricidad es incolora e inodora; es invisible, pero en realidad existe. Si alguna vez has metido los dedos en un enchufe o has sufrido una pequeña descarga por sacar la tostada de la tostadora, entonces sabrás a qué me refiero.

Como seres humanos, estamos acostumbrados a percibir las cosas de acuerdo a nuestros sistemas de creencias. Formamos nuestras creencias acerca del mundo físico a una edad temprana. Sabemos que si nos caemos de los columpios del parque nos daremos un gran golpe contra el suelo; sin embargo, nunca podríamos imaginar que tanto el suelo como el columpio, por mucho que nos parezcan estructuras sólidas, están hechos de energías vibrantes. Puede que prefiramos pensar que el mundo que nos rodea es exactamente como estamos acostumbrados a verlo, pero Einstein, Tesla y otros científicos nos han demostrado que el universo es en realidad mucho más complejo y maravilloso de lo que jamás hayamos podido imaginar.

EL MUNDO CUÁNTICO

Seguro que recuerdas ese viejo dicho que reza: «Lo conozco como la palma de mi mano». Pero ¿en qué medida conoces la palma de tu mano?

Échale un vistazo. Tus ojos ven la superficie de tu piel con sus pequeños surcos y pliegues. Sabes exactamente cómo se ve la palma de tu mano desde esa perspectiva. Pero si magnificas tu mano bajo un microscopio, ya no verás la misma piel y arrugas con las que estabas familiarizado. En cambio, podrías pensar que estás mirando la superficie de un planeta extraño cubierto de colinas y valles.

Sube la potencia de tu microscopio para ampliar el tamaño de tu piel veinte mil veces, y verás un campo lleno de células. Auméntalo mucho más y verás moléculas. Aumenta esas moléculas y verás los átomos que las conforman. Aumenta esos átomos y verás las nubes de energía subatómica que constituyen esos átomos: los electrones, protones, neutrones y otras partículas subatómicas. Sigue siendo la palma de tu mano, pero no se parece en nada a la que tú conoces.

Si la miras ahora, tu mano se ve sólida. Da un golpe sobre la mesa y hará un ruido firme y seco. La mano puede parecer compacta, pero hay un montón de espacio vacío en ella. A nivel subatómico, existen grandes distancias entre cada electrón en movimiento. Los átomos son 99,99999999 por ciento espacio vacío. Tu mano es 99,99999999 por ciento espacio vacío. Si pudieras eliminar todo ese espacio vacío de entre los átomos de tu mano, se quedaría tan pequeña que necesitarías un microscopio para verla; virtualmente desaparecería, a pesar de que seguiría pesando lo mismo y contendría el mismo número de átomos.

Comprender esta idea podría llevarte un rato. Tu mano parece sólida, pero está compuesta por energía dinámica en constante vibración. De hecho, hoy por hoy los médicos entienden que las llamadas partículas subatómicas que conforman el átomo no son verdaderas partículas en absoluto. En cambio, miden los contenidos del átomo en unidades de energía, porque son mucho más precisas[4].

LOS PENSAMIENTOS SON ENERGÍA

Al igual que todo lo demás en el universo, los pensamientos que creas también están hechos de energía.

La energía del pensamiento no tiene límite. Tus pensamientos no se restringen a un determinado volumen y ubicación como tu cuerpo físico.

---

[4] Isaac Asimov, *Átomo. Viaje a través del cosmos subatómico*, Plaza & Janés, Barcelona, 1992.

Aunque nos gusta pensar que todos nuestros pensamientos no verbalizados son privados y que están confinados en nuestras propias cabezas, esto no es verdad.

Cada uno de nosotros es como una estación de radio que emite de manera constante la energía de nuestros pensamientos; esta emana de nosotros y llena la inmensidad del espacio, tocando a todos los que nos rodean para bien o para mal.

Esto no significa que podamos leer la mente de otras personas, pero la energía de los pensamientos de la gente es detectada hasta cierto punto a nivel subconsciente. Trata de fijar la mirada en la nuca de alguien entre la multitud e inevitablemente esta persona desconocida se dará la vuelta y no tardará mucho en mirarte directamente. Muchos hemos tenido esta experiencia, y si tú no la has tenido, haz la prueba. Siempre funciona.

TODOS ESTAMOS CONECTADOS

La realidad es que la familia humana al completo está conectada energéticamente. Cuando las personas sufren y mueren al otro lado del planeta, sentimos a nivel subconsciente sus gritos y agonía distantes, y esto nos entristece. Cuando algo trágico ocurre en algún lugar, el mundo entero lo percibe subconscientemente y se ve afectado por ello. Por otro lado, cuando suceden cosas maravillosas, estas nos iluminan a todos.

La conectividad que todos tenemos se manifiesta a menudo en sutiles pensamientos que salen a flote del nivel subconsciente a nuestras mentes conscientes.

Esta conexión de energía parece más fuerte entre madre e hijo. Las madres parecen poder presentir con frecuencia cuándo uno de sus hijos se encuentra enfermo o tiene problemas. A esto lo llamamos instinto o intuición maternal, y mi propia madre era una experta en ello. La conexión con nuestras propias madres es aún más fuerte tal vez debido al cordón umbilical espiritual que nos une a ellas.

El ejemplo más poderoso de esta conexión energética le ocurrió a una de mis pacientes hace unos años. Una noche estaba en su casa viendo la televisión con su marido. De repente, empezó a experimentar severos dolores, como golpes en todo su cuerpo, que inexplicablemente se movían de una zona a otra. La violencia de este ataque repentino fue aterradora y cuando terminó se sintió sumamente aliviada, pero exhausta y atemorizada. Nunca antes había experimentado nada semejante y no tenía ni idea de qué le había pasado a su cuerpo tan de repente. Sus intentos por explicar este ataque tan raro e intenso desconcertaron a todo el mundo, incluidos sus médicos.

Tres días más tarde recibió una llamada de su hijo, que estaba trabajando en Filipinas. La llamaba desde una cama de hospital para contarle que había sido golpeado por la policía local unos días antes. Cuando ambos compararon el momento de su paliza con el de la experiencia que tuvo su madre, se dieron cuenta de que coincidía. De alguna manera, ella estaba lo bastante conectada con su hijo como para sentir literalmente su dolor. Esto sí que es intuición maternal.

LOS PENSAMIENTOS SON PODEROSOS

Tus pensamientos son muy poderosos. Cada vez que dices o escribes lo que piensas, utilizas la energía de tus pensamientos para influir en el mundo que te rodea. Todo cuanto sucede se inicia con el pensamiento, las ideas y la intención.

Serios experimentos de laboratorio han demostrado de manera repetida que los pensamientos actúan directamente sobre el crecimiento de plantas, hongos y bacterias. William Tiller, médico de la Universidad de Stanford, probó que los pensamientos pueden afectar a los instrumentos electrónicos[5].

Algunos estudios han demostrado que cuando la energía es dirigida de forma intencionada puede impactar en otras personas, sin importar si están cerca o en cualquier lugar del mundo. Dependiendo de si la persona que está enfocando el pensamiento utiliza imágenes estáticas o dinámicas, por ejemplo, puede crear una mayor sensación de relajación o ansiedad en la persona que es su objetivo. El efecto es tan distinto que se puede medir en un laboratorio a través de la respuesta galvánica de la piel, un método altamente sensible que mide los cambios eléctricos en la epidermis[6].

Percibe cómo tus propios pensamientos te afectan. Todos mantenemos algún tipo de conversación interna con nosotros mismos algunas veces. ¿Qué te dices a ti mismo? Muchas personas se critican a sí mismas con más frecuencia de lo que se felicitan. El diálogo negativo puede estar dañándote más de lo que crees.

¿Y qué pasa con las personas que te rodean? ¿Alguna vez te has preguntado si los demás pueden percibir lo que sientes por ellos? Los subconscientes de los otros están continuamente detectando las vibraciones de tus pensamientos. ¿Alguna vez te ha pasado con un amigo que él o ella dijera con exactitud lo que tú estabas pensando en ese momento? ¿Alguna vez supiste de manera instintiva quién te iba a llamar justo antes de que el teléfono sonara? Estas no son coincidencias, sino evidencias de la potencia de la energía del pensamiento.

El descubrimiento de emociones atrapadas utilizando el Código de la Emoción se encuentra en línea con la detección de la

---

[5] William A. Tiller, Walter E. Dibble Jr. y Michael J. Kohane, *Conscious acts of creation. The emergence of a new physics*, Pavior Publishing, Walnut Creek, 2001, p. 1.

[6] William A. Tiller, *Science and human transformation: Subtle energies, intentionality and consciousness*, Pavior Publishing, Walnut Creek, 1997, p. 14.

vibración de los pensamientos o sentimientos de otra persona. La diferencia es que le puedes preguntar al cuerpo y obtener respuestas definitivas en vez de suposiciones. Después, puedes liberar las emociones atrapadas para siempre y saber con seguridad que han desaparecido de manera permanente.

SERENDIPIA O PRECISIÓN

Cualquier profesional del cuidado alternativo de la salud puede decirte que casi todos llevamos a cuestas antiguas energías emocionales de nuestro pasado. Nuestros cuerpos físicos conservan emociones atrapadas y los médicos y sanadores están al tanto de esto, porque a menudo un simple aleteo puede desencadenar una avalancha de emociones y recuerdos en un paciente. En un momento u otro, prácticamente todos los profesionales que conozco, desde quiroprácticos hasta trabajadores de la energía y masajistas, han tenido la experiencia de provocar en un paciente una inesperada liberación emocional cuando su cuerpo soltó la energía que había estado conservando. La liberación de esas emociones atrapadas puede tener como consecuencia una profunda e inmediata sanación. Aunque cualquier liberación emocional que se dé de esta manera imprevista es bienvenida, esta no es, en general, la intención del terapeuta, sino algo simplemente accidental.

El enfoque del Código de la Emoción, sin embargo, es mucho más deliberado. A veces pienso en él como «una cirugía emocional», porque busco emociones atrapadas con la clara intención de eliminarlas. No se deja nada a la suerte. Las emociones atrapadas son potencialmente tan destructivas que necesitas hallarlas y extraerlas de tu cuerpo, y después confirmar que han sido liberadas para siempre. El Código de la Emoción te ayuda a hacer exactamente esto de manera simple y precisa.

LAS EMOCIONES ATRAPADAS Y LOS NIÑOS

Una de mis más tempranas experiencias con las emociones atrapadas ocurrió con mi hijo Rhett cuando era pequeño. Rhett y Drew son hermanos mellizos y son tan diferentes como pueden serlo dos personas. Drew fue siempre muy afectuoso tanto con mi esposa Jean como conmigo. Rhett era muy cariñoso con su madre, pero desarrolló cierto rechazo con respecto a mí, más o menos a los tres años. Cuando trataba de abrazarlo o acercarme a él, se escapaba y me decía: «¡Doctor malo! ¡Aléjate!». Al principio pensamos que simplemente estaba atravesando algún tipo de fase. Supusimos que con el correr del tiempo se desharía de sus sentimientos negativos hacia mí, pero persistieron más de un año. Era una fuente de pena y frustración para mí. No entendía por qué mi niño sentía esa negatividad hacia su padre.

Una tarde, Jean y yo estábamos sentados conversando. Rhett se encontraba sobre el regazo de Jean. Me acerqué para darle un abrazo y él reaccionó de la misma manera que siempre, rechazándome y gritando: «¡Doctor malo! ¡Aléjate!». Esa vez me sentí dolido realmente. Pude sentir la pena emanando de mi pecho y tuve ganas de llorar. Mi esposa dijo: «Ya sabes, tal vez tenga una emoción atrapada».

Hasta ese momento solo habíamos tratado por emociones atrapadas a adultos. Decidimos examinar a nuestro hijo y ver los resultados. Utilizando el Código de la Emoción encontramos que sí tenía una emoción atrapada. La emoción era angustia; pero no era su angustia por mí, sino en realidad mi angustia por él. En otras palabras, en algún punto él percibió que yo sentía angustia por su vida. Él sentía esa emoción lo suficientemente fuerte como para apresarla en su cuerpo. El examen nos mostró que esta emoción quedó atrapada cuando mi hija mayor y yo tuvimos una discusión de la que Rhett fue testigo. A pesar de que yo no estaba enfadado con el pequeño, percibió la angustia que yo estaba experimentando por ella, y él se la aplicó a sí mismo. (Hablaremos sobre las emociones atrapadas absorbidas más adelante).

Liberamos la angustia atrapada y, para mi sorpresa, Rhett caminó hacia mí y extendió sus brazos a mi alrededor. Mientras lloraba y sostenía al niño, me sentía asombrado y entusiasmado al mismo tiempo. Si mi hijo pudo cambiar de manera tan instantánea simplemente eliminando una emoción atrapada, ¿a cuántos otros niños podría ayudar?

LA HIJA DEL PILOTO

Al día siguiente, en mi clínica, estaba hablando con una paciente acerca de lo que había sucedido con Rhett. Ella dijo: «Me parece que mi pequeña podría tener una emoción atrapada. Mi esposo es piloto de una aerolínea. Todas las semanas está fuera de casa varios días seguidos y, cuando regresa, nuestra hija, de seis años de edad, huye y se esconde de él. No quiere verle ni hacer nada con él cuando vuelve a casa de sus viajes, y esto le rompe el corazón».

Al día siguiente trajo a su hija a mi consulta. Encontré que sí tenía una emoción atrapada por su padre. En este caso, la emoción atrapada era dolor. Era su propio dolor por las idas y ausencias de su padre durante periodos de tiempo tan largos.

En algún momento, este dolor se intensificó tanto que desequilibró su cuerpo y la emoción quedó atrapada. Esta energía emocional estaba ejerciendo un fuerte efecto subconsciente y determinaba su conducta hacia él. Liberamos la emoción y ambas se fueron a casa.

La semana siguiente, la madre regresó a mi consulta y me dijo: «Dr. Nelson, su tratamiento emocional verdaderamente funciona. Mi marido se había ido cuando vinimos aquí y mi hija recibió el tratamiento. Hace unos días volvió a casa del extranjero y cuando abrió la puerta nuestra pequeña corrió y saltó a sus brazos. ¡Ella nunca había hecho eso, jamás! Tanto él como yo estamos contentísimos. Muchas gracias».

EL TRAUMÁTICO NACIMIENTO DE DREW

Cuando nuestros gemelos tenían cuatro años de edad, Rhett se podía expresar muy bien y era parlanchín. Drew era exactamente lo opuesto, hasta tal punto que mi esposa y yo comenzamos a preocuparnos. A los cuatro años, Drew todavía no pronunciaba frases cortas. Rara vez decía una palabra y cuando empezaba a hablar solía taparse la boca con la mano, como si le diera miedo decir algo. Parecía temeroso en general. Cuando íbamos a la piscina del barrio, Rhett se zambullía, pero Drew se quedaba en el borde, mirando el agua con ansiedad. Se mostraba muy cauteloso a la hora de probar cosas nuevas. Además, era claustrofóbico. Si se cerraba la puerta mientras jugaba en su habitación, entraba en pánico y gritaba.

Los exámenes psicológicos mostraron que Drew tenía un alto coeficiente intelectual, pero no se estaba desarrollando al mismo ritmo que el promedio de otros chicos de su edad. Los exámenes de audición mostraron que la suya también era normal. Parecía no haber explicación para lo que estaba pasando con Drew.

Después de nuestra experiencia con Rhett, decidimos ver si Drew tenía emociones atrapadas y si ellas podían ser la causa real de sus problemas. Ni nos imaginábamos que la causa real de sus problemas éramos nosotros.

Cuando lo examinamos, enseguida encontramos un número de emociones atrapadas que eran el resultado de sucesos traumáticos ocurridos el día que nació y poco tiempo después.

El parto de Jean había sido muy largo; duró veintidós horas en total. Rhett nació primero. Se le veía hermoso y saludable e inmediatamente se quedó dormido. Drew nació catorce minutos más tarde y salió pequeño y sin fuerzas. Un equipo médico lo rodeó enseguida. No estaban muy seguros de que pudiera sobrevivir. Su situación era crítica. Se recuperó, pero los siguientes diez días más o menos continuaron siendo muy traumáticos. Nos habíamos llevado a los dos niños a casa cuando solo tenían días, pero Drew hubo de ser internado en el hospital nuevamente para examinar qué era lo que le pasaba. No podía digerir la leche materna y estaba perdiendo peso muy rápido. Nos dijeron que había contraído una infección que ponía en riesgo su vida. Los médicos tuvieron que hacerle una punción lumbar en su pequeño cuerpecito y suministrarle antibióticos intravenosos para salvarle.

Contrariamente a nuestros deseos, a Jean y a mí nos ordenaron que saliéramos de la habitación cuando el procedimiento comenzó. No pudimos consolarlo de ninguna manera y solo pudimos escuchar, sin poder hacer nada, cómo Drew gritaba aterrado mientras los médicos intentaban de manera reiterada insertarle las agujas en sus pequeñas venas y su columna vertebral.

Nosotros mismos no hicimos hincapié en las experiencias traumáticas de Drew y nunca hablamos con él de estas vivencias cuando era pequeño. Nos resultaba muy triste el simple hecho de pensar en ello. Cuatro años más tarde, por lo que sabemos, no tenía recuerdo de estos acontecimientos pero sí mostraba temor a muchas cosas.

Una por una, encontramos y liberamos las emociones atrapadas relacionadas con sus traumas. Estábamos asombrados por lo que Drew había percibido siendo solo un recién nacido y la profundidad con la que lo había marcado emocionalmente. Tal vez esperaba que su llegada a este mundo fuera maravillosa y, en cambio, se encontró inmerso en una situación increíblemente dolorosa que apenas pudo sobrellevar. Fue como haber nacido en el infierno. Como te podrás imaginar, tenía emociones atrapadas de miedo, temor y abandono. Sin duda, estos eran los sentimientos exactos que él había experimentado durante la operación en la sala de emergencias, que fue tan difícil de soportar para todos.

Drew también había desarrollado la emoción atrapada de pánico en el útero mientras esperaba su turno detrás de su hermano, quien no tuvo miedo de salir de su resguardado y cómodo hogar. Esta emoción atrapada de pánico demostró ser la razón de su claustrofobia. Además, conservaba una emoción atrapada de ira que había heredado de su abuelo. Fue en realidad esta ira heredada la que lo hacía reacio a hablar. Tenía miedo de herir a alguien con sus palabras, lo cual explicaba por qué siempre se tapaba la boca cuando balbuceaba. Liberamos todas estas emociones atrapadas y nos retiramos por esa noche.

A la mañana siguiente, durante el desayuno, ¡no podíamos creer la diferencia! Drew parecía un pequeño loro. De repente, y por primera vez en su vida, pronunciaba oraciones completas. Sin las emociones atrapadas que lo mantenían atado a los traumas del pasado, pudo soltar sus miedos. Su claustrofobia desapareció junto con su actitud temerosa. Por fin era libre para convertirse en un niño vivaracho, alegre y curioso.

Con el paso del tiempo, nos fuimos dando cuenta de cuán problemáticas y devastadoras pueden llegar a ser las emociones atrapadas tanto para los adultos como para los niños. A continuación te presento un par de historias enviadas por usuarios del Código de la Emoción que ilustran cómo este puede aliviar el sufrimiento de los niños de forma eficaz.

CANTANDO EN LA DUCHA

Utilicé el Código de la Emoción en Easton, un niño de diez años, a distancia. Estaba muy triste y molesto debido a la separación de su madre y su padrastro. Ese día había mostrado muy poco interés en su sesión de logopedia. Liberé varias emociones atrapadas, como llanto, nostalgia, pánico, inseguridad y dolor profundo. Más tarde, hablé con su madre por teléfono y me comentó que el niño se encontraba en ese momento cantando a pleno pulmón en la ducha. Al parecer empezó a cantar ¡en el momento justo en el que yo terminé su sesión!

Su madre le preguntó: «Hoy estás de muy buen humor, ¿a qué se debe?». Y él contestó: «No lo sé, estoy eufórico, pero ¡no quiero que pienses que ducharme me hace feliz!».

RENEE L.

DOLOR DE BARRIGA

El verano pasado estábamos planeando un viaje para ver al padre de mi marido y el día antes del viaje mi hijo de seis años se vio aquejado por serios problemas de estómago. A primera hora de la tarde, estaba hecho una bola y lloraba del dolor y, de repente, se me ocurrió mirar si tenía alguna emoción atrapada que provocara el dolor. Le hice recostarse en la cama boca abajo y llevé a cabo la prueba del largo de las piernas. Liberé tres emociones atrapadas: falta de control, tristeza y baja autoestima heredada de su bisabuelo, el padre del abuelo al que íbamos a visitar. Tan pronto como acabamos, saltó de la cama y se fue dando brincos como si las cinco horas previas no hubiesen existido.

SAFIRE T.

LAS EMOCIONES ATRAPADAS SON COMUNES

A menudo, cuando alguien ha atravesado un acontecimiento traumático o emocionalmente intenso, como un accidente de coche, una pelea o un divorcio, tendrá energía emocional atrapada a causa de ello. Sin embargo, no todos los sucesos emocionales crearán una emoción atrapada. El cuerpo está diseñado para afrontar la energía emocional en el curso normal de los acontecimientos. Cuando una emoción queda atrapada es en parte debido a circunstancias extenuantes; por ejemplo, cuando nuestras defensas están bajas o cuando nos sentimos demasiado cansados o inestables. Cuando nuestros cuerpos no están en su mejor momento, somos más vulnerables para desarrollar emociones atrapadas.

LA RESONANCIA DE LAS EMOCIONES ATRAPADAS

Cada emoción se encuentra atrapada en una ubicación específica en el cuerpo, vibrando en su propia frecuencia. En poco tiempo, esa vibración causa que los tejidos circundantes vibren también en su misma frecuencia. A este fenómeno lo llamamos resonancia.

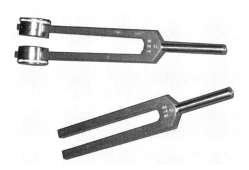

En mis seminarios utilizo diapasones para demostrar de manera visible que nuestro universo responde a la resonancia. Uno de mis diapasones vibra a 512 Hz. El sonido que hace es muy agudo. Los dientes del otro diapasón son de un tamaño diferente, vibra a 128 Hz y produce un sonido mucho más bajo.

Si colocaras en una habitación una cantidad cualquiera de diapasones de tamaños diferentes y golpearas uno de ellos, los otros empezarían a vibrar ligeramente. Si detuvieras el sonido proveniente del diapasón que tocaste, todos los demás continuarían vibrando. No es por ninguna afinidad natural entre los diapasones. Esta es la manera en la que funciona nuestro universo.

Si golpeas un diapasón y lo colocas contra un panel de vidrio, el vidrio comenzará a vibrar en la misma frecuencia. Esto se debe a que el diapasón fuerza las energías que ponen el vidrio en movimiento, en sincronización con su propia vibración. Cuando tienes una emoción atrapada, de alguna manera es como tener un diapasón en tu cuerpo que está vibrando continuamente en la frecuencia específica de la emoción negativa. Por desgracia, estas ondas pueden atraer a tu vida más emociones negativas.

¿Alguna vez has visto a alguien nervioso contagiar su nerviosismo a toda una sala llena de gente? Imagina que estás esperando tranquilamente en la consulta del médico junto a varias personas que están leyendo una revista, cuando entra un paciente nervioso. Comienza a caminar alrededor de la sala cogiendo revistas y dejándolas nuevamente en su lugar, habla con la recepcionista en un tono irritado, mira inquieto a su alrededor... Su lenguaje corporal pone de manifiesto su ánimo. Pero el efecto invisible es el más poderoso.

Este paciente emana una vibración fuerte de nerviosismo. Algunas de las células de tu cuerpo y las de la recepcionista y del resto de pacientes empezarán literalmente a vibrar en esa frecuencia. En poco tiempo, todo el mundo se sentirá un poco nervioso. El ambiente de la habitación habrá cambiado. La gente comenzará a sentirse de otra manera y a reaccionar de otra manera. El paciente nervioso no solo ha atraído más nerviosismo a su vida, sino que ha provocado que la gente de su entorno también lo sienta.

VIBRACIONES NEGATIVAS

Si tienes una emoción atrapada, atraerás más cantidad de esa misma emoción a tu vida. Además, tenderás a sentir esa emoción más fácilmente y con mayor frecuencia que si lo hicieras de otro modo.

Puedes imaginarte una emoción atrapada como si fuese una pelota de energía, porque eso es exactamente. Tienen un tamaño y una forma, aunque son invisibles y están hechas solo de energía. Por lo general, pueden variar de tamaño, desde el de una naranja hasta el de un melón.

La energía emocional atrapada siempre se alojará en algún lugar del cuerpo físico, y los órganos que se encuentren dentro de esa esfera tenderán a entrar en resonancia con la energía vibracional de la emoción atrapada. En otras palabras, aquellos órganos estarán experimentando continuamente dicha vibración emocional.

Supongamos que tienes una emoción atrapada de ira. La has llevado contigo durante años, sin saber siquiera que estaba ahí. Como resultado, cada vez que te encuentres en una situación en la que podrías enfadarte, es mucho más probable que lo hagas porque de manera fascinante y literal una parte tuya ya «vive» enfadada. Si parte de tu cuerpo ya está vibrando en la frecuencia de la ira debido a una emoción atrapada, es mucho más fácil para todo tu ser entrar en resonancia con la ira cuando algún acontecimiento externo pueda provocar en ti una respuesta de enfado. A veces muchas personas no entienden por qué se enfadan con tanta facilidad o por qué no pueden librarse de determinadas emociones. Esto se debe a menudo a que esa misma emoción contra la que luchan está atrapada dentro de ellos desde una experiencia pasada que apenas pueden recordar.

Por esta razón, cuando se liberan las emociones atrapadas, el efecto es incomparable a cualquier otra forma de terapia: la emoción y el comportamiento que han sido tan difíciles de liberar simplemente desaparecen.

Puede parecer casi demasiado simple de creer, pero una vez que lo experimentes lo entenderás. Hasta que no liberes tus propias energías atrapadas, continuarás viviendo bajo su peso.

He visto este fenómeno en innumerables ocasiones, pero la experiencia de una paciente en particular ayudará a ilustrarlo.

LORI Y LA ANIMADORA

Lori tenía una emoción atrapada de resentimiento. Cuando hice un seguimiento en el tiempo de cuándo había ocurrido originalmente, descubrí que había quedado atrapada en la escuela secundaria y que era en realidad resentimiento hacia otra mujer. En ese momento, Lori dijo: «Bueno, por supuesto. Sé exactamente de qué se trata». Explicó que había una joven en particular en el equipo de animadoras a la que simplemente no toleraba. Por las razones que fueran, sintió mucho rencor hacia esta joven durante sus años de secundaria. Este resentimiento nunca se fue, ya que se había quedado atrapado en el cuerpo de Lori, tal como afirmaba ella misma: «Todavía siento mucha animadversión hacia ella. Es algo raro, supongo, porque actualmente tengo cuarenta y tres años y la escuela secundaria fue hace mucho tiempo. Pensarás que me tendría que haber olvidado de ella, pero es como si no pudiera soltarla. No la he vuelto a ver desde entonces, pero cada vez que pienso en ella puedo sentir de nuevo ese resentimiento invadiéndome».

Le expliqué a Lori cómo una emoción atrapada puede hacer que nos resulte mucho más difícil dejar atrás cosas que preferiríamos olvidar. Utilizando un imán, liberamos la emoción atrapada en unos pocos segundos y ella se fue de la consulta. Volví a ver a Lori después de unos días y exclamó: «¡Dr. Nelson, funcionó! Anoche estaba hablando con una vieja amiga y surgió el nombre de esa chica. ¡Por primera vez desde la escuela secundaria no sentí nada! Normalmente habría vuelto a sentir ese rencor hacia ella, ¡pero no sentí nada! Esto es grandioso. ¡Gracias!».

EL ENFADO CRÓNICO DE KIRK

Kirk era un hombre malhumorado. Vino a verme cuando tenía casi ochenta años para tratarse por su dolor de espalda. Pronto fue evidente que había algo más que lo estaba molestando. Le hablaba bruscamente al personal de mi consulta y solía ser cortante conmigo también. Era desdeñoso con su esposa, quien siempre lo apoyaba y se mostraba cariñosa con él. En un principio, atribuí su comportamiento al hecho de que sentía dolor. Su espalda comenzó a mejorar; sin embargo, su actitud no. Decidí comprobar si tenía emociones atrapadas y encontré enfado, amargura, ansiedad, resentimiento, frustración y miedo, muchas de las cuales provenían de su infancia.

El resultado final de liberar esas emociones fue que Kirk se convirtió en un hombre nuevo. En la actualidad es un marido dulce que adora a su esposa y se preocupa más por ella que por sus propias molestias y dolores. Él, que solía quejarse constantemente de todo, ahora se interesa por los demás, tiene siempre una sonrisa en el rostro y se queja muy poco. La transformación fue apreciada por todos aquellos que lo conocen. Si sus emociones atrapadas se hubieran liberado antes, podría haber tenido una vida diferente.

Kirk siempre tuvo la libertad de elegir su estado anímico, pero sus emociones atrapadas le hacían más fácil entrar en resonancia con ellas que ir contra la corriente. Algunas partes de su cuerpo estaban iracundas, amargadas, resentidas, frustradas y temerosas. Con todas esas energías se enfrentaba en cada momento de su vida hasta que las liberamos.

EL EFECTO DE UN DESEQUILIBRIO

Todo gira en torno a la naturaleza cuántica del cuerpo. Cuando nos levantamos cada mañana, esperamos ver nuestros cuerpos tal como lo hicimos ayer o el día anterior. Parecen ser lo bastante sólidos y predecibles. Nunca le echamos un vistazo al espejo mientras nos estamos vistiendo porque tememos ver remolinos de nubes de energía donde solían estar nuestros brazos y piernas. Pero eso es exactamente lo que somos.

No importa lo que pueda parecerte, tu cuerpo es en realidad una colección de energías revoloteando en estrecha formación. Cuando introduces la vibración negativa de una emoción atrapada en esa formación, alteras el ritmo vibracional normal de la totalidad. No lo sentirás necesariamente, y, en definitiva, no podrás notar la diferencia a simple vista, pero hay otras formas de percibirlo.

Recuerda el efecto del diapasón. Cuando tu cuerpo tiene alojada una emoción atrapada, atraerá otras emociones que vibran en la misma frecuencia. Si la emoción es el miedo, por ejemplo, te asustarás más fácilmente. Cuanto más tiempo resida esa energía dentro de tu cuerpo, más te acostumbrarás a sentirla. Con el paso del tiempo, empezarás a pensar que eres simplemente una persona cobarde, porque pareces tener miedo casi en todo momento. En realidad, debido a que esta energía emocional atrapada o, literalmente, «bola de miedo» existe dentro de tu cuerpo, te predispone para el fracaso. Si parte de tu cuerpo ya está sintiendo esa emoción continuamente, entonces caerás con más facilidad en un estado de temor cuando se presente una situación de miedo. En otras palabras, como parte de tu cuerpo ya está vibrando en la frecuencia del miedo, entrará en resonancia con mayor facilidad.

LA UBICACIÓN DE LAS EMOCIONES ATRAPADAS

A menudo la gente me pregunta por qué una emoción queda atrapada en un área del cuerpo y no en otra. Generalmente, descubro que las emociones atrapadas se alojan en un área que es vulnerable a causa de una susceptibilidad genética, una lesión o una deficiencia nutricional que debilita o desequilibra la energía del cuerpo de esa zona.

A veces hay alguna metáfora que también influye. Esto cobra sentido cuando te das cuenta de que nuestras mentes subconscientes rigen nuestros cuerpos y nuestros sueños. Los símbolos y las metáforas son el lenguaje de la mente subconsciente, por lo que es muy natural que las emociones atrapadas se alojen en un área que tenga una importancia simbólica.

Por ejemplo, supongamos que estás sintiendo dolor por una amiga que ha tenido un aborto involuntario. En lugar de experimentar la emoción y dejarla atrás, esta queda atrapada. No sería sorprendente que dicha emoción atrapada se alojara en tu vientre o en tus senos, es decir, los órganos vitales de la maternidad. O imaginemos que estás atravesando por uno de esos periodos difíciles de la vida en los que toda una serie de cosas parece salir mal. Te sientes frustrado y abrumado, como si estuvieras cargando el peso del mundo en tus espaldas. En ese caso, una emoción atrapada puede alojarse en tus hombros. La realidad es que cualquier emoción puede quedarse atascada en cualquier lugar de tu cuerpo. Si no notas el desequilibrio, este puede prolongarse años hasta causarte finalmente verdaderos problemas de salud, tanto mental como física.

LA DOBLE NATURALEZA DE LAS EMOCIONES ATRAPADAS

Las emociones atrapadas te afectan de dos maneras distintas: mental y físicamente. En primer lugar, hablemos de qué manera te afectan psicológicamente. Causarán que sientas una respuesta emocional exagerada. Primero examinemos algunas situaciones de la vida real en las que las emociones atrapadas tuvieron un efecto mental obvio.

MARIE Y SU TRAUMA

Uno de los ejemplos más dramáticos ocurrió con Marie, una paciente de cincuenta años. Hace un año vino a verme; su único hijo había sido asesinado brutalmente. Como podrás imaginar, la muerte de su hijo fue un golpe horrible para ella. Aún peor, el juicio al asesino de su hijo continuaba retrasándose en los tribunales, por lo que no podía superarlo.

Marie estaba atravesando por un momento muy difícil cuando vino a verme por primera vez. En el año transcurrido desde el asesinato de su hijo, había quedado completamente atrapada en su dolor y en su pérdida. Cuando la examiné encontré, una tras otra, diversas emociones relacionadas con su hijo y su muerte. Juntos las liberamos y Marie volvió a ser la persona bondadosa y equilibrada que siempre había sido. Aunque extraña a su hijo y siempre sentirá su ausencia, hoy en día es una de las personas más felices y sensatas que conozco.

Sus emociones atrapadas le hacían perder el equilibrio mental por mantener una vibración negativa. Una vez que las eliminamos, Marie fue capaz de pasar su duelo de manera más calmada.

SARAH Y EL ASESINATO DE JFK

Nunca olvidaré a Sarah, una mujer de setenta y un años que vino a verme para hacerse un tratamiento. Comencé a preguntarle a su subconsciente qué necesitaba a través del test muscular. Encontramos que tenía una emoción atrapada de tristeza.

Si bien tu mente consciente puede que no recuerde las cosas muy bien, tu subconsciente recuerda todo lo que te ha ocurrido alguna vez. Por supuesto, también conoce con todo detalle cada emoción atrapada: sabe cuándo ocurrió lo que la originó, cuál era esa emoción, quién estaba involucrado y mucho más.

Mientras le hacía preguntas al subconsciente de Sarah sobre esta emoción atrapada, trataba de determinar cuándo había surgido. Resultó que la emoción de tristeza había quedado atrapada en el cuerpo de Sarah en 1963.

Por una corazonada, le pregunté: «¿Esta tristeza es por el asesinato de John F. Kennedy?». La respuesta que dio su cuerpo a través del test muscular fue afirmativa. Cuando llegamos a ese momento, Sarah comenzó a llorar. Mientras sus lágrimas caían dijo: «Oh, sí, eso me afectó profundamente. Y cuando el hijo del presidente Kennedy, John Jr., murió en un accidente de avión hace unos años, me trajo todo a la memoria. No pude hacer nada más que llorar durante días».

Si tienes edad suficiente para recordar ese día de noviembre de 1963, te acordarás de lo chocante y triste que fue. Ese día, todo el ser de Sarah se llenó de tristeza. La emoción fue inmensa, demasiado intensa para ser procesada por su cuerpo físico, y, como resultado, quedó atrapada.

LAS EMOCIONES ATRAPADAS NOS AFECTAN PSICOLÓGICAMENTE

Las emociones atrapadas generan una vibración energética específica. Además, están asociadas en nuestras mentes con acontecimientos determinados. En el caso de Sarah, la emoción de tristeza, que resonaba en su propia frecuencia particular, estaba conectada en su cuerpo y en su mente con la muerte de Kennedy. Cuando John Kennedy Jr. murió trágicamente, su tristeza natural por ese acontecimiento se amplificó por la emoción atrapada que ya estaba prisionera en ella. Todo su cuerpo entró en resonancia con la emoción que estaba atrapada. El resultado fue que, en lugar de llorar un poquito y seguir adelante, Sarah lloró muchos días, y el dolor de ese día de noviembre de 1963 volvió con toda su fuerza. De hecho, ese dolor en realidad nunca la había abandonado. De una forma literal y fascinante, parte de su cuerpo no había dejado de sentir una profunda tristeza.

Este es un ejemplo perfecto de cómo una emoción atrapada puede persistir durante muchos años y provocar que experimentes emociones similares de una manera exagerada. Sin embargo, la mayor parte del tiempo no reconocemos la conexión que existe entre las experiencias actuales y los traumas del pasado. Pero si alguna vez te ves reaccionando de manera exagerada ante un suceso, puedes asumir que la culpable es una emoción atrapada o quizá más de una.

Si tus emociones atrapadas nunca se liberan, puede que sientas ese dolor y esa respuesta acentuada durante el resto de tu vida. Es un sufrimiento innecesario, ya que puedes librarte de tus emociones atrapadas fácilmente.

Antes de que Sarah liberara su tristeza, decidí preguntar en qué parte de su cuerpo había estado alojada esta emoción durante casi cuatro décadas. ¿Qué órganos de su cuerpo habían estado funcionando dentro de la esfera de su profunda tristeza todos esos años? ¿Cuál fue el efecto sobre esos órganos? El subconsciente conoce a la perfección estas respuestas y averiguarlas es tan fácil como preguntar. La respuesta nos impresionó a ambos. La prueba muscular demostró que la emoción atrapada de tristeza estaba alojada en el área de su pecho izquierdo. Sarah y yo nos miramos fijamente por un momento, maravillados. Hacía cuatro años que le habían extraído su mama izquierda en una mastectomía quirúrgica y había superado el cáncer. Sin embargo, la energía emocional atrapada se había alojado en su pecho izquierdo y permaneció allí. ¿Por qué el pecho izquierdo y no cualquier otra parte del cuerpo? Quizá tenía una mayor vulnerabilidad en el pecho izquierdo debido a una infección menor, una lesión previa o algún otro desequilibrio. Mi opinión personal es que quedó atrapada en esta zona tan próxima a su corazón por amor al presidente Kennedy.

Sea cual sea la razón de su ubicación, la emoción atrapada permaneció en su cuerpo a medida que pasaron los años, lo cual le causaba una constante irritación en sus tejidos que podría haber sido uno de los factores determinantes del cáncer. Los síntomas no fueron reconocidos a tiempo y finalmente los médicos tuvieron que extraerle la mama izquierda para vencer al cáncer, pero la tristeza permaneció allí. Haber liberado esa tristeza de su cuerpo ayudó a Sarah a sanar emocionalmente. Ojalá lo hubiera descubierto antes para haberle evitado tanto dolor y sufrimiento, e incluso para haberla ayudado a prevenir el cáncer de mama.

LOS EFECTOS FÍSICOS DE LAS EMOCIONES ATRAPADAS

Los órganos y tejidos que están continuamente distorsionados o desequilibrados por una emoción atrapada sufrirán sus efectos tarde o temprano.

Si coges un imán y lo mantienes cerca de una antigua pantalla de televisión con tubo o un monitor de ordenador, verás una distorsión de la imagen muy visible. Esto se debe a que el campo magnético está interfiriendo el flujo normal de los electrones dentro de la pantalla. Si acercas el imán demasiado o si lo dejas allí mucho tiempo, creará una distorsión permanente e incluso estropeará la pantalla. Las emociones atrapadas afectan al cuerpo de manera parecida. Al fin y al cabo, el cuerpo es energía y también lo son las emociones atrapadas. Pero estas son energía negativa y distorsionan los tejidos del cuerpo, igual que el imán distorsiona la imagen en la pantalla del televisor. El resultado de la deformación de los tejidos y órganos del cuerpo a largo plazo será el dolor y su mal funcionamiento. Esta es la razón por la que la liberación de una emoción atrapada a menudo causará un alivio inmediato del malestar y otros síntomas, y posiblemente la reversión de algunas enfermedades.

Creo que este es un terreno muy fértil para futuras investigaciones que podrían dar como resultado una profunda comprensión del proceso de las enfermedades.

Según mi experiencia, las emociones atrapadas pueden ejercer una influencia sorprendente sobre los tejidos del cuerpo. ¿Qué ocurre cuando esos tejidos están siendo continuamente irritados? El primer síntoma suele ser el dolor o un mal funcionamiento (aunque muy sutil), que se presenta de manera diferente dependiendo de la parte del cuerpo en la que haya quedado atrapada la emoción. Estos síntomas pueden incluir tensión muscular, inmunidad baja, un aumento en el riesgo de lesiones y aceleración del proceso de envejecimiento.

Una de las consecuencias más comunes de tener emociones atrapadas es el dolor, que puede presentarse de diferentes maneras e intensidades variadas. Desde migrañas hasta dolor lumbar, desde dolor de cuello a dolor de rodillas, la causa subyacente más probable a todas estas aflicciones parecen ser estas energías emocionales.

Asimismo, parece que las emociones atrapadas también podrían tener efectos importantes a nivel genético. Solía pensarse que si poseías la secuencia genética asociada al cáncer de mama, por ejemplo, con certeza padecerías esa dolencia en el futuro. Un buen ejemplo de esto es la mastectomía preventiva a la que se sometió la actriz Angelina Jolie. Sin embargo, ahora sabemos que estos rasgos genéticos pueden o no «expresarse» o activarse[7], todo depende de tus experiencias, tu dieta, las toxinas a las que te expones, tus niveles de estrés y tu bagaje emocional. En mi experiencia, eliminar la distorsión causada por las emociones atrapadas podría tener el potencial para cambiar las secuencias genéticas en sí mismas. Como mínimo, el Código de la Emoción parece mitigar el dolor y otros síntomas causados por las enfermedades genéticas. Por ejemplo, en la historia que aparece a continuación, una persona con una enfermedad genética incurable sintió alivio gracias al Código de la Emoción.

MEJORAS EN UNA ENFERMEDAD GENÉTICA

Poseo el gen responsable de la espondilitis anquilosante y ha estado activo durante muchos años. La EA es un tipo de artritis autoinmune que convierte los ligamentos de la espalda en hueso, lo cual hace que los afectados desarrollen una joroba

---

[7] Bruce H. Lipton, *La biología de la creencia: La liberación del poder de la conciencia, la materia y los milagros*, Palmyra, Madrid, 2007.

cuando esto sucede. También afecta a las articulaciones y a los órganos. Mi dolor ya era insoportable y me resultaba muy difícil moverme e incluso levantarme de la cama sin dolor.

Tras mi primera sesión del Código de la Emoción, mi dolor disminuyó de 8 a 1. Mi dolor óseo desapareció casi por completo. Han pasado tres meses y ¡aún me siento libre de dolor!

SUSAN R.

Si los tejidos siguen irritados durante un largo periodo de tiempo, pueden entrar en un estado de *metaplasia* o cambio. En otras palabras, cada tipo específico de célula comienza a convertirse en una célula más primitiva o deforme. El paso siguiente es el cáncer.

Si bien hay una variedad de causas que se supone que provocan el cáncer, yo creo firmemente que las emociones atrapadas son un factor que contribuye al proceso de esta enfermedad.

Cada paciente con cáncer que he atendido resultó tener emociones atrapadas arraigadas en los tejidos afectados. Es posible que algunas de estas energías puedan haber sido atraídas a la zona precisamente porque los tejidos estaban en un estado severo de desequilibrio. Si bien esto es posible e incluso probable a medida que la enfermedad avanza, las emociones atrapadas son, en mi opinión, una causa subyacente del cáncer. Por eso es de vital importancia que estas emociones atrapadas sean eliminadas. Aunque es probable que ya hayan contribuido al cáncer, una vez eliminadas no podrán causar más daño en el futuro.

EL CÁNCER DE PULMÓN DE ROCHELLE

Cuando Rochelle vino a verme por primera vez, tenía un tumor maligno del tamaño de una pelota de béisbol en su pulmón. Estaba en tratamiento de quimioterapia cuando nos conocimos. Le pregunté a su cuerpo si había emociones atrapadas en su tejido pulmonar y la respuesta fue «sí».

Las emociones atrapadas en el tumor de Rochelle se remontaban a muchos años atrás, cuando era joven. Ella es filipina y se había casado con un marinero americano instalado en las islas. Después de haber tenido un hijo en común, el marido de Rochelle se hizo a la mar por seis meses o más. Ella había previsto sus posibles ausencias y había aceptado la separación en su mente consciente, pero criar un hijo sola era difícil. Conscientemente, creía que estaba bien a pesar de la ausencia de su pareja, pero su cuerpo reveló que las emociones de tristeza, frustración y abandono habían quedado atrapadas dentro de ella.

«No, no —insistió Rochelle—. Nunca me sentí de esa manera. Sabía que Danny se iría y yo no tenía ningún problema con eso. Estaba bien sola». Y, sin embargo, después de que le pasara el imán por la espalda, Rochelle se incorporó y sacudió la cabeza. «Qué extraño —dijo—. Me siento mucho más liviana, como si me hubiera quitado un peso de encima que me oprimía el pecho».

Como tenía que conducir noventa minutos para llegar a mi clínica, solo vi a Rochelle tres veces, pero fueron suficientes como para que le pudiera liberar todas las emociones atrapadas que aparecieron en el área afectada de su pulmón. Aproximadamente cinco semanas más tarde, apareció en mi consulta contentísima por las buenas noticias. Sus médicos le habían hecho una nueva radiografía y el tumor había desaparecido por completo.

¿Las emociones atrapadas podrían haber sido un importante factor en la aparición de este cáncer? Creo que la respuesta es sí. Por supuesto, no puedo demostrar que la liberación de las emociones atrapadas eliminase el tumor, ya que

Rochelle también se sometía a quimioterapia. Sin embargo, mediante la eliminación de las emociones que estaban alojadas en su pecho, es posible que hiciéramos más eficaz la quimioterapia y que su desaparición le diera a su cuerpo la energía positiva que necesitaba para sanar. Espero vivir lo suficiente como para ver el día en que todos los pacientes sean tratados con el mejor de los métodos: este.

EL DOLOR DE OVARIO DE JEAN

Una de las cosas que más me sorprendieron sobre las emociones atrapadas fue su capacidad de causar dolor físico. La primera experiencia que tuve con este fenómeno fue bastante dramática. Mi esposa, Jean, de repente comenzó a sentir un dolor agudo y severo en la parte inferior izquierda del abdomen. El test muscular demostró que el dolor provenía de su ovario izquierdo y que su causa era emocional. Tan rápido como pude, comencé a identificar la emoción responsable. Para mi sorpresa, terminé encontrando no una, sino seis emociones diferentes. Liberamos estas emociones una tras otra (a veces, como explicaré más adelante, podemos encontrar más de una emoción anidada en la misma área del cuerpo, como, por ejemplo, en este caso). Exceptuando la última emoción, todas tenían que ver con acontecimientos trágicos o perturbadores que habían ocurrido en las vidas de mujeres cercanas a Jean. Liberé cada emoción atrapada a medida que las iba identificando.

Sorprendentemente, el nivel de su dolor fue disminuyendo conforme liberaba cada emoción atrapada. Después de extraer cinco, su dolor era mínimo en comparación a lo que había sido tan solo momentos antes.

El cuerpo de Jean indicaba que quedaba una emoción atrapada más. La prueba rápidamente reveló que se trataba de un sentimiento de falta de valía prisionero desde sus primeros años de colegio.

Era 1960, año de elecciones. Los candidatos eran Richard M. Nixon y John F. Kennedy. La profesora de Jean la informó de que un niño y una niña de la escuela habían sido seleccionados para ser entrevistados por el periódico local sobre las próximas elecciones presidenciales y que ella era una de las elegidas. Le dijo que le iban a hacer algunas preguntas sobre los candidatos, en particular a quién votaría si pudiera.

Estaba entusiasmada y el gran día llegó pronto. La hicieron pasar a un aula preparada para la entrevista. Había dos sillas enfrentadas, una para cada niño. El entrevistador comenzó a hacerle preguntas al chico en primer lugar, mientras destellaban los *flashes* del fotógrafo. Aunque también le sacaron una foto a Jean, por alguna razón a ella no le hicieron ninguna pregunta.

Fue ignorada casi por completo; solo se dirigieron a ella para indicarle cómo posar para la foto. De repente, la entrevista finalizó. Mientras la llevaban a su clase nuevamente, se sintió confundida. Poco a poco, cayó en la cuenta de lo poco importante que debía ser. Jean empezó a sentirse inútil y esa emoción fue lo bastante intensa como para que quedara atrapada en su cuerpo físico.

Las emociones son energía, y la vibración específica de cualquiera de ellas determina con precisión qué emoción es. Una emoción atrapada es como una pequeña pelota de energía que siempre caerá o se alojará en algún lugar físico del cuerpo. Debido al machismo con el que la trataron, esta emoción atrapada de rabia y de sentirse despreciada se alojó en el ovario izquierdo de Jean, donde permaneció durante treinta años.

Cuando liberamos esta última emoción atrapada, los restos de su dolor desaparecieron instantáneamente. Se levantó de la silla y ambos nos miramos con asombro por lo que acabábamos de experimentar. Jean nunca ha vuelto a sentir dolor en esa zona.

No puedo evitar preguntarme cuáles habrían sido las consecuencias en su salud si no hubiéramos liberado esas energías de su ovario.

EL CODO DE TENISTA DE JACK

Otro ejemplo de cómo las emociones atrapadas pueden causar daño físico proviene de un paciente mío llamado Jack. Tenía cuarenta y dos años cuando vino a verme para tratarse su dolencia, codo de tenista, por la que había estado sufriendo durante meses. El malestar en su antebrazo derecho se había hecho tan grande que ya no podía ni siquiera girar la llave para arrancar el coche sin que esto le causara un dolor terrible. Lo empecé a tratar con un enfoque de quiropráctica tradicional, ajustándole la columna vertebral y las extremidades, y con terapia física. Después de trabajar con él durante una semana aproximadamente, no aprecié mucha mejoría, lo cual me sorprendió. El codo de tenista es una enfermedad que normalmente se trata con gran éxito con cuidados quiroprácticos.

Me sentía frustrado por la falta de mejoría de Jack. Esto sucedió en los primeros días de mi trabajo con las emociones atrapadas y todavía no había pensado en preguntarle a su subconsciente si las emociones tenían algo que ver con su problema. Todavía estaba comenzando a entender lo poderosas que son las emociones atrapadas y cómo pueden causar diferentes tipos de síntomas. Sabía que podían provocar dolor físico, pero también que el codo de tenista era una inflamación que había tratado con éxito anteriormente. Sin embargo, como no estaba obteniendo resultados con el enfoque tradicional, decidí preguntarle al subconsciente de Jack si las emociones atrapadas eran una causa subyacente de su codo de tenista. Me sorprendió un poco que su cuerpo contestara que sí.

Utilizando el Código de la Emoción, identificamos la primera emoción. Según su cuerpo, la emoción atrapada era un sentimiento de inferioridad[8]. Había quedado atrapada en su interior durante la escuela secundaria y tenía que ver con una jovencita en particular que le gustaba. La liberé y Jack se sorprendió por el efecto inmediato que esto tuvo en su brazo. De repente, el dolor de su codo disminuyó notablemente. Pregunté de nuevo si había alguna emoción atrapada que podía liberar. Su cuerpo contestó de nuevo afirmativamente y descubrimos que esta emoción también provenía de la época en que Jack iba a la escuela secundaria y fue el resultado de una relación poco satisfactoria, pero esta vez con otra chica. La emoción atrapada era el nerviosismo. Cuando la liberamos, el dolor del codo de Jack disminuyó aún más significativamente. Continuamos este proceso hasta que eliminamos cinco emociones atrapadas en total. Todas ellas provenían de la escuela secundaria y cada una estaba asociada a una chica diferente. A su esposa, que le acompañó durante el tratamiento, parecía hacerle gracia.

A medida que liberamos cada emoción atrapada, el nivel de malestar en el antebrazo de Jack disminuía notablemente. En el momento que extrajimos la última emoción, ¡su dolor desapareció del todo! Giró el brazo hacia un lado y hacia el otro, hizo movimientos rotatorios con la muñeca, como si arrancara un coche con la llave, y flexionó el codo. No sentía dolor alguno.

De repente, la articulación del codo había recuperado todo su rango de movimientos y no le provoqué dolor ni siquiera presionando con mis dedos en los músculos de su antebrazo, lo cual anteriormente era siempre muy doloroso para él. Este resultado fue sorprendente para todos los que estábamos siendo testigos.

---

[8] El cuadro de emociones que se utiliza actualmente ya no contiene la emoción de inferioridad; en la actualidad esta emoción aparecería como indignidad, inseguridad o baja autoestima.

Jack había jugado al tenis durante la secundaria, pero hacía años que no cogía una raqueta. Las emociones atrapadas tienden a gravitar hacia las zonas más débiles del cuerpo, donde hay más estrés, una lesión, una infección o algún otro desequilibrio. Todas las emociones atrapadas se alojaron en los tejidos del antebrazo de Jack. Creo que esto se debió a que durante aquella etapa escolar su antebrazo fue muy utilizado en repetidas ocasiones e incluso forzado hasta cierto punto. Al mismo tiempo, Jack estaba experimentando angustia emocional y recolectando emociones negativas de sus relaciones frustradas. No olvides que una emoción atrapada siempre recaerá en algún lugar físico, probablemente en el eslabón más débil en la cadena del cuerpo. Todavía pienso que si no hubiese estado allí viéndolo, no lo habría creído.

A medida que continué utilizando el Código de la Emoción en mis pacientes, me siguió asombrando la cantidad de dolencias que en realidad causaban, en su totalidad o en parte, las emociones atrapadas, y lo destructivas que estas eran para la salud de mis pacientes.

La sanación tiene lugar cuando las emociones atrapadas son finalmente liberadas. ¡Quién sabe cuánto dolor, infelicidad y enfermedad crónica puede evitarse eliminando las emociones atrapadas! Pronto aprendí que algunos de los sentimientos atrapados en los cuerpos de mis pacientes habían estado allí mucho más tiempo del que yo hubiera creído posible. Me entristecía pensar que estos pacientes habían estado sufriendo constantemente durante todos esos años por algo de lo que podían deshacerse con facilidad.

VISIÓN NORMAL

Comencé a utilizar el Código de la Emoción con mi padre cuando tan solo llevaba un mes de estudio. A los pocos días, su ojo vago estaba casi alineado con el otro ojo. Tras dos semanas, el dolor crónico de rodilla que sufría había mejorado y pudo recorrer un campo de cultivo de más de 600 metros de largo. Cuando le pregunté si le dolía la rodilla, se sorprendió al darse cuenta de que estaba bien. Normalmente este tipo de actividad le habría causado molestias debido a la distancia y al desnivel del terreno. Liberé bastantes emociones atrapadas que afectaban a su salud ocular y casualmente tenía una cita con el oftalmólogo para medir la presión en sus ojos debido al glaucoma (había estado un poco alta y estaba en seguimiento). Cuando volvió del médico, dijo: «Mi presión ocular es normal y el médico ha dicho que ya no tengo que preocuparme por el glaucoma. Me ha hecho pruebas para revisar mi graduación y resulta que mi visión es normal. Tiene sentido, la graduación de las gafas me molestaba y ya no las podía usar. ¡Ahora sé por qué!».

STACEY B.

FOBIAS

Llamamos fobia a un temor irracional y persistente a determinadas personas, cosas o situaciones. Descubrí que las emociones atrapadas son una causa importante de las fobias, quizá la única. La mayor parte de las personas que sufren fobias posee una o más emociones atrapadas que la causan.

Las fobias pueden acompañarte durante toda la vida y alterarla sobremanera. En la siguiente historia una profesional certificada en el Código de la Emoción nos cuenta cómo su paciente superó una fobia que había padecido toda la vida.

LA CLAUSTROFOBIA DESAPARECE

Tuve una clienta que había sufrido claustrofobia severa durante cincuenta años. Como te podrás imaginar, esto limitaba su vida seriamente y a muchos niveles, hasta tal punto que ver la televisión o ir al cine podían causarle una crisis.

Me contó que cuando aparecía un espacio que le parecía claustrofóbico en la pantalla, se levantaba y ¡salía corriendo de la habitación!

Tras nuestra primera sesión del Código de la Emoción, me informó alegremente de que por primera vez en su vida había sido capaz de ver cierto programa en la televisión, y me contó con todo lujo de detalles todo lo que había visto en el programa. En el pasado, solo con escuchar el título del programa habría salido corriendo.

Estaba emocionada por todo lo que había averiguado al ver ¡*La vida en un submarino*!

KIRSTY W.

LA FOBIA AL AVIÓN

Es posible tenerle fobia a cualquier cosa. Por ejemplo, una vez atendí a una mujer que tenía una fobia bastante rara. No podía mirar la imagen de un avión en una revista o ver uno en la televisión sin sentir ansiedad. Si un avión volaba por encima de ella, tenía que mantener la vista fija en el suelo. Si miraba hacia arriba y divisaba el aparato, podía llegar a tener un ataque de pánico.

Le pregunté a su subconsciente por medio del test muscular si había una emoción atrapada que le estuviera causando su fobia. La respuesta fue «sí». Mediante pruebas posteriores pude determinar lo que había sucedido.

Unos años atrás había leído un artículo en una revista acerca de un accidente de avión. El artículo estaba acompañado con una foto del avión justo antes del impacto. Mientras lo leía, la invadió una emoción profunda. Se identificó mucho con los pasajeros aterrorizados y se creó una emoción atrapada. Liberé la emoción y la fobia se fue instantáneamente. Ya podía mirar aviones tanto en fotografías como en el cielo sin ningún problema y su miedo nunca volvió.

TERRORES NOCTURNOS

Las pesadillas pueden o no ser causadas por las emociones atrapadas; sin embargo, cuando se trata de terrores nocturnos, puedes estar seguro de que esa es la causa. Una paciente de cuarenta y dos años llamada Carol había sufrido terrores nocturnos casi toda su vida. Sus gritos de terror llegaban a despertar a su marido y a sus hijos por lo menos tres noches a la semana. Los terrores nocturnos difieren de las pesadillas en que no parece causarlos una determinada imagen soñada. En cambio, la víctima siente una emoción específica y muy aterradora mientras duerme.

Los terrores nocturnos de Carol habían sido un gran problema casi toda su vida. Se había roto tanto las clavículas como varias costillas al caerse de la cama y hasta tuvo una fractura de cráneo debido a sus intentos por escapar de su sueño aterrador. Su subconsciente respondió afirmativamente a mi simple pregunta: «¿Hay alguna emoción atrapada que esté causando tus terrores nocturnos?». Las siguientes pruebas revelaron que varias emociones de pánico, terror y miedo habían quedado atrapadas en su cuerpo a la edad de cinco años, durante un corto periodo en el cual tenía una pesadilla recurrente. La pesadilla finalmente se fue, pero las emociones atrapadas permanecieron.

El resultado de liberar estas emociones atrapadas fue que en una semana los terrores nocturnos de Carol desaparecieron para siempre y no volvieron.

TEPT

El trastorno de estrés postraumático, o TEPT, es una dolencia común y debilitante que genera desapego emocional, depresión, ansiedad, abandono de amistades y familia y pérdida de interés en las actividades cotidianas. Además, las personas aquejadas de TEPT pueden tener reacciones emocionales o físicas extremas, tales como ataques de pánico, palpitaciones y escalofríos, cuando rememoran la situación o situaciones traumáticas que desencadenaron el trastorno. Se estima que aproximadamente un 8 por ciento de los adultos sufrirá TEPT a lo largo de su vida. La mayor parte de las personas tiende a relacionar el TEPT con el estrés militar o el estrés causado por la guerra, pero en realidad este trastorno puede ser causado por cualquier situación angustiosa, traumática o potencialmente fatal que haya sido tanto experimentada como presenciada.

ALIVIO DEL TEPT Y LA DEPRESIÓN

A mi marido, John, le diagnosticaron TEPT y depresión a los 49 años debido a una infancia difícil, varios accidentes traumáticos, dos enfermedades que casi le cuestan la vida, veinte años de matrimonio abusivo con su primera mujer y un divorcio extremadamente conflictivo. Para rematar, su salud se deterioró y perdió la capacidad de restaurar casas, actividad que había llevado a cabo durante casi veinte años.

Se sentía totalmente desolado en mente, cuerpo y espíritu. Le costaba un mundo funcionar en todos los sentidos. Probó varios medicamentos psicotrópicos para lidiar con la depresión y la ansiedad, pero no solo no hicieron efecto, sino que además empeoraron la situación. John fue mi primer paciente con TEPT. Accedió a ser mi conejillo de Indias y pusimos a prueba el Código de la Emoción.

Tras derribar el muro de su corazón y liberar las emociones atrapadas de su cuerpo, el TEPT de John desapareció. Justo después, decidió perseguir sus sueños y se apuntó a la escuela de cine; ha obtenido becas por sus buenas notas y ahora trabaja como director de servicios para clientes, ayudando a parejas con problemas en una empresa dedicada a solventar crisis matrimoniales. No ha vuelto a sufrir TEPT o depresión.

Desde mi experiencia con John, he visto a muchas personas emerger de las sombras de la depresión tras derribar el muro de sus corazones y liberar las emociones atrapadas. También he presenciado cómo este trabajo permite a las personas volverse lo suficientemente fuertes emocional y mentalmente como para enfrentarse a los problemas que les causa la depresión. ¡Este es el potencial que tiene el Código de la Emoción en nuestras vidas!

ALISA F.

TEPT DEBIDO A UNA CAÍDA

Mientras hacíamos senderismo en el Parque estatal de Devil's Lake, en Wisconsin, mi novio, Michael, se cayó por un despeñadero de unos 25 metros. Sobrevivió milagrosamente y se recuperó por completo de las lesiones físicas en el hospital, pero estaba claro que el accidente nos había dejado marcados a los dos. Él no recordaba bien el accidente, pero sufría de ataques de pánico constantes; yo tenía ansiedad y TEPT. Entonces, descubrí el Código de la Emoción y, gracias a este método, he conseguido aliviar los ataques de pánico de Michael, su ansiedad ha disminuido y ya no se agobia ni se estresa en situaciones cotidianas. Para mí también ha sido un regalo: mi ansiedad casi ha desaparecido y ya no sufro TEPT.

DENAY H.

VETERANO DE VIETNAM ENCUENTRA AYUDA

Mi marido fue mi primer cliente. Lidia con TEPT de la época de la guerra de Vietnam y hace nueve meses le diagnosticaron párkinson (estadio 1). Le he estado ayudando con el Código de la Emoción desde entonces y ¡los resultados han sido increíbles! Sus cambios de humor se han suavizado, su presión arterial se ha normalizado y sus temblores han desaparecido. Está tan impresionado que ha compartido su experiencia con todos sus amigos veteranos y ahora todos tienen sesiones conmigo para tratar su TEPT.

JILL J.

EL CÓDIGO DE LA EMOCIÓN ELIMINA UN TRAUMA DE TODA LA VIDA

Tuve una clienta con un TEPT bastante acusado debido a múltiples traumas que había sufrido en su vida desde que era pequeña. Estos afectaban a su humor y a su comportamiento y estaban empezando a generar síntomas en su cuerpo. Al principio, era yo quien liberaba sus emociones atrapadas y, en muy poco tiempo, ella lo empezó a hacer sola con esmero y dedicación. Ha pasado un año desde que empezamos a liberar sus emociones atrapadas y parece otra persona. Nunca antes había visto al Código de la Emoción trabajar a un nivel tan profundo y ha sido maravilloso poder participar en su proceso de sanación. Se ha liberado del miedo con el que vivía y está experimentando la abundancia en sus relaciones, especialmente en su relación con Dios. Sabe que el Código de la Emoción es muy poderoso y está a punto de publicar un libro sobre el TEPT y el Código de la Emoción.

MEGHAN B.

¿PUEDES PERMITIRTE MANTENERLAS GUARDADAS?

Eliminar las emociones atrapadas es fundamental para tu calidad de vida. Extraerlas podría prevenir que finalmente tengan lugar innumerables y variados problemas. Espero que estés empezando a entender que liberar las emociones atrapadas puede dar alivio a los síntomas mentales y físicos que quizá estés padeciendo actualmente.

LA VUELTA A CASA DE FRANK

Uno de los primeros veteranos con los que trabajé era un hombre llamado Frank, que había servido en la guerra de Vietnam. No podía hablar de sus experiencias en la guerra con nadie, pues cuando rememoraba aquellas experiencias sentía que una ira enorme empezaba a acumularse en su interior. Nunca hablaba de ello; se había cerrado completamente.

Su mujer le recomendó mis servicios y, como vive en otro estado, hablamos por teléfono y le expliqué que el Código de la Emoción puede hacerse a distancia. Me dijo: «Tengo que serte sincero, esto se nos escapa a mí y a mi comprensión». Le contesté: «No pasa nada. Te doy la bienvenida a este momento».

En aquella primera sesión llevada a cabo por teléfono, liberé algunas de sus emociones atrapadas. Pero lo que descubrí fue que algunas de las cosas que le habían ocurrido cuando tenía cinco años eran las causantes de que hubiese reaccionado de la manera en la que lo hizo en la guerra. Me di cuenta de que su TEPT realmente había comenzado cuando tenía cinco años y su bagaje emocional de aquella época fue agravado por sus experiencias en la guerra y, sin darse cuenta, en lugar de ser capaz de gestionar sus emociones y estar presente empezó a tener reacciones desmesuradas.

No supe nada de él después de aquella llamada y me quedé pensando qué habría pasado. Un día recibí una llamada suya y me dijo: «Tras la sesión fui capaz de hablar de la guerra de Vietnam como si fuera parte de la historia, no una parte de mí. Así que decidí reunirme con mis hermanos y hermanas». Fue a una reunión local de veteranos de la guerra y empezó a relacionarse con otras personas que habían pasado por la misma experiencia. «Decidí que quería dar un paso más y participar en el desfile del Día de los Caídos», me dijo. Así que fue a una tienda de excedentes militares. Al entrar, el dueño le miró y dijo: «Espere un segundo». Se fue a la trastienda y regresó con una caja de zapatos en la mano. «¿Qué talla de zapatos usa?». Frank le respondió que usaba un 44. Entonces el hombre dijo: «Le he estado esperando. Estas botas son un 44 de la guerra de Vietnam». Y, así, Frank desfiló orgulloso en el desfile del Día de los Caídos con sus botas. Después, al llegar a casa le dijo a su mujer: «Hoy por fin he vuelto a casa».

RUTH K.

UN FUTURO PROMISORIO

Estaba trabajando con Gary, un adicto en recuperación, con el Código de la Emoción. Gary vivía con el miedo de tener una recaída. Estaba muy deprimido y desmotivado, hasta el punto de tener pensamientos suicidas. Tras liberar sus emociones atrapadas, se volvió extremadamente feliz. Unas semanas más tarde, su tribu nativa americana le ofreció unas prácticas muy interesantes, así que ha vuelto a estudiar. Y ¡se casa el año que viene!

JACQUELYN W.

UN MIEMBRO DEL PROFESORADO AYUDA A UN ADOLESCENTE

Tuve la oportunidad de ayudar a uno de mis estudiantes en el instituto en el que trabajaba. Braden tenía 18 años y sufría de depresión, ansiedad, adicciones y déficit de atención. Además, cuando empezamos a trabajar con el Código de la Emoción, había sufrido acoso por parte de sus compañeros en múltiples ocasiones.

Braden estaba emocionalmente ausente y solía deambular aturdido la mayoría de los días. Sus ojos estaban desprovistos de emoción. Carecía de confianza en sí mismo, tenía muy pocos amigos y sus notas eran muy bajas a pesar de ser un chico muy inteligente. Desgraciadamente, se sentía víctima de las circunstancias e impotente.

Como era de esperar, tenía varias emociones atrapadas que pude liberar.

Tras su primera sesión, su expresión cambió. Caminaba con energía. Resultaba difícil creer que se tratara del mismo estudiante que días antes parecía un zombi. Se involucraba más con los demás y parecía más feliz con la vida. Aún tiene cosas que mejorar, pero el Código de la Emoción fue como un salvavidas para este chico. ¡Una transformación verdaderamente milagrosa!

JOCELYN W.

Liberando las emociones atrapadas estarás eliminando las nubes de energía negativa no deseada que estén dificultando la función normal de tus órganos, y estarás también ayudando a mantener libre el flujo de energía y, por lo tanto, colaborando a que tu cuerpo pueda sanar él mismo. Tu mente volverá a un estado más natural, sin el dramatismo, dolor y peso de antiguas emociones que te impiden progresar en la vida.

A continuación, compartiré contigo algunos secretos sorprendentes sobre el campo energético humano que han sido descubiertos recientemente, pero que los antiguos médicos ya conocían.

SEGUNDA PARTE

El mundo energético

3

MISTERIOS DE LOS ANTIGUOS SANADORES

«Nuestro nacimiento no es sino un sueño y un olvido; el alma con que uno se despierta, la estrella de nuestra vida, ha tenido su origen en otra parte y viene desde lejos. No en un olvido absoluto ni en completa desnudez, sino dibujando nubes de gloria de Dios, donde está nuestra morada».

WILLIAM WORDSWORTH

EN 1939, UN TÉCNICO RUSO LLAMADO Semyon Kirlian descubrió[1] lo que actualmente se conoce como la fotografía Kirlian. El método Kirlian no utiliza luz como la fotografía tradicional; en lugar de eso, utiliza frecuencias de pulsaciones de alta tensión para tomar fotografías de los campos de energía radiante que rodean a todos los seres vivos. Esta técnica también se conoce como visualización de descarga de gas o GDV (*Gas Discharge Visualization*).

Desde su descubrimiento, los científicos rusos han realizado una cantidad significativa de investigaciones mediante la fotografía Kirlian y han descubierto que todas las cosas proyectan

---

[1] John Iovine, *Kirlian photography: a hands-on guide*, Images Publishing, Victoria, 2000, p. 24.

campos de energía, aunque los de los seres vivos son más vibrantes que los de los objetos inanimados[2]. Quizá las imágenes de Kirlian más llamativas son aquellas de hojas que han sido cortadas por la mitad y aun así muestran los campos de energía completos e intactos de las hojas enteras[3]. ¿Es posible que estas imágenes de Kirlian estén en realidad revelando la naturaleza espiritual interior de las cosas?

La existencia del campo energético humano ha sido un principio básico de las artes de sanación desde hace mucho tiempo. Los hindúes sostienen que el *prana* es la fuerza vital vivificadora que impregna y da vida a todas las cosas, creencia que se remonta a hace cinco mil años. Los chinos piensan que esta energía se llama *chi* y creen que su desequilibrio en una persona tiene como resultado la mala salud.

A lo largo de la historia, casi cien culturas diferentes y distantes entre sí han creído en la existencia del campo energético humano.

Las emociones atrapadas distorsionan y bloquean el flujo de esta energía, y el Código de la Emoción es una forma sencilla de reconducir esta energía a un estado equilibrado.

EL ESPÍRITU Y EL TEMPLO

El campo energético humano es esencialmente el espíritu que existe dentro de cada uno de nosotros. Si pudiéramos de alguna manera arrancar mágicamente estos espíritus de nuestros cuerpos y ponerlos uno al lado del otro para compararlos, la semejanza entre ellos nos sorprendería.

---

[2] John Iomine, *op. cit.*, p. 25.
[3] «Fotograferingsteknik som visar en aura runt föremålen. Uppfanns av ryssen Semyon Kirlian», http://paranormal.se/topic/kirlianfotografi.html.

Muchas de las experiencias cercanas a la muerte que han sido grabadas revelan que las personas que han «muerto» en realidad solo han dejado sus cuerpos por un tiempo. A veces ni siquiera se dan cuenta de que han muerto hasta que miran hacia abajo y ven su cuerpo físico acostado mientras ellos levitan por encima de él. Estas personas saben por propia experiencia que sus cuerpos físicos no son más que el templo que alberga su ser espiritual.

Una vez tuve una experiencia que nunca olvidaré, ya que me enseñó la verdad sobre este concepto. Cuando ejercía, veía a menudo a muchos pacientes con enfermedades difíciles y crónicas. Tenía la costumbre de ofrecer una oración a Dios en silencio para que me guiara antes de cada tratamiento y llegué a apreciar su ayuda en muchas ocasiones cuando mi propio conocimiento era insuficiente.

Un día, después de rezar mi oración de ayuda, mi atención se dirigió a un paciente que estaba acostado sobre una camilla delante de mí. En ese momento, desde el cielo se me otorgó el don del entendimiento. Fue como si hubiese estado ciego toda mi vida y de repente pudiese ver con una forma de visión clara y espiritual. No me es posible describir completamente cómo me sentí, pero percibí claramente y de manera instantánea que estaba en presencia de un templo sagrado, el templo del cuerpo, y me llené de un profundo sentimiento de admiración y reverencia. Esta percepción especial y poderosa solo duró unos segundos, pero fue inolvidable, y me reveló la verdad acerca del cuerpo en el más alto nivel de comprensión jamás alcanzado.

Esta experiencia espiritual cambió la manera en la que veo a las personas. Siempre he sentido mucho amor y respeto por la humanidad, pero ahora me doy cuenta de que la verdad de nuestra existencia es más profunda y sagrada de lo que imaginamos. Somos verdaderos seres espirituales que viven una experiencia física en la Tierra.

CÓMO AFECTAN TUS PENSAMIENTOS A LOS DEMÁS

Tus pensamientos se originan en tu inteligencia espiritual y tienen un efecto profundo en aquellos que te rodean. Son energía y están continuamente emitiéndose desde tu cuerpo, sin límites. La energía de tus pensamientos y sentimientos ejerce un efecto sutil en el resto de las personas, así como en otras formas de vida. Estamos constantemente en contacto con los demás, nos demos cuenta o no, ya que toda la energía es un flujo continuo y conectado.

LOS PENSAMIENTOS SON COSAS

Los sanadores antiguos tenían un profundo entendimiento del poder del pensamiento. En mis seminarios llevo a cabo una sencilla prueba para ilustrar que los pensamientos pueden tener un efecto poderoso sobre la mente y el cuerpo de otra persona, incluso en la distancia.

Coloco a un voluntario de pie en la sala dándole la espalda a la audiencia. Realizo una rápida prueba muscular para asegurarme de que el candidato es válido; le hago decir «amor» y, a continuación, presiono suavemente pero con firmeza sobre su brazo extendido. Esto da como resultado una fuerte respuesta del músculo, que debería ser capaz de resistir mi presión sin ningún problema. Luego, le pido al voluntario que diga «odio» y nuevamente presiono su brazo, que ahora está debilitado y no puede resistir la presión.

Una vez que me aseguro de que estamos listos para la prueba, le solicito al voluntario que mantenga los ojos cerrados y la mente en blanco. Me aseguro de tener yo también la mente despejada para no interferir en la demostración.

Después le indico al público que cuando dé la señal levantando mis pulgares hacia arriba, le envíen en silencio al voluntario pensamientos positivos, como, por ejemplo, «me caes bien» o «eres simpático», y cuando dé otra señal con mis pulgares hacia abajo, dirijan pensamientos negativos hacia él, como, por ejemplo, «te odio» o «eres insoportable».

Con mi señal de pulgares hacia arriba, todo el mundo comienza a enviar pensamientos positivos hacia el voluntario y yo presiono suavemente su brazo estirado hacia abajo. Me quedo en silencio durante la prueba para demostrarle a la audiencia que es únicamente su energía de pensamiento la que está creando el efecto. Sin excepción, el brazo de la persona voluntaria está siempre fuerte y tenso.

Luego, doy la señal de pulgares hacia abajo y la gente comienza a enviar sus pensamientos negativos. Presiono sobre su brazo de nuevo; ahora, en lugar de mantenerse tenso, su brazo está débil. Recuerda que durante este proceso el voluntario no se da cuenta conscientemente de qué señales le estoy dando a la audiencia. No solo porque le está dando la espalda, sino también porque mi comunicación con la audiencia no es sonora.

Esta simple prueba ha dado constantemente resultados fiables durante todos mis años de seminarios. Funciona porque estamos hechos de energía y los pensamientos son energía también. Cuando la energía del pensamiento de otros pasa a través de tu ser energético siempre debe haber un efecto, ya sea positivo o negativo. En este caso, los pensamientos negativos de la audiencia acerca del voluntario lo debilitan de forma demostrable. Sus pensamientos positivos lo fortalecen. Esta prueba fascinante, a la par que sencilla, tiene algunas implicaciones bastante profundas.

Por supuesto, tus propios pensamientos tendrán un efecto más drástico e inmediato sobre el estado de tu campo de energía. El cambio de tu pensamiento de positivo a negativo modificará inmediatamente tu energía vibracional de positiva a negativa. Inevitablemente, esto producirá resultados negativos; el más obvio y rápido de ellos es un debilitamiento generalizado del cuerpo. Podrás imaginar cómo los pensamientos negativos afectan a tu cuerpo debilitando los órganos y tejidos, y cómo continuar en este estado de ánimo puede ser peligroso para tu salud y tu bienestar.

Tu subconsciente está al tanto de los pensamientos negativos (propios o ajenos) que podrían estar perjudicándote. A menudo, la mente consciente es lenta para detectar energías negativas si no puedes ver ninguna prueba física de ellas, como expresiones faciales, lenguaje corporal o comunicación verbal. Estas pistas físicas son las que te han enseñado a buscar desde que eras pequeño. Todos nosotros hemos sido insensibilizados respecto a las pruebas invisibles y por eso no somos capaces de detectar conscientemente la energía que no podemos ver.

Desde el día que nacimos nos han bombardeado con información acerca de cómo se supone que es el mundo.

Somos perspectivas, creencias, prejuicios, tradiciones, teorías, hechos y doctrinas inducidas. Esperamos que lo que hemos aprendido esté basado en la verdad. Vamos al colegio a aprender los «hechos» sobre la naturaleza, la ciencia y la historia del mundo. En el momento en que alcanzamos la madurez, nuestras ideas acerca del mundo están esencialmente formadas. Por ello, cuando llega nueva información es natural que nuestras mentes sean lentas para aceptar y entender las cosas que no encajan con los datos adquiridos previamente. Aceptar la nueva información requiere que hagamos algunos cambios en nuestra manera de pensar, sobre todo si va en contra de lo que nos han enseñado.

LA NATURALEZA DE LAS COSAS

A la mayoría de nosotros nunca nos han enseñado que todo lo que nos rodea está hecho de energía, vibrando en diferentes frecuencias, haciendo que las cosas parezcan diferentes, que tengan distintos sabores y olores y se perciban de manera diferente. Vivimos en lo que me gusta llamar un «universo Lego». En caso de que hayas vivido hasta ahora en una cueva (o quizá no tengas experiencia con niños), los Legos son pequeños ladrillos de juguete con diferentes colores, tamaños y formas. Todos aquellos que hayan ido alguna vez al parque temático Legoland saben que con estos pequeños ladrillos pueden construirse desde elefantes hasta rascacielos.

Nuestro universo también está hecho de pequeños ladrillos llamados partículas subatómicas. En realidad no son partículas, pero puedes imaginártelas como unidades de energía infinitamente pequeñas. Si juntas suficiente cantidad de estas diminutas energías, obtienes un átomo. Como los Legos, diferentes disposiciones de estas partículas producirán átomos de elementos distintos, como el hidrógeno, el carbono, el titanio, etc. Y, como los Legos, varios átomos pueden ser colocados en posiciones diversas para construir moléculas que llamamos proteínas, grasas, hidratos de carbono, etc. En definitiva, todas las cosas que vemos a nuestro alrededor y todo cuanto existe, ya sea vegetal, animal, mineral, gaseoso, líquido o sólido, lo forman estos pequeños ladrillos, que están hechos de energía.

EL MISTERIOSO MUNDO CUÁNTICO

Las partículas subatómicas no son realmente partículas; son, en cambio, cuantos o cantidades de algo que es bastante indefinible. La física cuántica, el estudio de estas unidades más pequeñas de energía, comenzó con Albert Einstein y sus contemporáneos. Estos brillantes científicos elaboraron algunos experimentos muy ingeniosos en un intento por descubrir más acerca de la naturaleza de estas energías. Uno de los aspectos más sorprendentes de la investigación cuántica reveló que las energías se comportan de diferentes maneras dependiendo de lo que el observador esté esperando ver. Muchos físicos creen que la única explicación de estos comportamientos misteriosos es que las energías dentro del átomo son inteligentes en algún pequeño grado[4].

En un famoso experimento, los científicos dividieron un átomo y enviaron dos de sus partículas (o energías) en direcciones opuestas casi a la velocidad de la luz. Una vez que las partículas habían viajado una distancia determinada en direcciones diferentes, una de ellas pasó a través de un potente campo magnético que cambió la dirección de su trayectoria. En el mismo instante, su partícula hermana cambió también su dirección, precisamente en el mismo ángulo. Aunque las separaba una distancia considerable, las dos partículas estaban todavía misteriosamente conectadas. Lo que le pasaba a una afectaba instantáneamente a la otra, a pesar de la distancia entre ambas.

¿Cómo crees que pudo ser posible? ¿Cómo pudieron estas diminutas energías realizar semejante hazaña de aparente comunicación instantánea si estaban tan separadas?[5].

Nadie lo sabe realmente con certeza; al menos, no todavía. Sin embargo, la física cuántica ha demostrado este fenómeno una y otra vez. El cambio en una partícula causará una modificación instantánea y equivalente en otra partícula conectada, no importa cuán lejos esté. Parece que la distancia no es un obstáculo para la conectividad de su energía. De modo que recuerda: ¡todo está conectado con todo![6].

---

[4] Jerry D. Wheatley, *The nature of consciousness. The structure of reality*, Research Scientific Press, Phoenix, 2001, p. 668.

[5] Dr. Lee Warren, «Connectedness», http://www.plim.org/Connectedness.htm.

[6] P. C. W. Davies y Julian R. Brown, *The ghost in the atom. A discussion of the mysteries of quantum physics*, Cambridge University Press, Cambridge, 1999.

RECORDANDO A LOS KAMIKAZES

Sin embargo, este fenómeno inexplicable no se limita al comportamiento de las partículas subatómicas individuales. Se ha demostrado que esta extraña conexión se produce también en las células del cuerpo humano.

En un estudio muy conocido, los glóbulos blancos de la sangre de un individuo fueron extraídos y colocados sobre una placa de Petri. Los glóbulos blancos son los responsables de buscar y destruir bacterias extrañas, toxinas y otros invasores del organismo. El individuo fue conectado a electrodos para medir la actividad eléctrica de su cuerpo y sus glóbulos blancos fueron también ubicados en un dispositivo altamente sensible capaz de medir su actividad eléctrica. Se tomaron así mediciones exactas del nivel de actividad eléctrica tanto del paciente como de sus glóbulos blancos.

Uno de los sujetos participantes en el estudio sirvió en la armada estadounidense durante la Segunda Guerra Mundial en un portaaviones estacionado en el Pacífico. Mientras estuvo allí fueron atacados por pilotos suicidas japoneses. El hombre estaba aterrado y más de una vez pensó que iba a morir.

Después de conectarle a los electrodos, se le mostraron unas escenas de pilotos kamikazes cayendo en picado y atacando portaaviones durante la guerra. Si bien era un acontecimiento que había ocurrido hacía mucho tiempo, su cuerpo no lo había olvidado. La ansiedad aguda que de repente sintió se puso de manifiesto inmediatamente en la lectura de los electrodos sobre su cuerpo.

Pero esto no fue lo más sorprendente. Los científicos se asombraron al ver que sus glóbulos blancos, al otro lado de la sala, mostraban exactamente el mismo resultado en la lectura. Ambas lecturas eran esencialmente iguales. Las corrientes eléctricas de las células eran de repente tan irregulares como las co-

rrientes en su cuerpo. Apagaron el proyector y la actividad eléctrica tanto en el sujeto como en sus células sanguíneas al otro
lado de la sala volvieron a la normalidad.

Los científicos apenas podían creerlo. Repitieron la prueba
cierto número de veces y obtuvieron resultados similares. Simplemente para saber qué podría suceder se repitió la prueba una
vez más, pero aumentando la distancia entre el paciente y sus
glóbulos blancos. El dispositivo de medición que contenía los glóbulos blancos fue trasladado a otro laboratorio a kilómetros de
distancia y se repitió la prueba.

El experimento se llevó a cabo una y otra vez guardando
registros precisos de los tiempos y de las actividades eléctricas
del hombre en la sala y de sus células a muchos kilómetros de
distancia. Se le mostraron al individuo las imágenes de los kamikazes y después se le permitió relajarse. A continuación, se pro-
yectaron las escenas nuevamente. La actividad eléctrica en las
lecturas de su cuerpo y la de los glóbulos blancos a kilómetros de
distancia coincidían todo el tiempo.

Los resultados de esta prueba contradecían todo lo que se
les había enseñado a estos científicos. Pregúntale a cualquiera si
una persona que se disgusta viendo una película podría hacer
que sus células reaccionaran de la misma manera a muchos kilómetros de distancia y seguramente se burlará de ti. Suena imposible, pero ocurrió de verdad[7].

EL UNIVERSO INTELIGENTE

Hay evidencias de sucesos incluso más sorprendentes que
este y que nos parecen absolutamente milagrosos porque no los
comprendemos. De hecho, es ahora cuando estamos empezando

---

[7] Conferencia televisada de Deepak Chopra, abril de 2004.

a entender la misteriosa naturaleza de la energía, cómo funciona y cómo se puede aprovechar. Uno de los mayores secretos del universo está empezando a ser descubierto justo ahora. Este gran secreto tiene que ver con la inteligencia de las partículas subatómicas o la naturaleza inteligente de la energía.

Imagina por un momento que lo que dicen los físicos cuánticos es cierto, que el universo en el que vivimos está completamente hecho de energías que son en sí mismas de alguna manera inteligentes. Piensa en esto. La silla en la que estás sentado en este mismo momento está hecha de energía. Esa energía es inteligente. Tu silla no puede «pensar», pero en cierto modo está compuesta por incontables energías diminutas que están haciendo precisamente lo que tienen que hacer para mantenerse de una pieza y contribuir a que tu experiencia en este mundo sea lo que es.

Max Planck, una de las mentes más brillantes del siglo xx, considerado el padre de la teoría cuántica, hizo la siguiente afirmación cuando le entregaron el Premio Nobel de Física:

> Como hombre que ha dedicado su vida entera a la vanguardia científica, al estudio de la materia, lo que puedo decirles según el resultado de mi investigación acerca de los átomos es que no existe la materia como tal. Toda materia se origina y existe solo en virtud de una fuerza que hace vibrar la partícula de un átomo y mantiene unido su diminuto sistema solar. Debemos suponer que detrás de esta fuerza existe una mente consciente e inteligente. Esta mente es la matriz de toda materia.

EL PODER DE LA INTENCIÓN

Tu intención es simplemente otra forma de energía. Me gusta imaginarla como una forma dirigida de la energía del pensamiento. Debido a que la energía es inteligente, esta tiene la habilidad de obedecer o cooperar con tu intención.

Los antiguos sanadores concibieron una interpretación de este concepto: el universo está hecho y rebosante de energía inteligente capaz de responder a la intención.

Jesucristo es conocido aún hoy como el sanador más grande de todos los tiempos, porque curaba continuamente a los ciegos y lisiados e incluso resucitaba a los muertos. Su primer milagro, a pesar de no ser de curación, demuestra de manera rotunda el concepto de energía inteligente: Jesús acudió con sus discípulos a una boda en la que el anfitrión se quedó sin vino, una terrible metedura de pata en aquellos días. Jesús ordenó a los sirvientes que llenaran grandes vasijas de agua, que, para asombro de todos los presentes, transformó en vino en el momento de servirla (Juan 2:1-11). Yo creo que Jesús le pidió al agua que se convirtiera en vino y el agua simplemente le obedeció. Esto fue posible porque el agua misma era inteligente y por ello capaz de cumplir las órdenes de Cristo.

¿TE SIENTES COMO SI CAMINARAS SOBRE EL AGUA?

Otro ejemplo extraído de la Biblia es una historia que involucra al apóstol Pedro. Jesús había mandado a sus apóstoles que cruzaran el mar en su barca mientras él subía a una montaña a orar. Los apóstoles se encontraban en mitad de una tormenta cuando en las primeras horas de la mañana divisaron a una figura que caminaba sobre el agua hacia ellos. Los hombres, aterrorizados, pensaron que se trataba de un fantasma. Cuando se dieron cuenta de que era su maestro, Pedro le gritó: «Señor, si eres tú, manda que yo vaya a ti sobre las aguas». Jesús dijo: «Ven». Pedro saltó de la barca y comenzó a caminar sobre el agua hacia Jesús. ¡Estaba caminando sobre las olas! Pero cuando miró a su alrededor a través de la fuerte tormenta y se percató de lo anti-natural que era lo que estaba haciendo, sintió miedo e inmedia-tamente comenzó a hundirse. Pedro le gritó: «¡Señor, sálvame!». Jesús extendió su mano, lo sujetó y dijo: «¡Hombre de poca fe! ¿Por qué dudaste?» (Mateo 14:22-31).

Pedro comenzó, con fe, a creer que podría caminar sobre el agua. Su fe y su intención eran tan poderosas que de hecho fue capaz de hacerlo. La inteligencia del agua simplemente respon-dió a su creencia y su intención de una manera inmediata, y el estado normal de las cosas cambió instantáneamente para apo-yar su propósito. En el momento en que Pedro empezó a dudar, la fe en su propia habilidad de caminar sobre el agua empezó a debilitarse. Cuando su fe disminuyó, su intención se disipó y comenzó a hundirse, porque el universo tenía que responder a su nuevo estado de ánimo. Como ves, Pedro comenzó a hundir-se en cuanto empezó a dudar y a temer. Imagina que la duda y el miedo están en un lado de la balanza y la fe y las creencias se encuentran en el otro lado. Si tus dudas y miedos aumentan, tu fe y tus creencias disminuirán, y viceversa.

El universo también apoya tus creencias sobre ti mismo. Si piensas que no puedes hacer algo, el universo apoyará esa idea y no lo lograrás. Por otro lado, si crees que puedes, el universo res-paldará tu intención y te atribuirá el poder para conseguir lo que te propongas.

CAMINANDO EN EL AIRE

Aproximadamente dos meses después de la muerte de mi padre, tuve un sueño bastante inusual. Fue muy intenso y lo consideré un mensaje de Dios. Soñé que estaba caminando por el pasillo de una universidad o facultad. El pasillo estaba lleno de gente ocupada en sus propios asuntos. Todo parecía normal, pero algo extraño me sucedía. Estaba caminando en el aire, a unos centímetros del suelo. La sensación era absolutamente increíble. Traté de andar más rápido y después más lento, para comprobar si variaba mi altura. No cambió, seguía elevado sobre el suelo unos centímetros. Nadie a mi alrededor parecía notarlo, puesto que todo el mundo estaba concentrado en sus tareas. Pensé para mí: «Si puedo caminar a unos centímetros del suelo, apuesto a que también puedo hacerlo a un palmo». ¡Nada más pensarlo ocurrió! ¡Estaba caminando a un palmo de distancia del suelo! En ese momento miré hacia atrás y vi a un grupo de niños con los ojos fijos en mí. Ellos también estaban elevados a un palmo del suelo, como yo, aunque nadie más parecía notar lo que estaba ocurriendo.

Continué caminando y descubrí que podía coger la altura que deseara, y no mucho después mi cabeza estaba casi tocando el techo. En ese instante me di cuenta de que todos habían dejado de hacer lo que estaban haciendo y giraban sus rostros hacia mí. Me interrogaban: «¿Cómo haces eso? ¿Cómo es posible que estés haciendo tal cosa?». Les dije: «¡Es fácil! ¡Todo lo que tenéis que hacer es creer que podéis hacerlo y agradecerle a Dios que lo estéis haciendo!».

Luego miré hacia delante por el pasillo y vi unas puertas de vidrio que conducían hacia fuera. Había hermosas colinas verdes, más instalaciones del campus y un vasto cielo abierto. Pensé para mí: «¡Cuando cruce esas puertas podré volar!».

Justo en ese momento me desperté. Todavía en estado de duermevela, me di cuenta claramente de lo que significaba el sueño. El hecho de que pudiera caminar en el aire significaba que podía hacer todo aquello que creyera posible, siempre y cuando estuviera agradecido a Dios de llevarlo a cabo. Los niños simbolizaban lo sencillo, la fe pura de las mentes no restringidas por una vida de limitaciones adquiridas.

Las puertas tenían un significado dual. Simbolizaban los límites que nos imponemos a nosotros mismos en esta vida mortal y también significaban la muerte. Parte del mensaje era que mi padre estaba detrás de aquellas puertas con la capacidad de volar sin los límites terrenales impuestos.

Si expresamos este sueño en forma de una ecuación matemática, se vería así:

Tu creencia de que puedes hacerlo +
Tu gratitud hacia Dios por estar haciéndolo =
Los resultados que quieras obtener.

¿Empezaríamos alguna vez algo si no creyéramos que podríamos hacerlo? No. La creencia es esencial para todo lo que hacemos y es el primer paso necesario.

La gratitud es una parte esencial de esta ecuación. Es a nuestro Creador Divino a quien le debemos todo cuanto tenemos y somos, incluyendo cada oportunidad que aparece en nuestro camino. En este contexto, la palabra «hacer» es clave. Utilizar palabras activas como esta le da a entender a nuestra mente subconsciente que ya estamos ahí, en el medio de la acción, y entonces ¡nos resulta mucho más fácil llevar a cabo la acción de verdad! Respira profundo y permítete emocionarte pensando en ello durante un minuto. Si lo puedes sentir y esperas que así sea, así será. De hecho, ya está ocurriendo.

Cuando aprendas a cultivar la gratitud hacia Dios por lo que ya tienes, tu fe y tu creencia aumentarán, por lo que tú mismo te acercarás a esa fuente de fuerza de la que todas las cosas fluyen y pronto te encontrarás cumpliendo ese objetivo en particular que en un principio fue solo un sueño.

Cuando tu corazón está lleno de gratitud, ¿piensas que es posible sentir dudas o miedo? Yo no lo creo. Para ser un sanador no debes albergar pensamientos de duda; debes dejar tus miedos atrás. Tu corazón debe estar lleno de amor y agradecimiento.

Intenta esto con el Código de la Emoción; es fácil. Todo lo que tienes que hacer es creer y ser agradecido, y serás capaz de hacer cualquier cosa. ¡Lo digo en serio!

LOS MENSAJES OCULTOS DEL AGUA

Un científico japonés, Masaru Emoto, hizo una maravillosa contribución a la comprensión del mundo energético que nos rodea. Su libro, titulado *Mensajes del agua*, detalla su investigación sobre la estructura cristalina del agua[8]. Emoto y sus colegas descubrieron que las gotitas de agua formaban dibujos cristalinos o «copos de nieve» muy diferentes después de ser expuestas a distintos tipos de música y ser congeladas. La exposición al rock ácido dio como resultado un cristal muy desestructurado, mientras que con una sinfonía de Mozart obtuvieron un hermoso cristal geométrico. Fases posteriores de su investigación demostraron que la escritura de diferentes palabras o frases en un papel que después fue dejado bajo un frasco con agua durante toda la noche dio como resultado distintas estructuras cristalinas: la frase «te amo» originó invariablemente un bello cristal de hielo simétrico y bien formado, mientras que la frase «te odio» produjo un cristal asimétrico y deslavazado. De todos ellos, los cristales más bonitos y ordenados se formaron cuando el agua fue expuesta toda la noche a las palabras «amor y gratitud».

Recuerda que tu cuerpo es agua en más de un 70 por ciento. ¿Puedes ver lo importante que es mantener pensamientos positivos en vez de negativos? Imagina cómo sería tu vida si te llenaras de pensamientos de amor y gratitud de manera regular y cómo atraerías a los demás. ¡Nuestras vidas están pensadas para esto!

---

[8] Masaru Emoto y David A. Thayne, *Mensajes del agua*, Liebre de Marzo, Barcelona, 2014.

He leído muchos testimonios escritos por personas que murieron y visitaron temporalmente «el otro mundo». He notado que en sus experiencias sobre la muerte nunca se les pregunta la marca de coche que conducían o cuántos ceros tenían sus cuentas bancarias. Al contrario, a menudo se les pregunta: «¿Cuánto amor fuisteis capaces de dar en vuestras vidas?», o «¿Cuánto conocimiento adquiristeis en la Tierra?». La vida consiste en compartir alegría. Se trata de incrementar nuestra capacidad de dar y recibir amor y de adquirir todo el conocimiento que podamos. Vivir es servir a los demás, sentir agradecimiento por todo lo que tenemos y aprender a crear la existencia que queremos.

Las emociones atrapadas nos impiden experimentar estas alegrías y pueden causarnos cortocircuitos tanto físicos como psicológicos.

UNA TRANSFORMACIÓN INCREÍBLE

He sido bendecida con la oportunidad de presenciar una diferencia notable en mi abuela, quien actualmente se encuentra internada en un centro para personas con alzhéimer. Antes de empezar a trabajar con ella con el Código de la Emoción, era un montón de carne arrugada que musitaba revoltijos incomprensibles de palabras sin sentido. Durante las últimas seis semanas, ¡he sido testigo de una auténtica transformación! Ahora se sienta erguida en su silla de ruedas y es capaz de crear oraciones completas y, en algunas ocasiones, con sentido. Fue capaz de comunicarle a mi abuelo (su marido durante sesenta años) cuánto le amaba y disculparse por no haber sido capaz de decírselo en los últimos años.

TIFFANY S.

EL CAMPO ENERGÉTICO HUMANO

Hace algunas décadas, el pensamiento científico negaba la existencia de cualquier tipo de campo energético humano. Desde entonces, los científicos han cambiado de opinión completamente. Ahora saben con absoluta certeza que existe un campo de energía y, gracias al avance de las nuevas tecnologías, han podido probarlo y encontrarlo. Por ejemplo, un dispositivo conocido como el magnetómetro SQUID puede detectar los pequeños campos magnéticos creados por las actividades bioquímicas y fisiológicas del cuerpo. Utilizando este dispositivo, los científicos han aprendido que todos los tejidos y órganos del cuerpo producen vibraciones magnéticas específicas. Los llaman campos biomagnéticos[9].

A pesar de que no todos los médicos están al corriente todavía, se ha determinado que los campos biomagnéticos existentes en el espacio que rodea el cuerpo humano proporcionan una lectura más precisa acerca de la salud del paciente que las pruebas eléctricas tradicionales, como los EEG (electroencefalogramas) y los ECG (electrocardiogramas).

De hecho, los científicos han descubierto que el campo electromagnético del corazón es tan poderoso que es posible hacer una lectura precisa a un metro de distancia del cuerpo.

Esta lectura se puede hacer desde cualquier área del cuerpo o cualquier punto del campo electromagnético, puesto que el campo mismo contiene la información en tres dimensiones o en forma holográfica[10].

Los médicos saben lo que les han enseñado sus profesores, quienes aprendieron de sus profesores antes que ellos y así sucesivamente. La medicina occidental es empírica: está basada en la

---

[9] Walter Lubeck, Frank Petter y William Rand, *El espíritu de reiki*, Uriel, Madrid, 2015.

[10] Lew Childre, Howard Martin y Donna Beech, *The HeartMath Solution*, Harper Collins Publishers, Nueva York, 1999, p. 260.

observación. Si algo no puede ser observado, no puede ser verificado. Si no puede ser verificado, entonces no es verdadero.

A pesar de sus desventajas, los médicos que siguen el modelo de la medicina occidental a menudo acusan un retraso en cuanto a los avances médicos más brillantes de la historia, aunque destacan en el desarrollo de importantes métodos de pruebas de precisión, procedimientos quirúrgicos y tecnología avanzada. Este modelo tiene muchos aciertos pero también sus desventajas. Allá por los años cuarenta, el Dr. Harold Saxton Burr, un distinguido investigador en medicina de Yale, insistió en que la patología podía ser detectada en el campo de energía del cuerpo mucho antes de que los síntomas físicos comenzaran a emerger. A pesar de no tener las habilidades o técnicas para hacerlo él mismo, Burr propuso que las enfermedades podían prevenirse ajustando o manipulando el campo de energía[11]. Sus colegas pensaban que sus ideas parecían poco probables y muy rebuscadas, probablemente porque en la facultad no les enseñaron que podían ser posibles.

La importancia del campo de energía todavía no se tiene en cuenta en las prácticas tradicionales occidentales, por lo que el paciente a menudo sufre de manera innecesaria, debido a la falta de una atención propicia hacia las causas subyacentes de su enfermedad. Recientemente, sin embargo, muchas prácticas de sanación no tradicionales han pasado de ser ridiculizadas a respetadas. Esto se debe, en parte, a que la tecnología ha mejorado y los científicos han podido experimentar de manera más precisa, y, en parte, a que estos métodos alternativos de sanación realmente funcionan.

En la actualidad, la ciencia dominante está incluso comenzando a reconocer la existencia de los meridianos de energía

---

[11] Robert C. Fulford, *Touch of life: Aligning body, mind and spirit to honor the healer within*, Pocket Books, Nueva York, 1996, p. 25.

utilizados por los antiguos médicos chinos durante miles de años. Se admite en particular el poder energético de sanación de la acupuntura, aunque la comunidad médica no la comprenda del todo. Ajustes quiroprácticos, que eliminan la interferencia nerviosa, están también demostrando ofrecer beneficios significativos y duraderos en tratamientos clínicos, algo que los médicos quiroprácticos y los pacientes han sabido desde hace más de cien años. Existe amplia evidencia para demostrar que el cuerpo humano es una entidad energética, vibrante, emocional y espiritual. El antiguo enfoque mecanicista demuestra ser más y más limitado y simplista a medida que aprendemos acerca de la naturaleza de la energía y del universo y cómo todo está en permanente comunicación con todo lo demás.

Hoy en día nos encontramos en un punto de inflexión en la historia de la medicina. Se ha abierto una puerta gracias a los descubrimientos de la física cuántica y la biología molecular, que demuestran que todo es energía y que todo está relacionado. La investigación científica continúa confirmando una y otra vez que somos seres energéticos y que existe una fuerza inteligente en conexión con el universo.

La ciencia seguirá recorriendo los límites de lo que sabemos acerca del campo energético humano. Mientras lo hace, estoy convencido de que la base energética del pensamiento humano va a ser cada vez mejor comprendida y que, al final, el fenómeno de las emociones atrapadas será reconocido por la comunidad científica por el daño que causa.

Mientras la tecnología siga avanzando, los científicos y los médicos se darán cuenta de manera inevitable de lo importante que es mantener el cuerpo en un estado de equilibrio. Las técnicas de sanación energéticas y magnéticas que los médicos alternativos ya utilizan serán integradas de manera esperanzadora en la medicina convencional para brindar la mejor, más completa y cuidadosa sanación. Nos queda mucho que aprender a través del estudio de la energía del cuerpo humano y nosotros somos quienes nos vamos a beneficiar con ello. Recuerda que, no hace mucho tiempo, los científicos no reconocían que el cuerpo humano tenía un campo de energía, ¡y mucho menos que nuestra salud dependía de él! Todos los métodos de sanación son válidos y tienen su lugar.

En el futuro, vislumbro un mundo donde el mejor de todos los enfoques posibles se combinará para beneficio de la humanidad.

EL CÓDIGO DE LA EMOCIÓN ME HA PUESTO EN CONTACTO CON MI VERDADERO YO

> Los cambios que he experimentado al usar el Código de la Emoción han sido muy positivos. Por mencionar algunos... Soy más feliz, estoy más relajada y ahora veo la vida de forma más positiva. De hecho, siento que me he convertido en mi verdadero yo. Mi familia y mis amigos me han dicho que he cambiado. ¡Parece que todos disfrutan de mi energía positiva!
>
> ANNA O.

SOLUCIONES RÁPIDAS

Observé de primera mano durante mis años de prácticas que el organismo tiene incorporada la habilidad de sanarse a sí mismo, otra evidencia de la inteligencia innata del cuerpo humano. Este a veces necesita ayuda para recuperar un estado de equilibrio; dicha ayuda puede consistir en la eliminación de emociones atrapadas, un tratamiento de desintoxicación, unos ajustes quiroprácticos, una nutrición adecuada, etc. La sanación es un proceso y lleva tiempo.

Sin embargo, esperar a que el cuerpo se cure a sí mismo de manera natural puede poner a prueba nuestra paciencia. Normalmente queremos una solución rápida. No nos gusta esperar, lo queremos ya. Estamos condicionados por infinidad de anuncios de publicidad a pensar que si nos tomamos una pastilla nuestro problema se resolverá enseguida. Mientras que algunas medicinas con receta tratan la causa de la enfermedad, la mayoría simplemente cubre los síntomas. A menudo realizan un trabajo tan eficaz al enmascararlos que podemos pensar que nuestro problema se ha ido, cuando simplemente está químicamente inhibido.

SEÑALES DE ALERTA

Enmascarar los síntomas con medicinas puede ser algo semejante a poner un trozo de cinta adhesiva sobre ese molesto pilotito que se ha encendido en tu coche avisándote del nivel de aceite. Lo puedes ignorar un rato, pero tarde o temprano, si no solucionas el problema subyacente, tu coche se averiará.

Recuerda que los síntomas son la forma que tiene el cuerpo de decirte que algo anda mal. Son una señal de alerta de que tienes que cambiar algo o de que tu cuerpo necesita ayuda.

Aunque tu cuerpo no está equipado con un pilotito de aviso, tiene su manera de comunicarte que algo no anda bien. Esta comunicación puede aparecer en forma de dolor, fatiga, tensión muscular, depresión, autosabotaje, emociones incómodas, dificultad para pensar, problemas en tus relaciones, procesos de enfermedad, etc. Piensa en estos síntomas como si se tratase del lenguaje de tu cuerpo. Es posible que te parezca que tu cuerpo te ha estado gritando en un idioma extranjero y eso puede ser muy estresante cuando no sabes qué hacer al respecto.

La mayor parte del tiempo las emociones atrapadas causan incomodidad o mal funcionamiento en tu cuerpo, lo cual hace saber a tu mente consciente que algo no va bien. A menudo, la gente responde a estos mensajes tomando analgésicos o ignorándolos. Cuanto más los ignores, más alto te hablará tu cuerpo.

En un sentido general, si te sientes incómodo física, mental o emocionalmente, tu mente y tu cuerpo te están queriendo decir algo. En algunas ocasiones, podría significar que necesitas hacer un esfuerzo para cambiar algo en tu entorno, en tu dieta, en una relación o en el trabajo. La mayor parte del tiempo, si no todo, el dolor y las dificultades que experimentas son causados por las emociones atrapadas. Este libro ofrece un método sencillo para encontrar estas emociones y liberarlas, para que tu cuerpo pueda al fin dejar de gritar y puedas aprender a entender este idioma vital y sumamente bello.

Cuanto mejor aprendas a escuchar lo que tu cuerpo te quiere decir, más rápido serás capaz de cortar los problemas de raíz y mejor te sentirás en general.

La liberación de emociones atrapadas ha ayudado a los pacientes de manera constante a superar la depresión, como podemos comprobar con este testimonio de una antigua paciente mía que sufría de depresión aguda y tenía pensamientos suicidas.

¿SIGO VIVA O ME MATO HOY?

Había llegado a un punto en el que tenía pensamientos suicidas constantes. Cada día me despertaba y me veía obligada a decidir: «¿Sigo viva o me mato hoy?». Estaba bloqueada en la creencia de que mi vida no valía la pena. Ese había sido mi mantra durante varios años y por eso ya no quería vivir más. Fui a uno de los seminarios del Dr. Nelson, en los que hablaba de las emociones. Sin embargo, en este seminario, no habló demasiado sobre ellas y me dirigí a él cuando terminó y le dije: «Ha mencionado las emociones, pero no ha hecho nada ni ha ahondado en el tema; necesito ayuda... No tengo ganas de vivir; sin embargo, sé que hay personas que son felices. Yo no lo soy y quiero serlo. ¿Puede hacer algo?». Y en ese momento él liberó algo relacionado con mi falta de alegría y pude sentir toda esa energía volviendo a mí. No dormí en casi toda la noche de lo excitada que me sentía después de aquello. Desde entonces, hemos trabajado mucho, sobre todo en la liberación de mis emociones atrapadas, y ha sido clave en mi recuperación. Ahora soy una persona diferente a la que era hace un año y medio. Ya no tengo los ataques de pánico ni los terrores nocturnos que solía sufrir. Me siento distinta. Estoy viva, acepto y amo la vida.

KAREN B.

Este es otro testimonio de una antigua paciente que sufrió dolores crónicos durante cuatro años después de haber caído desde una altura de dos pisos y fracturarse la espalda:

ESPALDA ROTA

Consulté al Dr. Nelson porque me había roto la espalda unos años antes y nunca me había recuperado del dolor, a pesar de las numerosas terapias físicas y programas de ejercicio y rehabilitación. Durante mi primera visita me di cuenta de que el doctor era un verdadero sanador; simplemente podía sentirlo. Casi todas mis citas incluyeron liberaciones emocionales de bloqueos de energía en mi cuerpo (acontecimientos traumáticos no resueltos que viven en el sistema energético del cuerpo y causan bloqueos en la circulación de la energía). Al principio no noté ningún cambio, pero gradualmente ¡mi dolor empezó a disminuir! Con la ayuda del Dr. Nelson descubrí que las emociones profundas y no liberadas de mi interior estaban causando la mayor parte del dolor... Mi cuerpo retuvo mucho dolor durante mucho tiempo y el Dr. Nelson pudo «hablar» con él para ayudarme a liberarlo. Qué extraordinario proceso fue el de experimentar la liberación en cada consulta y la correspondiente reducción del dolor. Hoy, por primera vez en cuatro años, puedo trabajar media jornada, pero sobre todo siento una gran sanación en mi organismo físico y emocional, y he aprendido el valioso hecho de que ambos están íntimamente relacionados.

¡¡¡Gracias, Dr. Nelson!!! En el amor y la luz,

LINDA P.

CÓMO LLEGAR A LA CAUSA

Si la causa esencial de tu enfermedad no es tratada, tendrás la dolencia hasta que tu cuerpo sea capaz de sanarse a sí mismo. He visto muchos casos en los que el paciente llevaba años tomando medicinas para tratarse y, tan pronto las dejaba, su problema volvía a desarrollarse, porque la causa subyacente aún seguía generando la enfermedad. Esta causa subyacente debe ser revertida o tu problema no desaparecerá, y tendrás que seguir con el dolor o bien tomar medicinas para siempre.

Las dos historias que aparecen a continuación ilustran lo poderosa que puede llegar a ser la liberación de las emociones atrapadas cuando son la causa subyacente de ciertas afecciones debilitantes.

PARANOIA SEVERA

Tengo una amiga, bastante joven, que, a pesar de no tener historial de enfermedades mentales o problemas médicos, empezó a sufrir paranoia severa hace poco. Se sentía extremadamente agobiada en el trabajo y no había estado durmiendo bien. Un día volvió a casa sintiendo que todo el mundo la quería atacar. Mientras cenaba en un restaurante, estaba convencida de que un hombre que había pasado cerca de su mesa deseaba hacerle daño. En un baño público, empezó a sentir que la mujer que estaba a su lado tenía la intención de hacerle algo malo y salió del baño llorando y con ansiedad. Tenía miedo y se sentía vulnerable hasta el punto de querer internarse en un hospital, así que le dije que podíamos explorar otras opciones antes de eso. Utilicé el Código de la Emoción con ella y liberé diecisiete emociones atrapadas que le estaban causando paranoia. Al día siguiente, se sentía mejor: su paranoia había disminuido sobremanera y era casi inexistente. Fue capaz de salir a hacer recados, aún un tanto recelosa del entorno, pero con la atención puesta en la realidad. Dos días después fue a trabajar sin sentir paranoia. Ahora se cuida más, establece límites en el trabajo, se toma tiempo para ella misma y duerme lo suficiente. Estoy muy agradecida de haber podido ayudarla con el Código de la Emoción en lugar de mandarla al hospital, donde probablemente le habrían dado medicación para la ansiedad y no habrían tratado el origen del problema. Si no hubiese intervenido, podría haberse pasado años tomando ansiolíticos y antipsicóticos. ¡Gracias, Dr. Nelson, por compartir este maravilloso regalo!

Luci K.

LA VIDA MERECE LA PENA DE NUEVO

Entre cambios repentinos de trabajo, relaciones que se caían a trozos y una montaña de insatisfacción emocional que empezaba a supurar, el año 2018 fue una pesadilla devastadora, que no paraba de crecer con el paso de los meses, hasta que, en agosto de ese mismo año, terminó explotando.

Creo firmemente que las cosas siempre se ponen en su sitio, pero en ese momento me estaba costando mucho justificar energéticamente esta forma de pensar. Las modalidades de sanación energética que había estado utilizando con éxito durante años se volvieron poco efectivas a la hora de transformar mi situación emocional. En varios momentos durante esta época, me hundí en una depresión suicida y no veía la manera de salir de ella en un futuro cercano.

En una semana en la que sin duda alcancé uno de mis puntos más bajos, encontré el Código de la Emoción (o se me guio hasta él). Compré el libro y probé el método en mí misma. Me quedé pasmada por el nivel de profundidad, rapidez y alivio que experimenté al usar el Código de la Emoción, especialmente si comparo con otras terapias basadas en los meridianos que había usado con anterioridad.

Nunca pensé que experimentaría el salto cuántico que viví tras un mes usando el Código de la Emoción. Fui capaz de liberar años de energía estancada y densa en tan solo unos minutos cada día y nunca regresó. Hace tiempo que mi nivel vibracional ya no baja de un nivel de neutralidad emocional y me es mucho más fácil sacudirme los problemas. Quiero hacer hincapié en que todo esto ocurrió con mucha facilidad tras empezar a aplicar la técnica; nunca sentí que tuviese que sumergirme en un laberinto de recuerdos del pasado donde tenía que identificar cada detalle minuciosamente para poder sanarme, justamente lo contrario.

El nivel de concentración, claridad mental e intuición que tengo ahora es increíble; pero sobre todo ya no estoy deprimida ni me siento atada a mi pasado. ¡Por fin soy yo misma de nuevo! La vida me parece profundamente bella, como cuando era niña. También he usado el Código de la Emoción para sanar a familiares y amigos (muchos de ellos escépticos) ¡con resultados excelentes! Los resultados que he obtenido todavía me sorprenden cuando pienso en cómo me sentía antes.

Descubrir el Código de la Emoción ha supuesto un punto de inflexión enorme en mi vida. El sistema tiene un valor inestimable a la hora de salvar la distancia entre intelectualizar tus ideales emocionales/espirituales y vivirlos.

No puedo poner en palabras lo agradecida que me siento hacia el Dr. Bradley Nelson por crear esta terapia de sanación tan efectiva y a la vez agradable. Estoy deseando certificarme tanto en el Código de la Emoción como en el Código del Cuerpo para poder ayudar a otras personas a sanar y a redescubrir la belleza de la vida. ¡Gracias de todo corazón!

ARWA R.

La mayoría de nosotros nunca hemos aprendido que podemos tener acceso a la energía de nuestro cuerpo para ver qué es lo que anda mal y poder arreglarlo. Pero vivimos en una época extraordinaria en la que los conocimientos milenarios están siendo revelados fácilmente y sin límites a favor de la humanidad.

Las filosofías de sanación antiguas estaban repletas de verdad y profunda sabiduría sobre nuestra naturaleza energética, y su validez por fin está siendo reconocida de nuevo.

Los imanes son una de las modalidades de sanación más antiguas que existen, además de una parte esencial del Código de la Emoción. Veremos por qué en el próximo capítulo.

4

SANACIÓN CON IMANES

«Un hombre que está influido por emociones negativas puede tener buenas intenciones, puede ser veraz en su palabra, pero nunca encontrará la verdad».

MAHATMA GANDHI

¿CUÁL ES LA HERRAMIENTA DE SANACIÓN más poderosa que puedes encontrar en tu casa? ¿Vitaminas? ¿Una receta médica? ¿Un té de hierbas? ¿Algo que haya en tu nevera? ¿Qué tal esto último?

No, no es la lista de la compra; me refiero al imán que mantiene tu lista de la compra pegada a la puerta de la nevera. Lo creas o no, este vulgar imán puede ser una de las herramientas más eficaces para eliminar emociones atrapadas, siempre y cuando sepas cómo usarlo. Te lo explicaré en este capítulo.

Tu salud se halla directamente relacionada con lo equilibrado que esté tu campo energético. La sanación energética trabaja para reparar y mantener la armonía de tu campo energético y para que el cuerpo permanezca vitalmente saludable. Pero ¿cómo comienzas a sanar el campo energético de tu cuerpo si no puedes verlo? Ya sabes que a través de la prueba del balanceo puedes preguntarle a tu subconsciente y encontrar desequilibrios como emociones atrapadas. Pero una vez que las encuentras, ¿qué puedes utilizar como herramienta para eliminar estas emociones atrapadas?

La respuesta es que debes utilizar alguna otra forma de energía. La más fácil y económica de usar, además de disponible, es el imán. Los imanes emiten energía pura y son una poderosa herramienta para reparar los desequilibrios energéticos que no puedes ver.

He utilizado todo tipo de imanes, desde los más caros y poderosos hasta los más económicos y débiles. Algunos están específicamente diseñados para la sanación del cuerpo y otros no. Pero he concluido que en realidad cualquier imán puede ser de ayuda para liberar emociones atrapadas utilizando el Código de la Emoción.

TU EXISTENCIA MAGNÉTICA

Tu existencia se extiende más allá de lo que puedes ver o sentir, precisamente porque eres un ser puramente energético. La mayoría de las personas suponen que existen solamente dentro de los límites de su propia piel. Tu piel representa la capa externa de lo que puedes ver, y te han enseñado que lo que ves es lo único real. Hoy tenemos pruebas científicas de que existe más de ti que lo que alcanzan a ver tus ojos.

Por ejemplo, hoy sabemos que el cuerpo genera un campo electromagnético creado por la actividad eléctrica del organismo. Se origina a partir de corrientes en el sistema nervioso, al igual que los procesos electroquímicos que se dan de manera constante en todas nuestras células. Por ejemplo, el campo electromagnético del corazón se expande desde el cuerpo en todas direcciones, en frente y detrás de ti, por encima, debajo y a los costados[1].

En 1956, científicos japoneses realizaron una innovadora investigación que demostró que, sin lugar a dudas, existían fuerzas tanto eléctricas como magnéticas en el cuerpo. A través de la exposición de este a campos electromagnéticos, alteraron el metabolismo celular. Este fenómeno se conoce en la ciencia médica como efecto piezoeléctrico.

La medicina occidental reconoce y acepta la existencia de este campo electromagnético sin ninguna reserva, pero durante muchos años solo ha considerado su componente eléctrico y ha medido la actividad eléctrica del cuerpo bajo condiciones clínicas. El ECG o electrocardiograma, que mide los impulsos eléctricos del corazón, fue puesto por primera vez en práctica en 1895. El EEG o electroencefalograma, que mide la actividad eléctrica del cerebro, se lleva utilizando desde 1913.

Una ley básica de la física establece que cada vez que se genera actividad eléctrica se produce un campo magnético correspondiente. Los científicos pueden medir este campo magnético utilizando magnetoencefalógrafos y magnetocardiogramas. Estas máquinas representan un salto hacia delante con respecto a la antigua tecnología, que estaba limitada a la medición de los campos eléctricos del corazón y el cerebro. Los científicos están empezando a reconocer lo poderosas e importantes que son estas interacciones magnéticas.

La glándula pineal del cerebro, que segrega hormonas que afectan al cuerpo entero, está rodeada de grupos de magnetita cuidadosamente sintonizados para percibir e interactuar con campos magnéticos. Estos son los mismos tipos de grupos magnéticos que permiten a las palomas mensajeras, a las mariposas

---

[1] Lew Childre, Howard Martin y Donna Beech, *The Heart Math Solution*, Harper Collins Publishers, Nueva York, 1999, p. 34.

o a las abejas orientarse valiéndose del campo magnético de la Tierra. Parece ser que estas formaciones de magnetita en nuestras glándulas pineales tienen mucho que ver con nuestro propio sentido de la orientación. Un estudio publicado en el respetado *British Medical Journal* encontró que las personas que sufrían de calcificación o endurecimiento de la glándula pineal estaban significantemente más predispuestas a perderse[2].

RANAS QUE LEVITAN CON ENERGÍA MAGNÉTICA

Algunos científicos, en su intento por comprender por qué el magnetismo tiene una influencia tan profunda en la fisiología, desarrollaron un experimento fascinante utilizando un imán extremadamente poderoso y una rana. Los resultados, aunque parezcan algo fantasiosos, ilustran el hecho de que los imanes tienen un efecto físico.

CIENTÍFICOS HACEN LEVITAR A UNA RANA

Londres, 12 de abril de 1997

Científicos británicos y holandeses han logrado hacer levitar a una rana usando un campo magnético un millón de veces más potente que el de la Tierra. Afirman, además, que no hay ningún motivo por el cual seres vivos más grandes, incluso los humanos, no puedan realizar la misma proeza desafiando a la gravedad: «Es perfectamente viable si tienes un campo magnético lo suficientemente grande», señaló Peter Main, profesor de Física de la Universidad de Nottingham, uno de los científicos británicos que colaboraron con colegas de la Universidad de Nijmegen para crear el primer anfibio volador. Sus esfuerzos se

---

[2] *British Medical Journal*, 291 (6511), 21-28 de diciembre de 1985, pp. 1758-1759.

han registrado en el último número de la revista británica *New Scientist*.

Para distorsionar las órbitas de los electrones en los átomos de la rana y mantenerla en el aire, el campo debe ser un millón de veces más fuerte que el de la Tierra. «Si el campo magnético rechaza a la rana con suficiente fuerza, vencerás a la gravedad y la rana flotará», dijo Main. El truco no solo funciona en ranas. Los científicos aseguran que han hecho que plantas, saltamontes y peces leviten de la misma manera. «Cualquier ser vivo u objeto inanimado, ya sea una rana, un saltamontes o un sándwich, es magnético; sin embargo, es muy raro ver una demostración de esto», añadió Main.

Los científicos concluyeron que su rana no mostró ningún signo de agotamiento después de levitar dentro de un cilindro magnético[3].

IMANES Y SANACIÓN

Cuando el cuerpo humano es expuesto a un campo magnético, ocurren cosas más interesantes y sorprendentes que esta. Las enfermedades y los desequilibrios desaparecen completamente. El dolor disminuye, el cansancio y la fatiga se revierten. Los poderes sanadores de los imanes les han devuelto la salud a miles de personas. A pesar de que las pruebas están a la vista, la medicina moderna sigue empleando en la actualidad los imanes como herramientas de sanación en una fase experimental. Muchos sanadores ya saben que los imanes funcionan de maravilla, pero la medicina no puede explicar de manera científica los descubrimientos que sus experimentos han revelado.

En marzo de 2005, la revista *Time* difundió la historia de unos médicos de la Universidad de Columbia que encontraron

---

[3] «Frog defies gravity», *New Scientist Magazine*, 12 de abril de 1997, p. 13.

de casualidad una sorprendente manera de sanar la depresión a través de la utilización de energía magnética. Una mujer de Connecticut llamada Martha llevaba sufriendo depresión alrededor de veinte años. Había pasado por todos los tratamientos tradicionales reconocidos, visitado psiquiatras y psicólogos, tomado toda la medicación que le recetaron... Pero nada curaba su depresión, así que Martha decidió participar en un tratamiento experimental en Columbia llamado estimulación magnética transcraneal repetitiva (RTMS). Los médicos le aplicaron una serie de impulsos magnéticos en la parte superior de la cabeza y, después de treinta sesiones de una hora de duración, Martha dijo: «Empecé a ver signos de cambio alrededor de la tercera semana. Para septiembre, ya estaba en pie nuevamente. Podía sentir placer de nuevo por cosas cotidianas como comer y tomar el sol». En el momento en que el artículo se publicó, Martha seguía yendo al instituto para repetir sus sesiones de manera periódica y ya llevaba seis meses sin depresión.

Estos médicos no pueden explicar exactamente por qué la estimulación magnética funciona para sanar la depresión y otros desórdenes. De acuerdo con el Dr. George Wittenberg, neurólogo de la Universidad de Wake Forest, «la estimulación magnética es una manera ingeniosa de inducir una corriente sin que haya en realidad una conexión eléctrica».

En otro estudio publicado en 2002 en el respetado *Journal of Neuropsychiatry and Clinical Neurosciences*, el 75 por ciento de los pacientes que sufrían de depresión experimentaron mejoras significativas después de someterse a este tratamiento magnético[4].

---

[4] P. B. Rosenberg *et al.*, «Repetitive Transcranial Magnetic Stimulation Treatment of Comorbid Posttraumatic Stress Disorder and Major Depression», *Journal of Neuropsychiatry and Clinical Neurosciences*, 14 (3), 2002, pp. 270-276.

CÓMO LLEGUÉ A SABER DE LOS IMANES

Mi propia experiencia con el poder de la terapia magnética tuvo lugar hace muchos años a través de mi hermano Greg, que había estado utilizando tratamientos magnéticos en su consultorio quiropráctico. Greg estaba tan entusiasmado con la efectividad de los imanes fabricados por una empresa japonesa que finalmente me convenció para que los probara en mi propia clínica.

Era escéptico, pero decidí comprar un imán para que mi hermano dejase de molestarme de una vez. Me había estado llamando todos los días durante meses para compartir historias de sanación increíbles. También me mandaba faxes con testimonios positivos todos los días. Después de un tiempo, tuve que dejar de responder a sus llamadas. En aquella época, era imposible saber quién te estaba llamando, pero de alguna manera sabía cuándo era Greg y, cuando no estaba atendiendo a un paciente, me iba de la clínica para que mi recepcionista pudiese decir «lo siento, ha salido» sin tener que mentir. Por alguna razón, había guardado todos los faxes (sin leer) y, cuando finalmente me rendí y compré el imán, tenía una pila de papel de fax del tamaño de una guía telefónica.

Después de recibir por correo mi nuevo imán, lo abrí y decidí utilizarlo con una paciente que representaba un verdadero desafío. Quería poder llamar a mi hermano para decirle que no había funcionado y que me dejase en paz. Laura había venido a verme debido a su fibromialgia, una enfermedad debilitante caracterizada por dolor muscular generalizado de origen desconocido. La mayor parte del dolor de Laura se localizaba en la parte superior de su cuerpo. Su rango total de movimiento con ambos brazos era muy limitado y apenas podía levantarlos hasta una posición horizontal sin que se lo impidiera el dolor.

Le expliqué a Laura que me gustaría probar un nuevo tratamiento para ver qué efecto, si había alguno, podría tener en su dolencia. Ella estuvo de acuerdo y rodé el imán de manera continua hacia delante y atrás por su brazo izquierdo entre el hombro y el codo. Después de unos minutos, probé el rango de movilidad de sus brazos de nuevo. Primero, le hice levantar el brazo derecho, en el que no habíamos aplicado el imán. Laura levantó el brazo hasta que este estaba casi paralelo al suelo. Podía ver que sentía dolor, así que la detuve. Esta reacción era la que esperaba. Luego, le pedí que levantara el brazo izquierdo, en el que habíamos utilizado el imán. Para nuestra sorpresa, Laura levantó el brazo izquierdo hasta la cabeza con facilidad y sin ninguna molestia. Abrió mucho los ojos y exclamó: «¡No siento nada de dolor donde utilizó eso! ¿Qué es esa cosa? ¿Puedo comprársela?».

Examiné a Laura con más pruebas de movimiento y, para mi asombro, ahora tenía un rango completo de movimiento en el brazo izquierdo y nada de dolor. Miré el pequeño imán azul y plateado que tenía en la mano con los ojos tan abiertos como los de Laura. Estos resultados instantáneos eran totalmente inesperados. Le dije a Laura todo lo que sabía: que era un imán diseñado para reducir las molestias en el cuerpo.

A Laura le costó muy poco esfuerzo eliminar la causa de sus síntomas. Tenía el presentimiento de que la mayor causa subyacente de su fibromialgia era algo que los científicos japoneses llaman SDCM, o síndrome de deficiencia del campo magnético (en inglés, Magnetic Field Deficiency Syndrome, MFDS). Teóricos del SDCM creen que nuestro organismo se puede volver «deficiente» en energía magnética, al igual que puede tener carencia de vitaminas o minerales. Agregar un poco más de energía magnética al cuerpo era todo lo que Laura aparentemente necesitaba para deshacerse de su dolor. El alivio de su fibromialgia fue solo el primer milagro con imanes que presencié.

Creo que el SDCM es un componente de muchas enfermedades. Como la mayoría de estas, la fibromialgia tiene un determinado número de causas subyacentes que pueden variar de persona a persona, y el SDCM es a menudo una de esas causas. En los casos en que es la mayor o la única causa subyacente de la enfermedad, la aplicación de la energía magnética puede redundar en una efectiva mejora, como ocurrió con Laura.

UNA NUEVA HERRAMIENTA DE SANACIÓN

Fue fácil poner a prueba estos imanes, dado que contaba con una fila interminable de personas que estaban sufriendo. A veces, los resultados eran inexplicables y misteriosos. Una paciente, por ejemplo, tenía un problema de hombro desde hacía mucho tiempo que desapareció de manera instantánea en cuanto se calzó unas plantillas magnéticas. En cuatro ocasiones diferentes he podido frenar ataques de asma agudos con solo colocar un parche magnético sobre el pecho de los pacientes. Vi cómo mejoraron alergias rápidamente al colocar un imán sobre la superficie del cuerpo del paciente. Vi moratones que desaparecieron de la noche a la mañana. Vi huesos rotos sanarse en la mitad del tiempo habitual

En muchos casos, llegué a requerir que determinados pacientes utilizaran imanes como parte de su protocolo de tratamiento, ya que estos parecían acortar el tiempo de recuperación de una manera espectacular.

Una paciente tenía un gran abultamiento de disco y se negaba a someterse a la cirugía recomendada. En el momento en que la conocí había perdido toda la sensibilidad de la pierna derecha debido a la compresión del nervio. Veinticuatro horas después de haber comenzado a usar un imán sobre la herida de su disco, empezó a sentir pinchazos agudos en su entumecida pierna y comenzó el proceso de sanación. En solo una semana pudo dejar de tomar analgésicos. Continuó usando el imán en la espalda, y el dolor y la inflamación disminuyeron hasta desaparecer completamente. Un año después, su radiólogo quedó desconcertado cuando no pudo encontrar ninguna evidencia de su abultamiento de disco tras realizar una tomografía computarizada repetida.

Es importante precisar que todos estos casos incluyen el uso de imanes específicamente diseñados para usarlos sobre el cuerpo, aliviar molestias y promover la sanación.

UN CARTÍLAGO NUEVO

Una de las experiencias de sanación más sorprendentes que he visto le ocurrió a mi tío Lovell. Cuando era joven, en 1937, se lastimó la rodilla derecha. Sus médicos le recomendaron cirugía, pero no podían garantizarle que la operación lo ayudara. Decidió no operarse, puesto que el porcentaje de éxito y fracaso eran muy semejantes. Desde que conocí a mi tío, siempre mantuvo su rodilla envuelta en vendajes elásticos, ya que su lesión le molestaba continuamente. En 1995, un amigo le habló de la terapia magnética e insistió en que Lovell debería colocarse un par de imanes en la rodilla durante al menos diez días. Estos pequeños imanes tenían el tamaño de una moneda, y Lovell, aunque se mostraba escéptico, decidió que por probarlos no perdía nada.

En realidad, no sintió ninguna mejora en la rodilla tras cinco días. Incluso siete días después no notó ningún cambio. Finalmente, el décimo día algo ocurrió. Para su asombro, por primera vez en sesenta años no sentía dolor en la rodilla derecha. Estaba emocionado y casi no lo podía creer. Continuó usando el imán día y noche los siguientes dos meses. Su dolor no volvió. En ese momento, decidió sacarse una radiografía de la rodilla para compararla con una anterior, de hacía tres años. La antigua radiografía mostraba que el cartílago de la articulación de la rodilla había desaparecido casi por completo y los extremos de los huesos estaban casi tocándose. Para sorpresa de su médico, en esta nueva radiografía podía verse que el cartílago se había regenerado de alguna manera. A pesar de que la regeneración espontánea de un cartílago se considera médicamente imposible, así ocurrió. De no haberlo visto con mis propios ojos, no lo habría creído.

CUANTO MÁS SABEMOS...

Los increíbles éxitos de los imanes me obligaron a abrir la mente a una nueva forma de pensamiento, algo que nunca antes me habían enseñado. Pero sabía que estaba en el camino correcto. La mayor parte del progreso en la historia de la medicina se ha basado en saltos creativos de imaginación. Cuando se descubren nuevos tratamientos y métodos, los antiguos se abandonan para dar lugar a un estilo más efectivo de sanación. Este es a menudo un proceso largo y arduo, puesto que no tenemos una guía para ayudarnos a lo largo del camino, solo la repetición de ensayo y error.

Los seres humanos nos valemos de nuestros cuerpos desde hace miles de años, pero como estos venían sin «manual de instrucciones», hemos tenido que invertir mucho tiempo en estudiarlos tratando de comprender cómo funcionan y cómo hacerlos funcionar mejor.

En épocas anteriores se pensaba que las enfermedades eran causadas, entre otras cosas, por sangre «en mal estado». Como resultado, las sangrías constituyeron una práctica popular desde la antigüedad hasta finales de 1800, cuando fueron finalmente relegadas a favor de procedimientos más avanzados. Prácticas médicas aprobadas, hechas con las mejores intenciones, se abandonan sin dudar cuando se descubren nuevos secretos del cuerpo.

Cuando yo era niño, por ejemplo, la amigdalectomía o la extracción de las amígdalas era considerada una cirugía inocua. Según un estudio, hasta al 40 por cierto de los jóvenes que ingresaron en el servicio militar en 1960 les habían extraído las amígdalas[5]. Entonces se creía que estas eran prescindibles y nadie en realidad sabía para qué servían. Al final, se dieron cuenta de que las amígdalas forman una parte importante del sistema inmunológico del organismo. En la actualidad, los médicos son mucho más reacios a quitarlas. Este es un signo de progreso en la medicina.

Cuanto más sabemos acerca de la verdadera naturaleza del cuerpo humano, mejores son las decisiones que podemos tomar en torno a la salud. Aunque algunas de las prácticas de sanación del pasado no son correctas y han caído en desuso, muchos antiguos métodos de sanación e ideas han funcionado siempre bien y ahora las recuperamos para mejorarlas. El Código de la Emoción es un método sencillo que combina principios de sanación antiguos con el poder de la energía magnética, permitiéndote mejorar tu vida y tu salud profundamente.

EL AUMENTO DE LA INTENCIÓN

Debido a que estás hecho de energía, la sanación verdadera debe remitir a este aspecto de tu composición.

El ingrediente más importante es la intención, una poderosa forma de energía y pensamiento. Es posible liberar emociones atrapadas utilizando el poder de tu sola intención. Creo que la intención de liberar la emoción atrapada es realmente la parte más importante de la ecuación.

---

[5] Robert Chamovitz, Charles H. Rammelkamp Jr., Lewis W. Wannamaker y Floyd W. Denny Jr., «The effect of tonsillectomy on the incidence of streptococcal respiratory disease and its complications», *Pediatrics*, vol. 26, n.º 3, septiembre de 1960, pp. 355-367.

Uso imanes porque creo que aumentan el poder de tu intención.

Al igual que una lupa aumenta una imagen, un imán puede aumentar literalmente la energía del pensamiento e intención más allá de la capacidad habitual.

Esto hace posible que cualquiera sea capaz de liberar emociones atrapadas. No es necesario que seas un sanador experimentado. Si tu intención es clara, usar un imán común para aumentarla es todo lo que necesitas para alcanzar resultados que antes solo estaban al alcance de aquellos con una vasta experiencia.

Un imán común puede realizar la energía de tu intención de manera poderosa y llevarla hacia el campo de energía del cuerpo. La acupuntura provee el lugar perfecto para proyectar la energía de la intención en el cuerpo y liberar la emoción atrapada.

EL DOLOR SE ESFUMÓ REPENTINAMENTE

Tenía un dolor punzante en el arco del pie, así que decidí acudir a una sesión del Código de la Emoción. Durante la sesión, liberamos la emoción atrapada que estaba afectando a mi pie. El dolor desapareció inmediatamente y ¡nunca ha vuelto!

DAN R.

CÓMO UTILIZAR LA ACUPUNTURA

La práctica de la acupuntura se basa en la existencia del campo energético humano y ha estado vigente durante miles de años. De hecho, los puntos de acupuntura y los meridianos están descritos en el libro de medicina más antiguo conocido en el mundo, el chino *Huang Ti Nei-Ching* o *Canon de Medicina Interna del Emperador Amarillo*, escrito alrededor del año 2500 a. C.

Los acupuntos son localizaciones específicas que se encuentran a lo largo de los caminos conocidos como meridianos. Estos pueden imaginarse como pequeños ríos de energía que fluyen justo debajo de la piel. Siguen rutas muy precisas sobre la superficie del cuerpo que no varían de persona a persona.

La existencia de estos meridianos fue objeto de especulación y desacuerdo durante mucho tiempo, pero en las últimas tres décadas varios estudios e investigaciones han demostrado su existencia. En uno de ellos, el investigador Jean-Claude Darras inyectó un isótopo radiactivo llamado technetium 99 tanto en acupuntos como en zonas que no lo eran. Los isótopos radiactivos como este emiten una radiación de bajo nivel que puede ser medida y trazada con precisión. Los isótopos radiactivos que fueron inyectados en los acupuntos se difuminaron con diseños muy precisos que eran exactamente los mismos que los meridianos de acupuntura que fueron trazados antiguamente por los médicos chinos. El mismo material radiactivo que había sido inyectado en las zonas que no eran acupuntos se difuminó sin un diseño en particular[6].

EL MERIDIANO GOBERNANTE

Se piensa que determinados meridianos funcionan en realidad como reservas de energía, que se conectan entre sí y abastecen a todos los demás meridianos de acupuntura. Tal vez el más importante de ellos es el meridiano gobernante, que comienza en la rabadilla y se proyecta hacia arriba por el centro de la columna, sube por encima de la cabeza y desciende hasta llegar al interior del labio superior.

Debido a las interconexiones entre el meridiano gobernante y los otros meridianos, aquel proporciona el camino más idóneo

---

[6] *Journal of Nuclear Medicine*, 33 (3), marzo de 1992, pp. 409-412.

para liberar el cuerpo de emociones atrapadas usando el Código de la Emoción. Una emoción atrapada es energía. Para deshacernos de ella necesitamos vencerla con otra forma de energía. El meridiano gobernante abre la ventana perfecta en el cuerpo para este propósito.

En cuanto identificas la emoción atrapada, puedes liberarla.

Recuerda que un imán aumenta tu pensamiento, que también es energía. Mientras mantienes en tu mente la intención de liberar la emoción atrapada, simplemente pasa un imán sobre el meridiano gobernante. Tu intención aumentada para liberar la emoción atrapada penetra en el meridiano gobernante y desde allí esta energía-pensamiento fluye rápidamente hacia el resto de los meridianos y áreas del cuerpo.

Esta repentina afluencia de energía-intención tiene el efecto de liberar la emoción atrapada de manera permanente: en todos mis años de experiencia y enseñanza del Código de la Emoción, nunca he visto regresar ninguna emoción atrapada. Una vez que liberas una emoción atrapada, se va para siempre.

No necesitas conocer ningún punto de acupuntura. Tampoco necesitas comprender cómo funciona esta ciencia milenaria.

Todo lo que necesitas es tener un poco de fe e intención y funcionará. Por otro lado, comprender algo del mecanismo que existe detrás de todo incrementará tu habilidad y acrecentará tu fe en el proceso.

UNA DESCARGA DE ENERGÍA

Jana se había aferrado al dolor causado por la muerte de su padre y su divorcio. Cuando acudió a mi consulta y le pasé el imán por la cabeza y la espalda y soltó la carga de dolor que había estado guardando durante décadas, colapsó en mis brazos literalmente. Sentí esta liberación energética como si una descarga de energía bloqueada abandonase su cuerpo. Fue una experiencia increíble. Sintió tal liberación emocional que le costaba caminar y sentía un cosquilleo en manos y pies, como si estuvieran ardiendo. Sintió un rayo de luz blanca emanando de su cabeza y desde entonces su familia y amigos están sorprendidos por su amor por la vida.

VALOHNA L. W.

¿ADÓNDE VA LA EMOCIÓN ATRAPADA?

Para comprender cómo se libera una emoción atrapada del cuerpo, permíteme hacer una analogía.

Los auriculares que bloquean el ruido exterior perciben la frecuencia de las ondas sonoras que penetran desde fuera y de manera instantánea generan una onda sonora exactamente opuesta. Cuando las dos ondas colisionan, se bloquean mutuamente. El resultado es una percepción sonora mucho más tranquila.

La liberación de emociones atrapadas puede hacer uso de un fenómeno similar. Cada emoción atrapada tiene su propio flujo de vibración, su propia frecuencia. Del mismo modo que una onda sonora contraria puede bloquear un ruido externo, la energía de tu intención aumentada puede bloquear el «ruido» de una emoción atrapada. Cuando pasas un imán sobre el meridiano gobernante, creas de manera efectiva un flujo contrario de energía con la forma de una intención aumentada. Es por ello por lo que la emoción atrapada se bloquea, se disipa y desaparece, como ocurre con el ruido del motor de un avión.

Otro ejemplo que tal vez te sea más familiar tiene que ver con las tarjetas de crédito. La banda magnética de la parte de atrás de la tarjeta está codificada con información específica. Cuando pones un imán sobre ella, puedes borrar la información codificada y destruir la utilidad de la tarjeta de crédito. Liberar una emoción atrapada cuando pasas un imán por el meridiano gobernante es parecido, ya que se borra esa energía emocional negativa de manera rápida, fácil y permanente.

RITMO CARDÍACO NORMALIZADO

Trabajé con una mujer de 23 años con síndrome de taquicardia postural ortostática, una enfermedad que provocaba que su ritmo cardíaco fuese anormalmente elevado y que le impedía hacer deporte y participar en ciertas actividades cotidianas. Durante nuestra sesión, nos enfocamos en este problema. Tras liberar algunas emociones atrapadas, sintió que su ritmo cardíaco disminuía y, como es normal, se sorprendió, así que decidió medirlo. Su ritmo cardíaco había disminuido de verdad, alcanzando los 30 latidos por minuto, ¡mucho menos de lo que solía presentar! Presenciar un cambio tan drástico e inmediato fue verdaderamente increíble. Tras varios meses, su ritmo cardíaco sigue siendo normal.

JULISSA R.

AHORA SOY CURANDERA

Estoy muy contenta de poder compartir mis experiencias y muy agradecida de haber aprendido a utilizar el Código de la Emoción y poder ponerlo en práctica. La primera vez que acudí a una consulta fue porque tenía un bulto en el pecho izquierdo que no paraba de crecer. Solo tenía una emoción atrapada, relacionada con mi exmarido. Al día siguiente, el bulto había desaparecido. Durante semanas seguí palpándome para comprobar que no estuviese ahí.

Continué visitando a mi terapeuta para trabajar en otras cosas. Tras un tiempo, me comentó que pensaba que se me daría bien trabajar con el Código de la Emoción de forma profesional, así que decidí certificarme y mientras estudiaba empecé a practicar con familiares y amigos.

Mi amigo S. C. me comentó lo bien que se sentía tras la liberación del muro de su corazón. Habían abusado de él cuando era un niño y le estaba costando bastante superar una adicción. Acabó comprando el libro para continuar aplicándose el método.

Mi madre estuvo hinchada durante dos semanas. Solo tenía una emoción atrapada y estaba relacionada con sus abusivos compañeros de trabajo. La liberamos y al día siguiente no había ni rastro de la hinchazón.

Otra amiga, que llevaba diez años sufriendo dolor de hombro, agradeció mucho la disminución del dolor cuando liberamos algunas emociones atrapadas. También me dio las gracias por ayudar a su hijo autista. Tras trabajar con él, me informó de que había ocurrido un milagro en su relación: ahora estaba más abierto a hablar con ella.

Un chico que tenía problemas en el colegio empezó a sacar mejores notas tras liberar algunas emociones atrapadas. También empezó a prestar más atención en clase.

Hasta los animales pueden beneficiarse: ayudé a sanar a un conejo que tenía un tumor bajo el ojo.

Y estas son solo algunas de mis experiencias trabajando con el Código de la Emoción. ¡Me encanta este trabajo!

ADELINE C.

PRECAUCIONES EN EL USO DE IMANES

Por lo general, los imanes son bastante seguros, pero existen ciertas condiciones bajo las que no deberían ser utilizados, o hacerse con la aprobación de un médico. Estas incluyen el embarazo, el uso de bombas de insulina, la existencia de implantes cocleares, marcapasos, shunt para el tratamiento de la hidrocefalia (algunos de los cuales se ajustan con imanes) y Magec rods para corregir la escoliosis severa en niños, que también se ajustan con imanes.

DE TÍMIDO A SOCIABLE

Mi vida, mis relaciones personales, mi nivel general de felicidad y mi bienestar físico han mejorado de forma muy significativa y profunda desde que descubrí el Código de la Emoción y comencé a probarlo hace cuatro meses, primero en mí mismo y ahora en mi familia. Siempre me he sentido como un extraño, como si no me aceptasen, y esto no me molestaba. Sin embargo, desde que empecé a liberar mis emociones atrapadas, ya no me siento así. He pasado de ser tímido y reservado, a menos que estuviese entre amigos, a ser abierto y sociable, ¡hasta extrovertido!

ANÓNIMO

CONCLUSIÓN

Empieza por imaginarte a ti mismo como un ser hecho de energía pura. No me cansaré de insistir en el daño que pueden hacerte las emociones atrapadas, tanto física como emocional y mentalmente. Están hechas de energía pura, pero son energía negativa, y cuanto antes te deshagas de ellas, mejor vas a sentirte.

Un imán de nevera, que probablemente ya posees, sirve para liberar emociones atrapadas.

Cuando tu intención, tu claridad y tu fe en tu propia habilidad se vayan incrementando, te darás cuenta de que el uso de un imán puede ser opcional. Después de todo, el campo biomagnético generado por tu mano es lo suficientemente poderoso para liberar emociones atrapadas, ¡si te has dejado el imán en casa!

Ahora mismo estás ganando la sabiduría y el poder necesarios para convertirte en un sanador a través de la liberación de emociones atrapadas usando el Código de la Emoción. Pronto controlarás este sencillo procedimiento, que es increíblemente efectivo y puede cambiarte la vida. El próximo paso es aprender más formas de adentrarse en el subconsciente y obtener respuestas concretas.

TERCERA PARTE

Cómo utilizar el Código de la Emoción

5

CÓMO OBTENER RESPUESTAS DE LA MENTE INTERIOR

«¿Es la mente humana, en un nivel primario, una maravillosa computadora conectada con un campo energético universal que sabe mucho más de lo que cree que sabe?».

E. Whalen

En el capítulo 2 aprendiste a usar la prueba del balanceo para conectarte con tu subconsciente. Para algunas personas, la prueba del balanceo funciona tan bien y es tan sencilla que se convierte en la única que emplean, y no hay nada de malo en ello. Pero en este capítulo aprenderás otros métodos para que dispongas de una variedad para escoger.

EL TEST MUSCULAR

El método más ampliamente utilizado y aceptado para acceder al sistema interno del cuerpo es conocido como test muscular, prueba kinestésica o simplemente kinesiología. Se trata de una forma de *biofeedback* que no requiere ningún tipo de herramienta y es muy útil y poderoso para conectar con el subconsciente y descubrir información vital.

A pesar de que algunas personas nunca han oído hablar de ella, la prueba muscular no es nueva. Los médicos la llevan utilizando desde los años cuarenta para evaluar la fuerza de los músculos y calcular el alcance de una lesión. Hoy en día, los médicos y otros especialistas en la mecánica del movimiento del cuerpo saben que el test de verificación muscular tiene muchas más aplicaciones de las que creían en un principio. Los pacientes a veces se muestran escépticos acerca de su funcionamiento, pero una vez que han visto los resultados por ellos mismos no pueden evitar asombrarse.

El test muscular nos puede informar sobre la salud total y el equilibrio de nuestros cuerpos.

También puede ayudarnos a identificar áreas vulnerables antes de que las dolencias y las enfermedades se apoderen de ellas. Nos brinda una forma directa de preguntarle al cuerpo qué le está molestando y, una vez que hemos tratado el problema, nos puede decir si lo hemos corregido del todo o no. Además, puede informarnos de si hay emociones atrapadas presentes en el cuerpo y hacernos saber el momento en que han sido liberadas.

CÓMO HOLLY ESTUVO A PUNTO DE AHOGARSE

Para ilustrar esto, permíteme compartir contigo una carta que recibí hace varios años de una joven llamada Holly. Su tía Gwen fue una de mis alumnas y utiliza el test muscular de manera muy eficaz para liberar emociones atrapadas. Al principio, cuando estaba aprendiendo el Código de la Emoción, lo practicó en Holly.

Mi tía Gwen vino a Utah en el verano de 1999 alabando una nueva técnica que había aprendido. La llamaba «prueba muscular»; con ella podía preguntarle al cuerpo sobre las emociones que habían quedado «atrapadas» en él, y el cuerpo respondía afirmativa o negativamente de manera efectiva. Mi tía quería dominar la técnica y ayudar a tantas personas como pudiera con este nuevo método. De mala gana, acepté ser una de sus «víctimas».

Recuerdo estar de pie en la habitación, con el brazo extendido, pensando: «Esto es una tontería». Entonces mi tía encontró la primera emoción atrapada en mi interior: terror. Me encogí de hombros. «No tengo nada de lo que sentir terror...».

«¿Te parece bien si preguntamos desde qué edad está ahí?», preguntó la tía Gwen. Me encogí de hombros de nuevo. «Claro que sí. Supongo».

Interrogó a mi cuerpo y el brazo parecía fortalecerse o debilitarse de acuerdo con lo que me preguntaba. El brazo se tensó cuando quiso saber si la emoción procedía de cuando yo tenía alrededor de cuatro años. «¿Te viene algo a la mente a esa edad?», me preguntó. Inmediatamente acudió a mi mente la imagen de mis pequeños e indefensos dedos deslizándose por una verja de metal y el cuerpo resbalándose dentro del agua, que pronto acabó cubriéndome la cabeza. Recuerdo que cuando mi hermana vino a rescatarme me aferré a ella y repetía: «¡Gracias! ¡Gracias!», una y otra vez. «Sí... —dije a regañadientes—. Casi me ahogo cuando tenía cuatro años».

La tía Gwen comprobó que esta era la fuente de mi terror. Me pasó un imán por la espalda para liberar la emoción atrapada y eso fue todo. Así de simple. Me fui pensando: «Eso ha estado muy bien, pero ¿ahora qué? ¿Qué ha hecho esta prueba por mí?». Te contaré lo que hizo por mí...

Estaba terminando una mala temporada de natación con mis tres hijos pequeños. Lo consideraba una pérdida de dinero, debido a que los chicos habían estado constantemente en contra, quejándose todo el tiempo. Aquel verano odié las clases de natación. Me ponía nerviosa cada vez que empezaban las sesiones y me encontraba a mí misma buscando excusas para saltármelas.

Fue entonces cuando la tía Gwen me hizo la prueba. La temporada de natación terminó. No pensé mucho más en el asunto, pero empecé a sentir un misterioso y sutil cambio dentro de mí que no podía explicar.

Al año siguiente, intentamos tomar clases de natación otra vez. De repente noté la diferencia. Sin ese recuerdo aterrador de mi niñez, ya no estaba nerviosa cerca del agua. De hecho, disfrutaba yendo a la piscina y lo pasaba bien con mis hijos. Algunas personas pueden pensar que fue porque los niños eran un año mayores y ya no le tenían tanto miedo a nadar. Pero yo no estoy de acuerdo. Al quitarme una emoción tan negativa que estaba atascada dentro de mí, sé que no solo me liberé a mí misma, sino que también liberé a mis hijos.

HOLLY B.

El test muscular nos abre una ventana a lo que está sucediendo en el organismo. Utilizándola, podemos tener acceso al sistema interno de nuestro cuerpo y saber dónde están los desequilibrios. Utilizo el test muscular y lo enseño en el Código de la Emoción y el Código del Cuerpo porque puede conducirnos directamente a la raíz del problema con mucha rapidez.

TERRORES NOCTURNOS EN UN NIÑO DE SIETE AÑOS

Bronson era un niño de siete años que sufría terrores nocturnos. Su madre le acostaba y se quedaba con él hasta que se dormía, entonces se iba a su cuarto. Ella y su marido habían colocado un pequeño colchón al lado de su cama, pues sabían que cuando el niño se despertase a media noche con miedo, acabaría pasando el resto de la noche con ellos. Habían probado de todo para hacerle sentir querido y a salvo, pero nada ayudaba.

Examiné a Bronson y encontré bastantes emociones atrapadas (*shock*, terror, horror y miedo) de cuando tenía dos años. Su madre recordó una situación angustiosa que tuvo lugar justo antes de que el pequeño cumpliese dos años: estaba jugando y empezó a correr hacia la carretera. Era casi de noche y un coche que pasaba por allí, en un intento por evitar atropellar al niño, hizo un giro brusco y acabó en la cuneta. Fue un incidente bastante aterrador, según me contó la madre.

Cuando liberamos sus emociones atrapadas, Bronson empezó a dormir bien por las noches. ¡Casi como un milagro!

LORRAINE L.

No importa cuántas veces lo demuestre, mis pacientes y alumnos siempre se quedan impresionados con la inmediatez y precisión del test muscular. Les sorprende todo lo que su mente interior sabe y cuán preparada está para brindarles la información que ellos le piden.

ALIVIO DE DOLORES DEL CRECIMIENTO

Cada cierto tiempo, mi hija menor tiene dolores asociados al crecimiento. Aparecen de manera repentina durante la noche y siempre son muy fuertes. El dolor se presenta en oleadas y ciclos. Normalmente lo primero que hacemos es darle un masaje en las piernas. Mi marido es masajista terapéutico y tiene experiencia en encontrar bloqueos de energía en el cuerpo. Una noche mi marido le dio un masaje y parecía que el dolor había cesado, pues se quedó dormida. Una hora más tarde, nos despertó llorando, esta vez el llanto era más intenso y vi cómo mi hija temblaba del dolor.

Llegó un punto en el que su llanto se volvió insoportable (si tienes hijos probablemente te hayas dado cuenta de que el sonido del llanto es aparentemente más intenso por la noche que durante el día). Mi marido decidió darle un masaje de nuevo, esta vez con un calmante tópico —que normalmente no usamos—, pues estábamos desesperados por dormir.

De repente, recordé que tenía un recurso para lidiar con el dolor, que ya había funcionado en otras ocasiones: ¡El Código de la Emoción! ¿Por qué no me había acordado de usarlo la primera vez que se había despertado llorando? Ya he usado el Código de la Emoción muchas veces con ella y sabe que funciona, así que cuando le pregunté si quería que la examinase, me dijo que sí.

Bajé corriendo a mi oficina y cogí mis herramientas de sanación (cuaderno, bolígrafo, imán y cuadro de emociones). Le hice el test muscular para identificar las emociones atrapadas que le estaban causando el dolor de tobillos y piernas. Cuando liberé la segunda emoción (en unos tres minutos), ya había dejado de llorar, y cuando liberé la cuarta emoción, su cuerpo ya no temblaba por el dolor. Estaba tranquila y relajada, la energía de todo su cuerpo había pasado de pánico a paz.

Encontré siete emociones atrapadas y, cuando terminé de liberarlas, me dijo que el dolor casi había desaparecido. Mi marido y yo, y mi hija, por fin podríamos dormir aquella noche, sabiendo que el problema había quedado resuelto. (Bueno, al menos mi hija, que durmió con nosotros... Mi marido y yo tuvimos que lidiar con el hecho de que acaparase la cama, pero contentos de no escucharla llorar).

Una sola sesión del Código de la Emoción puede eliminar el dolor así de rápido. Y no solo se encarga del dolor inmediatamente, sino que también libera la energía estancada en esa parte del cuerpo y que probablemente llevaba ahí un tiempo. A veces me pregunto: ¿qué pasaría si no estuviese liberando esa energía y esta continuase alojada en los tobillos, los gemelos y las rodillas de mi niña? ¿Cómo se manifestaría físicamente en el futuro?

Estoy muy contenta y agradecida de tener el Código de la Emoción como herramienta. Cuando lo uso en mis hijos, sé que estoy ayudando a sus cuerpos físicos a funcionar de manera óptima al permitir que esa energía fluya por sus cuerpos libremente, como debería. Y estoy segura de que un cuerpo cuya energía se mueve con libertad es un cuerpo feliz.

ANYA S.

TU CUERPO POSEE EL CONOCIMIENTO

Cuando se trata de nuestra salud, lo que nuestros cuerpos pueden revelarnos es bastante más significativo que lo que alguna vez supimos en nuestra mente consciente. Durante años de práctica, aprendí a apreciar la inteligencia subconsciente de mis pacientes. Descubrí que, aunque no sabían de forma consciente lo que les estaba causando los síntomas, su mente subconsciente sí que lo sabía y esta información era todo lo que necesitaba para ayudarles.

Nuestros cuerpos poseen intrincados sistemas que nos mantienen con vida. Nuestros corazones laten, nuestros pulmones inhalan y exhalan, nuestros intestinos delgados absorben nutrientes, y todo esto sucede sin que lo tengamos que pedir. Afortunadamente, no necesitamos ser conscientes de dichos procesos para que tengan lugar. Están gobernados y controlados por la mente subconsciente, y si este ordenador interno regula todos nuestros procesos metabólicos e inmunes es lógico que esté perfectamente al tanto de qué pasa exactamente en cada uno de nuestros órganos, en todos los niveles y todo el tiempo. No solo eso, sino que nuestro cuerpo puede decirnos qué es bueno para nosotros y qué no lo es. De la misma manera que te inclinas hacia delante cuando piensas en «amor incondicional», mostrarás una respuesta muscular fuerte cuando pienses en alimentos saludables o nutritivos y te balancearás hacia atrás o mostrarás debilidad cuando pienses en comida dañina o tóxica.

Incluso tenemos una respuesta física cuando decimos la verdad o mentimos: los músculos se debilitan de manera instantánea cuando mentimos y permanecen tensos cuando decimos la verdad.

No podemos engañar a nuestro cuerpo. Nuestros subconscientes saben al instante, sin duda, si estamos siendo honestos o falsos con nuestros pensamientos, nuestras afirmaciones, nuestras acciones y nuestra salud.

Para mantenernos saludables y vivos, nuestro cuerpo utiliza habilidades que exceden en gran medida nuestro pensamiento consciente. Para probarlo, el psiquiatra David Hawkins solía ofrecer a las más de mil personas que concurrían a sus conferencias una demostración explícita.

Su equipo pasaba sobres cerrados y sin marcas a cada persona de la audiencia. Cada sobre cerrado contenía una sustancia en polvo. En la mitad de los sobres, ese polvo era un edulcorante artificial. En la otra mitad, era vitamina C orgánica.

Luego, el Dr. Hawkins le pedía a toda la audiencia que se organizara en parejas y utilizara una simple técnica muscular de prueba. Una persona sostenía el sobre por encima de su corazón mientras su compañero comprobaba la fuerza de su músculo. Tomaban nota de si el músculo era fuerte o débil y después intercambiaban los roles y comparaban. A veces los músculos resultaban débiles y a veces tensos.

Una vez que todos habían completado la prueba, abrían los sobres para ver si estaban sosteniendo el edulcorante artificial o la vitamina C. Cuando los músculos se debilitaban, la persona estaba sosteniendo el edulcorante artificial. Si los músculos se fortalecían, estaba sostenido invariablemente un sobre que contenía vitamina C. Estos resultados eran siempre idénticos, y en mis propias conferencias ha ocurrido lo mismo[1].

Todos sabemos que la vitamina C orgánica es mejor para la salud que un edulcorante artificial, pero el hecho de que el cuerpo humano sepa a un nivel inconsciente qué hay dentro de un sobre cerrado es verdaderamente increíble.

El Dr. Hawkins lo explicó de esta manera:

> La mente humana individual es como un ordenador conectado a una base de datos gigante. La base de datos es la misma conciencia humana de la cual nuestra propia conciencia es una mera expresión individual, pero con sus raíces en la conciencia común a toda la humanidad.
>
> Esta base de datos es el reino de la genialidad, puesto que ser humano es participar en la base de datos; todos, en virtud de nuestro nacimiento, tenemos acceso a la genialidad. En la actualidad, se ha demostrado que la ilimitada información contenida en la base de datos está preparada y disponible para cualquiera en cuestión de segundos, en cualquier momento y en cualquier lugar. Este es, en efecto, un descubrimiento sorprendente que tiene el poder de cambiar vidas, tanto individual como colectivamente, a un nivel nunca antes sospechado[2].

ME LLENÓ DE ALEGRÍA

Mi amiga tiene un niño de cuatro años y me comentó que «nació gruñón». Nunca sonreía, siempre estaba frunciendo el ceño, no parecía feliz, apenas hablaba y cada dos semanas sangraba por la nariz. Parecía que la vida era una carga para el

---

[1] David R. Hawkins, *El poder frente a la fuerza. Los determinantes ocultos del comportamiento humano*, El Grano de Mostaza, Barcelona, 2015.
[2] *Ibidem.*

niño. Sus padres le llevaron a varios especialistas, pero ninguno pudo encontrar ningún problema físico.

Con ayuda del test muscular, me di cuenta de que una sesión del Código de la Emoción le vendría bien. Le expliqué a mi amiga que había leído *El código de la emoción* y cuánto ayuda a sanar. Como los problemas del pequeño eran de índole emocional y mental, le pregunté si quería que lo probásemos y me dijo que sí. En menos de una semana, el niño estaba sonriendo, feliz y no paraba de hablar. Han pasado más de tres meses y no ha tenido más hemorragias. El niño adora su vida... y eso me llena de alegría. ¿Un milagro? ¡Estoy convencida de que el Código de la Emoción lo es!

Marketa R.

SENTIR LA RESPUESTA

Todos nuestros órganos sensoriales son capaces de hacer su trabajo siempre y cuando no estén sobreexpuestos a las sensaciones. Por ejemplo, es más fácil sentir el tacto de un jersey cuando pasas tus dedos con suavidad por el tejido. Si lo tocases rápida y bruscamente, no sabrías exactamente si es suave o no.

De la misma manera, la prueba muscular funciona mejor si la llevamos a cabo con suavidad y delicadeza. No siempre se trata de usar la fuerza bruta. Con el tiempo, lo que aprenderás a detectar será un ligero cambio en la fuerza muscular, la diferencia que existe entre un músculo «firme» y uno «flojo». Aprender a sentir este sutil cambio es una de las habilidades que desarrollarás con la práctica de la prueba muscular, y lo notarás tanto cuando examines a otras personas como cuando te examines a ti mismo.

RESISTENCIA Y PRESIÓN

¿Has utilizado alguna vez un regulador de intensidad para la luz? Al girar la rueda, puedes elegir exactamente cuánta electricidad llega al dispositivo de iluminación y, en consecuencia, la intensidad de la luz que emite.

De la misma manera, los usuarios del Código de la Emoción deciden cuánta fuerza desean utilizar y cuánta resistencia van a ejercer durante el test muscular, pues se trata de medidas que podemos ajustar. Si presionas el brazo de alguien lo más fuerte que puedas, la presión será del cien por cien, y, a no ser que la persona también esté utilizando el cien por cien de su fuerza y sea tan fuerte como tú, su brazo se mostrará débil todas y cada una de las veces. Por esta razón, no es aconsejable utilizar tanta fuerza, pues ambos acabaréis muy cansados en muy poco tiempo y las respuestas obtenidas no serán claras.

Te sugiero que intentes ejercer tan solo un 5 por ciento de presión y un 5 por ciento de resistencia (si estás trabajando con un compañero, pídele que utilice tan solo un 5 por ciento de su fuerza de resistencia). Notarás que utilizas más presión y resistencia al principio, pero poco a poco te sentirás cómodo utilizando menos para conseguir tus respuestas.

ESTABLECE UN PUNTO DE REFERENCIA

Es fundamental que establezcas un punto de referencia cada vez que vayas a utilizar el test muscular para cualquier cosa, incluido el Código de la Emoción, ya que necesitas asegurarte de que a la persona a la que vas a examinar, ya seas tú mismo u otra persona, se le puede hacer la prueba. Esto también te ayudará a confirmar que los ajustes de resistencia y presión que has determinado son los adecuados y a hacerte una idea de cómo se van a mostrar las respuestas afirmativas y negativas.

Te sugiero que pruebes los diferentes tipos de test muscular incluidos en este capítulo con el procedimiento que detallo a continuación para establecer un punto de referencia para ti mismo y para los demás.

Si vas a utilizar el test muscular para examinarte a ti mismo:

Elige el método que más cómodo te resulte. Di en voz alta: «Me llamo _____», completando la frase con tu nombre, y realiza el test muscular.

Una vez que hayas expresado esta afirmación congruente o verdadera, tu resistencia debería ser fuerte o mostrar una respuesta congruente.

Ahora emite una afirmación falsa. Di en voz alta: «Me llamo _____», completando la oración con un nombre que no es el tuyo, y, a continuación, realiza la prueba muscular. El resultado debería ser debilidad muscular o respuesta incongruente.

Realizar esta prueba con las palabras «sí» y «no» o «amor» y «odio» también servirá para establecer un punto de referencia.

Si el resultado no es claro, consulta la sección de solución de problemas que se encuentra más adelante en este capítulo.

Si estás realizando el test muscular para examinar a otra persona:

Debido a que cada persona es única, sentirás que el test muscular puede resultar ligeramente diferente dependiendo de a quién le realices la prueba. La obtención de una respuesta muscular fuerte o débil definitiva de tu paciente te permitirá saber inmediatamente cómo será la respuesta de esa persona particular en estados de fuerza y debilidad.

Si crees que tu compañero está ofreciendo demasiada resistencia o no la suficiente, no dudes en pedirle que la ajuste. Si sientes que está utilizando una fuerza muscular excesiva, podrías decir algo como «más suave» o «no tan fuerte».

Pídele a tu compañero que diga su nombre en voz alta, repitiendo «Me llamo _____», y realiza el test muscular. Cuando emitan esta afirmación verdadera, el resultado de la prueba debería ser fuerte o mostrar una respuesta congruente.

A continuación, pídele que pronuncie una afirmación falsa, por ejemplo, «Me llamo _____», con un nombre diferente al suyo. El resultado debería ser debilidad muscular o una respuesta negativa (dependiendo de la prueba muscular que estés utilizando).

Por supuesto, pedirles que repitan las palabras «sí» y «no» o «amor» y «odio» también servirá para establecer un punto de referencia. Si la persona a la que le estás haciendo la prueba se muestra inestable, consulta la sección de solución de problemas que se encuentra más adelante en este capítulo.

CÓMO EXAMINAR A OTRAS PERSONAS

El test muscular también puede emplearse para descubrir qué está sucediendo en el cuerpo de otra persona. Puedes comprobarlo haciéndole la prueba directamente a esa persona o bien utilizando lo que se conoce como sustituto o representante. Hablaremos de estos métodos en el capítulo 9.

Miles de médicos alternativos y holísticos utilizan el test muscular para ayudar a sus pacientes diariamente.

A continuación te explico algunos de los métodos más fáciles y comunes para realizar la prueba muscular a otras personas.

LA PRUEBA BÁSICA DEL BRAZO

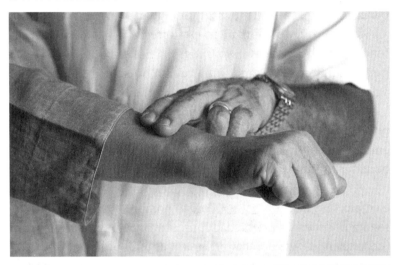

1. Dile a la persona que se ponga de pie y mantenga un brazo extendido hacia el frente y paralelo al suelo.
2. Coloca suavemente los dedos índice y corazón de tu mano sobre su muñeca, como se muestra en la imagen. Tus dedos deben situarse justo detrás del bulto creado por el hueso de la muñeca, al final del antebrazo, al lado de la muñeca en el lado del dedo meñique.
3. Apoya la otra mano en su hombro opuesto, para sostenerlos, si así lo deseas.

4. Dile a la persona: «Voy a decir una frase para que la re-
    pitas y después presionaré tu brazo. Quiero que resistas
    la presión manteniendo el brazo en la misma posición;
    trata de evitar que te empuje el brazo hacia abajo».
5. Haz que la persona diga cómo se llama. Por ejemplo, si
    la persona se llama Kim, debe decir «Me llamo Kim».
6. Realiza el test muscular incrementando de manera sua-
    ve y constante la presión de su brazo hacia abajo, apro-
    ximadamente durante tres segundos. La articulación del
    hombro debe permanecer firme contra tu presión y no
    debe ceder.
7. Ahora pide a la persona que haga una afirmación falsa,
    usando un nombre que no sea el suyo. Por ejemplo, si la
    persona se llama Kim, podría decir «Me llamo Bob».
    Realiza el test muscular de nuevo. Deberías notar el bra-
    zo más débil, ya que la afirmación emitida es incon-
    gruente con la verdad y la mente subconsciente de la
    persona lo sabe.

El brazo de la persona sometida al test puede cansarse pronto si aplicas demasiada fuerza. Recuerda que la prueba muscular
no requiere fuerza bruta, en lugar de eso intenta utilizar presión
moderada. Si la afirmación que acaba de hacer es verdadera,
debes sentir que su brazo está tenso y firme contra la presión
que ejerces hacia abajo. Si la afirmación es falsa, notarás que su
brazo empieza a ceder bajo el suave incremento de tu presión.

Siempre debes emplear el mínimo de fuerza requerida para
percibir si el brazo permanece tenso o no.

Ahora, repite la prueba, pero haz que el sujeto realice una
afirmación que sea obviamente falsa utilizando un nombre que
no sea el suyo. De inmediato notarás que el brazo está más débil,
puesto que la afirmación recién hecha es incompatible con la
verdad y su subconsciente lo sabe.

CONSEJOS SOBRE LA PRUEBA BÁSICA DEL BRAZO

A continuación enumero algunos consejos que te ayudarán a mejorar y dominar el test muscular.

1. No emplees demasiada fuerza, solo la que necesitas para obtener la respuesta deseada. Es cuestión de sutileza, no de fuerza.
2. Aumenta o disminuye la presión y la resistencia según sea necesario.
3. Incrementa progresivamente la presión ejercida sobre el brazo de la persona, de un 0 por ciento a un firme 5 o 10 por ciento de tu fuerza durante tres segundos.
4. Mantén los brazos, manos o dedos en la posición correcta, cuando sea necesario.
5. Recuerda que la persona a la que estás haciendo la prueba debe estar dispuesta a pasarla. Si su actitud es cínica o escéptica, será más difícil para ti practicarle la prueba con éxito. No pierdas el tiempo con personas que no quieren ser ayudadas o que no están abiertas a ser ayudadas. La vida es muy corta.
6. Puedes experimentar con varias posiciones de brazo para ver cuál funciona mejor para ti y para la persona con quien estés trabajando. Otra opción es que la persona mantenga el brazo extendido hacia el costado en vez de hacia el frente.
7. Puedes encontrar vídeos con explicaciones y ejemplos en discoverhealing.com/es/.

LA PRUEBA DEL LARGO DE LAS PIERNAS

Cuando tenía mi clínica de quiropráctica, tenía una rutina bien establecida. Daba la bienvenida a los pacientes y les pedía que se tumbasen boca abajo en la camilla de masaje. Siempre les pedía que no se quitasen los zapatos, porque me resultaba más fácil comprobar el largo de sus piernas con los zapatos puestos. Cuando estaban tumbados boca abajo y cómodos, utilizaba la prueba del largo de las piernas como método de examinación primario para obtener respuestas de su mente subconsciente.

Para poner en práctica este método, haz lo siguiente:

1. Siente amor por la persona que vas a tratar y gratitud por la ayuda que esta práctica le va a brindar, y ofrece una plegaria silenciosa para que se te preste guía divina.
2. Pide a la persona que se tumbe en la camilla o cama, con los zapatos puestos, y dile que vas a medir el largo de sus piernas y que te gustaría que se mantenga en una posición lo más recta que le sea posible.
3. Coloca tus pulgares de forma horizontal bajo los arcos de sus pies y tus dos primeros dedos delante y detrás del hueso del tobillo, respectivamente. Tus dedos índice y corazón deben formar una V sobre los tobillos.

4. A continuación, ejerce un poco de presión con tus pulgares en la suela de sus zapatos, hacia las rodillas. Esto te ayudará a colocar ambos zapatos en una posición básica, como si la persona estuviese de pie sobre el suelo. Las suelas de los zapatos deben estar perpendiculares al suelo.

5. Encuentra un punto de referencia en el talón de cada zapato que puedas comparar con el del otro zapato. La línea de unión entre el tacón y el resto del zapato suele funcionar muy bien. Relaja tu agarre por un momento y aplica presión de nuevo. Cuando aplicas presión, ¿los puntos de referencia están alineados? Sin hacer ninguna pregunta a la mente subconsciente del sujeto y en un estado relajado, el largo de las piernas podría ser exactamente el mismo o variar ligeramente de un pie al otro. En cualquier caso, no pasa nada; simplemente tenlo en cuenta.

6. Ahora puedes utilizar estos puntos de referencia para comparar. Di la palabra «sí» y aplica presión de nuevo. ¿Dónde están ahora los puntos de referencia? ¿Están alineados?

7. Ahora di la palabra «no» y aplica presión de nuevo. Si lo estás haciendo bien, es posible que te sorprendas. No es raro que el largo de las piernas varíe hasta en 1,30 cm cuando el cuerpo te está dando una respuesta negativa.

LA PRUEBA DEL CODO

La prueba del codo puede ser una herramienta muy útil si estás intentando examinar a alguien que no puede elevar los brazos debido a un problema en los hombros. Se hace de la siguiente manera:

1. Siente amor por la persona que vas a tratar y gratitud por la ayuda que esta práctica le va a brindar, y ofrece una plegaria silenciosa para que se te preste guía divina.

2. Pide a la persona que acerque el codo al costado; el brazo debe estar doblado en un ángulo de 90 grados. Pídele que mantenga la parte superior del brazo fija o que la apoye contra el respaldo de una silla. Si lo deseas, puedes colocar la mano que tienes libre en el codo de la persona para ayudarla a estabilizar el brazo. El antebrazo debe estar paralelo al suelo. La palma de la mano puede estar mirando hacia arriba o hacia abajo, no importa.

3. Coloca dos dedos de tu mano sobre su antebrazo, como muestra la imagen.

4. Pide a la persona que diga «Me llamo ____», indicando su nombre, y lleva a cabo el test muscular presionando el antebrazo hacia abajo. El test muscular debería mostrar una respuesta afirmativa.

5. A continuación, pídele que haga una afirmación falsa diciendo «Me llamo ___», completando la frase con un

nombre que no sea el suyo. El resultado debería mostrar debilidad muscular o una respuesta negativa. También puedes pedir a la persona que use las palabras «sí» y «no» o «amor» y «odio» para realizar la prueba.

CÓMO HACERTE LA PRUEBA A TI MISMO

Ahora echémosle un vistazo a algunas formas de usar tus propios músculos para obtener respuestas.

Al probar estos métodos, es más fácil hacer afirmaciones que ya sabes que son verdaderas o falsas; de esa manera puedes tener la certeza de si funcionan contigo.

En el capítulo 2 aprendiste a hacer la prueba del balanceo diciendo las palabras «amor» u «odio». Esas palabras son muy poderosas y provocarán una respuesta inmediata de tu cuerpo.

«Amor» hará que te balancees hacia delante y que cualquier prueba muscular te fortalezca. «Odio» tiene exactamente el efecto contrario y te debilitará.

Las palabras «sí» y «no» tendrán los mismos efectos. La palabra «sí» es positiva. Si haces una afirmación que es verdadera o positiva, te fortalecerás y te balancearás hacia delante. «No» es una palabra negativa. Si haces una afirmación que no es cierta, te debilitarás y te balancearás hacia atrás.

Los métodos que se utilizan para examinarse a uno mismo son más subjetivos que cualquiera de los otros que hemos visto y por ello constituyen un desafío a la hora de aprenderlos. He descubierto que los niños pueden aprender estos métodos sin problemas en la mayoría de los casos, pero a veces a los adultos les lleva un poco más de tiempo. Algunos métodos de autoexamen parecen funcionar mejor para algunas personas que para otras. Pruébalos y comprueba cuál te gusta más. Dominar cualquiera de ellos requiere tiempo y práctica. El mayor desafío es aprender a que tu control consciente pase a un segundo plano para que así el cuerpo pueda responder libremente.

La clave para examinarse a uno mismo es saber ajustar tu propio «regulador de intensidad». En otras palabras, debes aprender cuánta resistencia y cuánta presión utilizar contra los músculos de tu cuerpo.

EL MÉTODO DE UNA SOLA MANO*

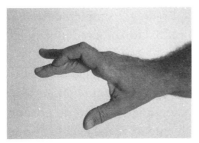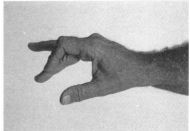

Este método parece algo gracioso, pero en realidad es bastante fácil de poner en práctica y se puede hacer con una mano; de hecho, es mi favorito.

Usarás dos dedos de la misma mano. Para la mayoría de las personas, los dedos índice y corazón funcionan de manera excelente, pero si por algún motivo no es tu caso, entonces intenta con el dedo corazón y el anular. Básicamente, uno de ellos asumirá el rol del brazo que va a ser probado (llamaremos a este el dedo de resistencia) y el otro dedo ejercerá una suave presión hacia abajo sobre el otro (llamaremos a este el dedo examinador).

Primero, decide con qué dedos te sientes más cómodo al poner uno encima del otro. El dedo examinador debe poder es-

---

* En inglés, *Hand Solo Method*, juego de palabras que hace alusión a uno de los personajes de la saga *Star Wars*, Han Solo *(N. del E.).*

tar completamente encima del dedo de resistencia o puede ser
sujeto en una posición arqueada por la punta del dedo colocado
encima del último nudillo del dedo de resistencia. Cuanto mejor
te sientas, más probabilidades hay de que funcione la prueba.

1. Siente amor por ti mismo y gratitud por la ayuda que
    esta práctica te va a brindar, y ofrece una plegaria silen-
    ciosa para que se te preste guía divina.
2. Como si estuvieses bajando un regulador de intensidad
    casi al mínimo, disminuye la fuerza muscular o la firme-
    za del dedo de resistencia, hasta que simplemente seas
    capaz de mantenerlo estirado. Utiliza alrededor del 5
    por ciento de tu fuerza.
3. Mientras mantienes este nivel de resistencia bajo en el
    dedo de resistencia, presiona suavemente con el dedo
    examinador y presta atención a la cantidad de presión
    que estás utilizando. Probablemente te des cuenta de que
    el dedo examinador presiona sin esfuerzo.
4. A continuación di «sí» y, aplicando presión, comprueba
    el nivel de resistencia del dedo de resistencia. Debería
    mantenerse firme bajo el dedo examinador. Di «no» y
    comprueba el nivel de resistencia de nuevo. En este caso,
    el dedo de resistencia debería permitirte presionar hacia
    abajo. Recuerda que estás intentando detectar los cam-
    bios sutiles que tienen lugar en el cuerpo y esto se apre-
    cia mejor si lo haces con suavidad.
5. Con el fin de ajustar la presión y la resistencia lo mejor
    posible, utiliza el método que se ha explicado anterior-
    mente para establecer un punto de referencia. Continúa
    aumentando o disminuyendo la presión y la resistencia
    ejercidas hasta que te sientas cómodo y obtengas una
    respuesta clara.

ME HE CONVERTIDO EN MI PROPIO AYUDANTE SILENCIOSO

Un día sentía mucha tensión muscular y dolor en los hombros y fui a ver a mi masajista para librarme de ellos. Hacía mucho tiempo que trabajaba conmigo, pero me comentó que ese día los músculos no se estaban relajando como de costumbre y sabía que tenía razón. Sentía como si mi cuerpo estuviese luchando contra ella. Tuve una corazonada: quizá lo que ocurría era que tenía una emoción atrapada. Discretamente, me hice una prueba muscular, utilizando el método de una sola mano, pues no podía sentarme y no quería interrumpir el masaje (en otro contexto hubiese utilizado la prueba del codo).

No tenía el cuadro de emociones, pero lo he utilizado tantas veces que me lo sé de memoria, y gracias a Dios, porque sí que tenía una emoción atrapada: amargura. Me pasé la mano por encima de la cabeza un par de veces para liberarla, fingiendo que me estaba colocando el pelo. ¡No creo que mi masajista se diese cuenta de nada! En unos treinta segundos me di cuenta de que mis músculos se relajaban y la masajista me dijo: «Parece que por fin hemos liberado algo de tensión; ¡tus músculos están respondiendo!». Terminó siendo un masaje maravilloso y después me sentí mucho mejor. Casi nunca utilizo este método, pero ese día me resultó muy útil y ¡me alegro de conocerlo para ocasiones como esta!

DANIELLE S.

Algunas personas pueden aprender el autoexamen muy fácilmente, aunque requiere práctica y puede parecer imposible al principio. Lo más difícil de este tipo de prueba es su naturaleza subjetiva.

Tenderás, como suele ocurrir, a cuestionar cada respuesta que obtengas cuando te estés haciendo la prueba a ti mismo, pero limítate a confiar en ti y en tu subconsciente, de donde provienen las respuestas.

Ser capaz de examinarse a uno mismo me parece una herramienta de valor incalculable. Se necesita práctica y al principio puede parecer imposible, pero, si perseveras, probablemente se volverá indispensable para ti.

EL MÉTODO DEL TRONCO CAÍDO

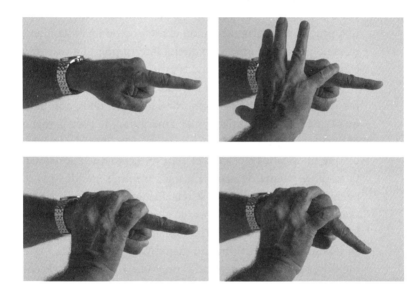

Es como el método de autoexamen de una sola mano pero con las dos manos.

Si eres diestro, cierra en un puño la mano izquierda y extiende hacia delante el dedo índice. Este será tu dedo de resistencia o el dedo en que se hará la prueba. Coloca la mano derecha rodeando el puño y agárralo de manera firme, ubicando la última articulación del meñique derecho sobre el dedo índice izquierdo extendido en cualquier posición que te sea cómoda. Si eres zurdo, simplemente invierte la posición de las manos.

Ahora que tienes los dedos posicionados de manera correcta, puedes seguir el mismo patrón que te di en la explicación de la prueba anterior:

1. Siente amor por ti mismo y gratitud por la ayuda que esta práctica te va a brindar, y ofrece una plegaria silenciosa para que se te preste guía divina.

2. Como si estuvieses bajando un regulador de intensidad casi al mínimo, disminuye la fuerza muscular o la firmeza del dedo de resistencia, hasta que simplemente seas capaz de mantenerlo estirado. Utiliza alrededor de un 5 por ciento de tu fuerza.

3. Mientras mantienes este nivel de resistencia bajo en el dedo de resistencia, presiona suavemente con el dedo examinador y presta atención a la cantidad de presión que estás utilizando. Probablemente te des cuenta de que el dedo examinador presiona sin esfuerzo.

4. A continuación di «sí» y, aplicando presión, comprueba el nivel de resistencia del dedo de resistencia. Debería mantenerse firme bajo el dedo examinador. Di «no» y comprueba el nivel de resistencia de nuevo. En este caso, el dedo de resistencia debería permitirte presionar hacia abajo. Recuerda que estás intentando detectar los cambios sutiles que tienen lugar en el cuerpo y esto se aprecia mejor si lo haces con suavidad.

5. Con el fin de ajustar la presión y la resistencia lo mejor posible, utiliza el método que se ha explicado anteriormente para establecer un punto de referencia. Continúa aumentando o disminuyendo la presión y la resistencia ejercidas hasta que te sientas cómodo y obtengas una respuesta clara.

EL MÉTODO DEL HUECO

1. Siente amor por ti mismo y gratitud por la ayuda que esta práctica te va a brindar, y ofrece una plegaria silenciosa para que se te preste guía divina.

2. Con una mano, haz el signo de OK, tocando la punta del dedo pulgar con la punta del índice. Los dedos que conforman el anillo serán los dedos de resistencia.

3. Luego desliza el pulgar y los dos primeros dedos de la mano opuesta dentro del anillo. Los dedos que están dentro del anillo serán los examinadores. Cuando hagas el test, empujarás con estos dedos para intentar romper el anillo. Si se mantiene fuerte, la respuesta es afirmativa. Si se rompe, la respuesta es negativa.

4. Siguiendo el procedimiento que ya he explicado en los dos métodos anteriores, trata de variar la cantidad de resistencia en el anillo o la cantidad de presión ejercida contra este al decir algo negativo o incoherente. Mien-

tras haces la afirmación, utiliza los dedos situados dentro del anillo para presionar hacia afuera. Trata de presionar lo suficientemente fuerte como para desarmar el anillo.

5. Resiste la presión con los dedos que conforman el anillo. Cuando encuentres el marco de fortaleza que te da debilidad en una afirmación negativa o falsa y que, no obstante, te hace permanecer fuerte ante una afirmación positiva o congruente, lo habrás logrado.

EL MÉTODO DE LOS ANILLOS ENLAZADOS

1. Siente amor por ti mismo y gratitud por la ayuda que esta práctica te va a brindar, y ofrece una plegaria silenciosa para que se te preste guía divina.
2. Haz un anillo con el pulgar y el dedo índice de una mano.
3. Haz otro anillo con el pulgar y el índice de la otra.
4. Une los anillos como eslabones de una cadena.
5. Puedes hacer esta prueba de dos maneras:
    a. Elige una mano para que haga el papel de mano de resistencia y la otra para que haga el de mano examinadora. El anillo examinador permanecerá cerrado, mientras que el anillo de resistencia se romperá con las respuestas negativas y permanecerá cerrado con las respuestas afirmativas.

    b. Pon tu intención para que ambos anillos permanez-
can cerrados con las respuestas afirmativas y ambos
se rompan con las respuestas negativas. (Esta opción es más compleja y no recomendada para prin-
cipiantes).

6. Una vez más, trata de variar la cantidad de resistencia en
los anillos, mientras dices algo negativo o incongruente.
Al hacer la afirmación, trata de separar los anillos. Recuerda que simplemente estás tratando de encontrar el
marco de fortaleza que permite a los anillos separarse en
una afirmación negativa o falsa y permanecer unidos
en una afirmación positiva o verdadera.

LA PRUEBA DEL CODO

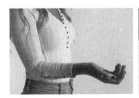  

Uno de los métodos de autoexamen que más he utilizado es
la prueba del codo. En realidad, la prueba se realiza con ayuda
del bíceps, un músculo muy fuerte y con una gran resistencia.
Por consiguiente, puedes realizar esta prueba durante largo
tiempo sin que los músculos implicados se cansen. Debes tener
en cuenta, sin embargo, que el bíceps es un músculo tan poderoso que con el fin de que tus dedos no se cansen debes ejercer
una resistencia y fuerza mínimas. Te recomiendo que la cantidad
de resistencia que uses sea simplemente la necesaria para mantener tu antebrazo paralelo al suelo, sin que se caiga.

Se realiza de la siguiente manera:

1. Siente amor por ti mismo y gratitud por la ayuda que esta práctica te va a brindar, y ofrece una plegaria silenciosa para que se te preste guía divina.
2. Acerca uno de tus brazos al costado, mantén la parte superior de tu brazo fija o apóyala contra el respaldo de una silla. Tu brazo debe estar doblado en un ángulo de 90 grados y tu antebrazo paralelo al suelo. La palma de tu mano puede mirar hacia arriba o hacia abajo.
3. Coloca dos dedos de tu otra mano al final de tu antebrazo como muestra la imagen.
4. Di la palabra «sí» y presiona suavemente el brazo flexionado con los dedos. El antebrazo debe mantenerse en la misma posición.
5. A continuación di «no» y presiona de nuevo el brazo flexionado. Deberías detectar una ligera debilidad y el antebrazo no debería ofrecer demasiada resistencia. Recuerda que con cualquiera de estas pruebas estás simplemente intentando notar los cambios sutiles que tienen lugar en el cuerpo.

Si eres capaz de dominar la prueba del codo, te será muy útil.

LA PRUEBA DEL CAPIROTAZO

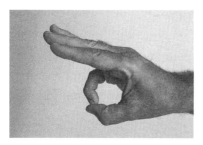 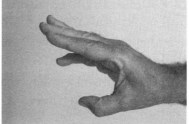

Este es otro método que puede llevarse a cabo con una sola mano y muy fácilmente. Todos hemos experimentado tener algo pegado al dedo e intentar despegarlo dando un capirotazo al aire. Para la prueba del capirotazo utilizarás el pulgar y tu dedo más débil, el meñique.

1. Siente amor por ti mismo y gratitud por la ayuda que esta práctica te va a brindar, y ofrece una plegaria silenciosa para que se te preste guía divina.
2. Coloca la punta del dedo meñique sobre la huella dactilar de tu pulgar.
3. Di la palabra «sí» e intenta lanzar un capirotazo al aire. El anillo formado por tu meñique y tu pulgar debería mantenerse intacto.
4. Ahora di la palabra «no» e intenta lanzar un capirotazo al aire de nuevo. Esta vez, como tu cuerpo entero estará ligeramente más débil tras haber dicho «no», tu meñique debería poder separarse de tu pulgar.

Este método es fácil de usar y funciona bastante bien para la mayoría de las personas. Sin embargo, debes tener en cuenta que si utilizas este método en público, es posible que la gente se pregunte qué tienes pegado en el dedo, así que ten cuidado.

LA PRUEBA DE LA YEMA DEL DEDO

Dicen que no hay nada totalmente nuevo en el mundo y, de hecho, he escuchado que este método en particular, con variaciones, se remonta a miles de años atrás y era usado por los antiguos curanderos de China.

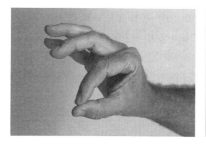

1. Siente amor por ti mismo y gratitud por la ayuda que esta práctica te va a brindar, y ofrece una plegaria silenciosa para que se te preste guía divina.
2. Tócate la yema del pulgar con cualquier otro dedo de la misma mano.
3. Presionando muy ligeramente, empieza a hacer movimientos circulares o hacia delante y hacia atrás, sin separar las yemas de los dedos.
4. Mientras haces esto, di la palabra «sí» y observa si la fricción se incrementa.
5. A continuación, di la palabra «no» y observa si sientes un cambio en el nivel de fricción existente entre tus dedos.

Cuando una persona pasa de estar en un estado de congruencia a uno de incongruencia, se da un cambio eléctrico a nivel corporal y eso es precisamente lo que se pretende detectar con este test. Algunas personas dicen que las yemas de sus dedos se vuelven «pegajosas» cuando la respuesta es no. Otros dicen justo lo contrario.

EXAMINAR CON UN PÉNDULO

Los péndulos son herramientas increíblemente útiles, sobre todo para aquellas personas que tienden a dudar de sus habilidades para examinar con las pruebas musculares. Los péndulos y otros objetos que funcionan con radiestesia amplifican los cambios que tienen lugar a nivel muscular y nervioso en el instrumento para detectar cambios más sensible que existe: el cuerpo humano[3].

Te sugiero que elijas un péndulo que te resulte cómodo de usar, pero si no tienes uno, siempre puedes utilizar un colgante o algo parecido. Técnicamente, cualquier peso suspendido en una cadena puede servir como péndulo, pero te sugiero que te compres un péndulo lo antes posible si quieres aprender esta técnica, ya que te resultará más fácil.

Cuando usas un péndulo, la intención es clave. Es importante que sepas que el péndulo no es una *fuente* de información, las respuestas que recibas seguirán proviniendo de la mente subconsciente. El péndulo es simplemente una herramienta que muestra la respuesta que aparece en los músculos cuando hacemos una pregunta. Así que, en lugar de mostrarnos las respuestas con una respuesta muscular fuerte o débil, lo hace con movimientos específicos. Continúa leyendo para saber cuáles son esos movimientos.

1. Siente amor por ti mismo o la persona a la que estás examinando y gratitud por la ayuda que esta práctica

---

3 «Finding Water with a Forked Stick May Not Be a Hoax: Dowsing Data Defy the Skeptics», https://www.popularmechanics.com/science/a3199/1281661.

os va a brindar, y ofrece una plegaria silenciosa para que se te preste guía divina.

2. Siéntate con la espalda recta y asegúrate de estar cómodo. Lo ideal es que tengas los pies apoyados en el suelo.

3. Sostén el péndulo como se muestra en la imagen, agarrando la cadena entre los dedos pulgar e índice y sujetando el resto de la cadena con tu mano. Ajusta el largo de la cadena según sea necesario para obtener respuestas claras. En general, la gente suele optar por un largo de entre 2,5 cm y 7,5 cm.

4. Apoya el antebrazo sobre una superficie sólida como una silla, una mesa o tu muslo, pero sin apoyar la mano. Es imposible no moverse, así que no te preocupes.

5. Decide cuál va a ser la posición neutra. Tienes dos opciones: puedes mantener el péndulo fijo, sin moverlo (los pequeños movimientos son normales) o hacer que el péndulo se balancee muy suavemente en un ángulo de 45 grados, desde tu cadera izquierda hacia la derecha, lejos del cuerpo. El ancho del arco solo debería medir unos 5 cm. Aunque ambas opciones funcionan bien, personalmente prefiero la segunda opción, ya que creo que el movimiento le da al péndulo la oportunidad de alcanzar el sí o el no en tan solo unos segundos, mientras que si parte desde una posición fija tarda más.

6. Decide cómo te gustaría que se mostrasen las respuestas afirmativas y las negativas. El «sí» normalmente se muestra como un movimiento circular en el sentido de las agujas del reloj o un movimiento hacia delante y hacia atrás, similar al que hacemos con la cabeza al asentir. El «no» suele mostrarse como un movimiento circular contrario a las agujas del reloj o hacia los lados, como cuando negamos con la cabeza. Personalmente,

prefiero los movimientos circulares, pero te sugiero que pruebes y elijas el que más cómodo te resulte.

7. A continuación, di «sí» mientras sostienes el péndulo y observa su movimiento (que no debería tardar mucho en aparecer). Esta es tu respuesta afirmativa. Vuelve a la posición neutra y prueba de nuevo hasta que la respuesta afirmativa sea clara.

8. Regresa a la posición neutra elegida, con el péndulo fijo o en movimiento tal y como se explica en el punto 5.

9. Tu respuesta negativa debería mostrarse con el movimiento opuesto a tu respuesta afirmativa. Es decir, si tu respuesta afirmativa se muestra como un movimiento circular en sentido de las agujas del reloj, tu respuesta negativa será un movimiento circular en el sentido contrario. Di «no» y observa cómo se muestra la respuesta. Una vez la hayas obtenido, vuelve a la posición neutra y repite varias veces hasta que recibas una respuesta clara cada vez.

10. Ahora utiliza afirmaciones verdaderas y falsas para comprobar tus respuestas afirmativas y negativas. Cuando obtengas respuestas claras y coherentes, puedes empezar a utilizar el péndulo como herramienta de examen del Código de la Emoción.

CÓMO ENCONTRAR EL MÉTODO QUE MEJOR TE FUNCIONE

Alrededor del 80 por ciento de las personas que han asistido a mis seminarios han tenido un éxito inmediato utilizando al menos uno de los métodos de autoexamen que he descrito en este capítulo. Mi sugerencia para ti es que simplemente practiques.

¡No te desanimes! Mientras que algunas personas parecen aprender estos métodos de autoexamen de manera instantánea, la mayoría tiene que practicar. Ejercítate con cada uno de ellos un tiempo y se convertirá en un acto reflejo como montar en bicicleta.

Si uno de estos métodos te resulta más cómodo o lo sientes más natural, practícalo.

Solo utilizando palabras que son claramente positivas o negativas, como «sí»/«no» o «amor»/«odio», mientras estés aprendiendo, podrás refinar tu habilidad mucho más rápido. Aprender el autoexamen es opcional en el uso del Código de la Emoción, pero el dominio de cualquier método de autoexamen puede facilitarte las cosas y hacerlas más eficientes.

Por supuesto, el método de autoexamen más simple es la prueba del balanceo, que requiere muy poca práctica para la mayoría de las personas. Sus únicas desventajas son que debes estar de pie y que lleva un poco más de tiempo que las otras pruebas, puesto que has de darle tiempo al cuerpo para balancearse sin forzarlo.

Cuando logré dominar el autoexamen vi las ventajas de inmediato. Ya no necesité más a otra persona para que me ayudara a hacer la prueba o para hacérsela a otros pacientes; ahora podía hacérmela a mí mismo (al igual que los pacientes a sí mismos) para averiguar si tenía emociones atrapadas u otros desequilibrios, y corregirlos yo mismo. El autoexamen me proporcionó una forma simple, efectiva y rápida de alcanzar las respuestas que estaba buscando.

Recuerda que en discoveryhealing.com/es/el-codigo-de-la-emocion/ encontrarás vídeos explicativos con ejemplos de todos estos métodos.

SI DUELE, DETENTE

Si alguna de estas pruebas empieza a causar incluso la más pequeña molestia, cambia a un método diferente. La molestia o el dolor es un signo de que estás usando demasiada fuerza, y si continúas a pesar de ello, puedes lastimarte o inflamar los tejidos.

Uno de los errores más comunes que comete la gente cuando está aprendiendo a realizar el test muscular es utilizar demasiada fuerza.

Lo ideal es que emplees la menor cantidad de fuerza necesaria para llevar a cabo cualquier forma de prueba muscular. Cuando aprendí estos métodos por primera vez, ejercía una presión muy alta y, como resultado, me quedaban los dedos doloridos. Al final, descubrí que podía llevar a cabo un ajuste de fuerza muscular y emplear solo la suficiente para levantar mi dedo de resistencia. Estos métodos de autoexamen funcionarán a diferentes niveles de resistencia, pero cuanto más alta sea esta, más te cansará hacer la prueba y más probabilidad habrá de que los dedos queden doloridos. Si experimentas alguna molestia al llevar a cabo cualquiera de estas pruebas, detente. Elige un método distinto de examen hasta que el dolor desaparezca y trata de ejercer menos resistencia.

Tras haber practicado todos estos métodos de autoexamen durante muchos años, te puedo asegurar que lo más adecuado es utilizar muy poca fuerza o ninguna. Por ejemplo, cuando estés utilizando el método de los anillos entrelazados, la cantidad adecuada de fuerza que deberías emplear es la equivalente a la necesaria para sostener una mariquita entre tus dedos sin causarle ningún daño. Recuerda que lo que estás intentando es sentir los cambios sutiles que tienen lugar en tu cuerpo. Cuando la respuesta sea sí, los músculos estarán dentro de su marco de fortaleza normal y su respuesta será fuerte. Cuando la respuesta sea no, los músculos del cuerpo se mostrarán ligeramente más débiles. Este es el tipo de cambios que vas a notar con el test muscular, te estés examinando a ti mismo o a otras personas. Para sentir un cambio como este debes realizar las pruebas con consideración y delicadeza, en lugar de intentar ejercer demasiada fuerza.

NO TE CENTRES EN TUS DEDOS

Un error común que comete la gente que está aprendiendo a examinar con el test muscular es poner toda la atención en los dedos. Cualquiera que sepa teclear 40 palabras por minuto o más sabe que no debe pensar en lo que están haciendo sus dedos o eso les ralentizará y les hará cometer más errores. Todos los profesores de mecanografía enseñan que no se debe mirar al teclado sino a la pantalla. Los test musculares que nos realizamos a nosotros mismos también funcionan mejor cuando no nos centramos en los dedos al intentar obtener una respuesta. En lugar de eso, céntrate en la pregunta o en la persona a la que estás examinando (si no eres tú mismo) y permite que el test muscular tenga lugar sin estar totalmente concentrado en lo que ocurre, como un taquígrafo que mira al manuscrito y permite que sus dedos hagan lo que ya saben hacer.

RUEDINES DE SEGURIDAD E INTUICIÓN

Si utilizas el Código de la Emoción durante mucho tiempo, puede que empieces a notar un fenómeno extraño. Una fracción de segundo antes de obtener la respuesta a través de la prueba muscular, esta puede aparecer de manera repentina en tu mente.

Al principio puede ser tan suave que podrías pasarla por alto. Es posible que te encuentres a ti mismo diciendo: «Sabía que esa era la respuesta». A medida que te vayas acercando a la emoción atrapada mediante el test muscular, lo sentirás, lo sabrás, lo verás en tu imaginación, escucharás una vocecita en tu cabeza o sentirás una sensación en el cuerpo. No te estás volviendo loco, ¡se trata de tu intuición! Incluso si te consideras la persona menos intuitiva del mundo, todos tenemos este don y cuanto más utilices el Código de la Emoción, más se desarrollará.

La prueba muscular es como unos ruedines de seguridad para tu intuición.

A medida que te haces más experto en escuchar a tu intuición, descubrirás que de esta manera puedes saber cuál es la respuesta. Lo puedes sentir. Cuanta más atención le prestes a estas insinuaciones sutiles, mejor conocerás las respuestas a tus preguntas.

COMUNICACIÓN SIN PALABRAS

La comunicación que se establece entre tú como sanador y el sujeto a quien examines no tiene que ser verbal necesariamente. Yo mismo di con este fenómeno hace muchos años. Estaba acostumbrado a utilizar la prueba del largo de las piernas como método primario para evaluar pacientes y la había usado con éxito durante muchos años.

Esta prueba es en realidad otra forma de test muscular, pero las respuestas las da el cuerpo a través de cambios en el largo de las piernas, en vez de variaciones en la fortaleza muscular. Rápidamente aprendí que el cuerpo me daría respuestas de la misma sencilla manera utilizando este método que con otros. Se convirtió en mi método primario para obtener respuestas de los cuerpos de mis pacientes. De hecho, durante muchos años la primera cosa que hacía con la mayoría de ellos era pedirles que se acostaran boca abajo y simplemente me contestaran «sí» o «no» a preguntas que el cuerpo respondería a través de cambios en las piernas. Estas quedarían parejas en largo para el «sí» y disparejas para el «no». Siempre me funcionó sin ningún problema, hasta que un día ocurrió algo interesante.

Llevaba unos minutos examinando a un paciente cuyo tratamiento estaba a punto de finalizar. Bajé la mirada y verifiqué el largo de sus piernas, que estaba perfectamente equilibrado. Había detectado algunos desajustes en sus riñones la primera vez que vino a mi consulta y empecé a pensar en lo mucho que había mejorado desde entonces. Volví la mirada hacia su espalda y sin darme cuenta fijé mi atención en su riñón derecho. Pensé en su riñón derecho por un momento. Luego bajé la mirada y verifiqué el largo de las piernas de nuevo. De repente, la longitud era drásticamente diferente. Me relajé, volví la mirada y esta vez pensé en su riñón izquierdo. Verifiqué nuevamente el largo de sus piernas y estaban equilibradas. Nuevamente pensé en el riñón derecho, verifiqué de nuevo y el largo de las piernas era obviamente distinto. Estaba asombrado. Como te puedes imaginar, a este paciente algo le estaba sucediendo en el riñón derecho. Efectivamente, resultó que tenía una emoción atrapada arraigada en esa área del cuerpo y esta desequilibraba el riñón derecho. De inmediato, después de liberar esa emoción negativa, ya no obtenía una respuesta diferente con tan solo mirar a su riñón derecho, pues la razón del desajuste había desaparecido. Esta experiencia fue como una revelación para mí y de inmediato puse este conocimiento en práctica. Desde ese momento se convirtió en un procedimiento estándar para mí hacerle preguntas al cuerpo de manera silenciosa. Los resultados eran los mismos que antes. La única diferencia era simplemente que pensaba las preguntas que antes vocalizaba.

A lo largo de los años, la comunicación no verbal nunca me ha dado ningún problema. Existe un intercambio energético entre todos los seres y tiene lugar constantemente. Utilizar la comunicación no verbal de esta manera simplemente elude el paso superfluo de expresar tus pensamientos y preguntas en voz alta.

Descubrí que cualquier pregunta que pudiera hacer en voz alta podía ser formulada también de manera silenciosa sin ninguna diferencia en el resultado.

La comunicación sin palabras funciona con todas las formas de prueba, desde la del balanceo hasta la prueba básica del brazo y cualquier otro método.

La persona que está siendo examinada puede simplemente pensar su afirmación y el resultado será el mismo que si hubiese vocalizado la pregunta. Del mismo modo, la persona que está haciendo la prueba puede tan solo pensar la pregunta que le quiere formular al sujeto y el resultado será el mismo que si la hubiese pronunciado.

Nunca tuve ningún problema con este tipo de prueba sin palabras hasta que un paciente en particular me ayudó a aprender una lección importante.

EL PAYASO DEL INFIERNO

Bill acudía a mi consulta para tratarse su lumbalgia. Le estaba yendo muy bien y ese día en particular había venido para hacerse un control de rutina. Se acostó boca abajo sobre mi camilla y le realicé la prueba de longitud de las piernas. Dirigí mis pensamientos hacia su cuerpo y pensé: «Dame un sí como respuesta».

Comprobé la longitud de sus piernas. Estaban equilibradas. Luego pensé: «Dame un no como respuesta». Comprobé sus piernas; pero, para mi sorpresa, no había ningún cambio. Esto era muy extraño. Había estado empleando este tipo de prueba durante más de una década, pero nunca había visto que sucediera algo así. La longitud de sus piernas tendría que haber cambiado, pero eso no ocurrió. No entendía por qué no estaba funcionando.

Repetí el procedimiento varias veces sin ningún cambio. Perplejo, miré hacia su espalda y me di cuenta de lo que estaba sucediendo. Llevaba puesta una camiseta blanca cuya parte trasera lucía una imagen terriblemente maligna de la cara de un payaso con colmillos que goteaban sangre. Siguiendo mi corazonada, cubrí la imagen con un folio. Luego realicé la prueba nuevamente y esta funcionó tal como debía. Estaba francamente asombrado. Destapé la imagen, realicé la prueba una vez más y… nada. Cubrí la imagen con el papel nuevamente y la prueba funcionó. Hasta el momento, no habíamos intercambiado palabra desde que había comenzado la prueba.

Después de quitar y colocar de nuevo el folio varias veces más, cada vez con el mismo resultado, finalmente le expliqué a

Bill lo que estaba sucediendo. Le dije: «Creo que la imagen del payaso que tiene tu camiseta en la parte de atrás te está afectando negativamente y que deberías considerar deshacerte de ella».

Todo lo que existe irradia energía vibracional que tiene un efecto final en nuestro propio campo de energía, ya sea bueno o malo.

Algunas cosas tendrán un efecto vibracional más positivo y otras tendrán uno más negativo. Por ejemplo, si contemplas una imagen de Adolf Hitler, posiblemente el resultado de la prueba dirá que estás débil o te balancearás hacia atrás, alejándote de su imagen y de toda la negatividad que esta connota.

Si miras fijamente una pintura de un hermoso paisaje, la energía vibracional positiva irradiada por la imagen tendrá un efecto positivo en ti. Por otro lado, la fotografía o el cuadro de una escena de muerte y destrucción vibrarán a una frecuencia mucho más baja y a tu cuerpo le resultará repulsiva. Son los propios objetos los que irradian estas frecuencias, positivas o negativas. Nuestros valores personales, expectativas y asociaciones mentales también tienen su papel. Sin embargo, creo que todos poseemos la habilidad innata de sentir la positividad y la negatividad subyacentes en cualquier situación.

SOLUCIÓN DE PROBLEMAS

Es posible que quieras dejar esta sección guardada para más adelante, cuando empieces a liberar emociones atrapadas. La prueba muscular debería funcionar de manera fiable la mayoría de las veces, pero en algunas ocasiones es posible que te encuentres con respuestas extrañas o incoherentes.

Normalmente esto sucede porque tú o tu compañero (si estás trabajando con otra persona) no estáis en condiciones de ser examinados. En mi experiencia, alrededor del 2 por ciento de las personas no pueden ser examinadas en algún momento; esto significa que su respuesta siempre será fuerte sin importar lo incongruente o irreal que sea la afirmación que estén pronunciando. No obstante, esto no supone un problema grave, ni tampoco es permanente. Hay varias razones por las que en algunas ocasiones no se nos puede examinar y hablaremos de ellas a continuación.

RESPUESTAS DÉBILES REPENTINAS E INCOHERENTES

La obtención constante de respuestas débiles suele estar causada por un estado temporal llamado *sobrecarga*. Normalmente podemos liberar entre cuatro y diez emociones en una sola sesión y la mayor parte de las personas puede asistir a una sesión cada dos o tres días. La mayoría de las veces, es posible liberar una emoción atrapada tras otra sin necesidad de descansar entre ellas, pero en algunas ocasiones el cuerpo y el cerebro se pueden abrumar con la cantidad de información a la que están expuestos y las conexiones y reconexiones que necesitan establecerse tras la liberación de las emociones atrapadas.

Estar en un estado de sobrecarga hará que el resultado de una prueba muestre que la persona está débil. Es una circunstancia temporal y, por lo general, dura menos de treinta segundos.

Esta condición podría aparecer acompañada de una avalancha de emociones o un sentimiento de excitación, disnea o fatiga. En la mayoría de los casos, tras un pequeño descanso de unos treinta segundos o un minuto, el cerebro y el cuerpo volverán a su estado natural y la persona a la que estés examinando (o tú mismo, si es el caso) volverá a estar en condiciones de que se le haga la prueba. En raras ocasiones (con emociones atrapadas más severas, por lo general) he visto pacientes entrar con sobrecarga y permanecer en este estado durante horas e incluso un día entero.

A modo de explicación, imagina la siguiente situación. Te encuentras sentado en tu coche en mitad de la noche. Los faros están encendidos y el motor apagado. El coche no arranca. Giras la llave para encenderlo y el motor hace un ruido de arranque una y otra vez. Notas que mientras haces funcionar el motor, las luces están tenues. Esto es parecido a lo que ocurre en el cuerpo durante la sobrecarga. Como a la mente se la está haciendo funcionar de un modo intenso, procesando lo que acabas de hacer, disminuye la cantidad de energía disponible para la prueba muscular.

LOS RESULTADOS MUESTRAN QUE EL SUJETO ESTÁ FUERTE DE MANERA CONSTANTE

Si estás tratando de trabajar con una persona cuyo resultado de la prueba da fuerte o tenso sin importar lo que hagas, ten en cuenta que es posible que a esta persona no se le pueda realizar dicha prueba en ese momento

He descubierto que este fenómeno generalmente se debe a una o dos razones: o están deshidratados o uno o más huesos de la columna vertebral están desalineados.

La deshidratación afecta directamente a la fuerza muscular y su conductividad eléctrica. Haz que la persona beba un vaso de agua; después, intenta realizar la prueba de nuevo. A veces es todo lo que se necesita. Tú también puedes beber un poco de agua; si estás deshidratado, la prueba se verá afectada de la misma manera.

La mala alineación de los huesos de la columna puede estar creando interferencias en el sistema nervioso, inhibiendo las conexiones nerviosas y destruyendo los mensajes enviados a sus músculos. En ese caso, convendría que viesen a su quiropráctico para que les realizara el ajuste que necesitan, después del cual se les debería poder realizar la prueba con éxito.

Ten en cuenta que siempre es posible examinar a una persona que no esté en condiciones haciendo la prueba utilizando a un sustituto, como veremos más detalladamente en el capítulo 9. En lugar de examinar al individuo directamente, la prueba con un sustituto te permite examinarte o examinar a una tercera persona y aprovechar el subconsciente del sujeto para obtener las respuestas deseadas.

De vez en cuando, me encuentro con personas que ya han decidido que la prueba muscular no funcionará en su cuerpo. ¿Y sabes qué? No funciona. Se aseguran de ello.

El test muscular funciona en casi todo el mundo la mayoría de las veces. Pero pueden entrar en juego ciertos obstáculos. A veces no funciona porque simplemente no se sienten cómodos por alguna razón. O piensan que es malo. O están a la defensiva y asustados por si revela algo oculto de ellos. Por ejemplo, he descubierto que a veces las personas no están en condiciones de ser examinadas en presencia de otras; sin embargo, se muestran perfectamente receptivas cuando no hay nadie más delante.

PIDE PERMISO SIEMPRE

Explícale siempre a la otra persona lo que vas a hacer antes de hacerlo. Si vas a presionar sobre su brazo para realizarle la prueba, explica el procedimiento previamente y obtén su permiso. Técnicamente, es posible examinar a otras personas haciéndote la prueba a ti mismo sin que ellos lo sepan, pero eso no es apropiado.

Es fundamental pedir permiso a la persona a la que vas a realizar la prueba y que cumplas con sus deseos.

Realizar pruebas a las personas sin su permiso o contra sus deseos es una verdadera invasión de su intimidad y no es ético. No solo eso, sino que, al no contar con su consentimiento, es posible que la conexión que hayas establecido no sea buena y que las respuestas que obtengas sean incorrectas. Así que ¡no pierdas el tiempo! No lo hagas ni aunque tengas curiosidad y dile a los demás que hacerlo va en contra de tus principios y de tu ética profesional.

Nunca examines o atiendas a un menor sin el permiso de sus padres o tutores. Esta pauta también se debe aplicar en caso de que el sujeto sea un animal.

EL TEST MUSCULAR NO ES UN ARTE DE ADIVINACIÓN

La prueba muscular es un don de Dios para permitirnos ayudarnos los unos a los otros. No se debe utilizar para intentar adivinar cuáles son los números ganadores de la lotería. Hacer cualquier pregunta que no esté relacionada con la salud, según mi experiencia, probablemente no funcionará. Puedes preguntar acerca del presente, pero no trates de ver el futuro, ya que la prueba muscular no tiene ese fin y los resultados serían poco fiables. Este tipo de prueba se aplica a lo que está sucediendo ahora, en este momento, y también determina las emociones atrapadas del pasado.

NO UTILICES EL TEST PARA TOMAR GRANDES DECISIONES

El test muscular tampoco debe utilizarse para tomar decisiones importantes como pueden ser aceptar un empleo o casarte con tu pareja.

Puedes hacerte la prueba muscular para cada decisión que tengas que tomar, pero solo lograrás volverte neurótico, según mi opinión. Utilízala para encontrar emociones atrapadas y para ayudarte a ti mismo y a los demás a estar bien física y psicológicamente, nada más.

DÉJATE GUIAR

No seas tan orgulloso como para negarte a pedirle ayuda a Dios. Él ya sabe las respuestas que estás buscando y quiere ayudarte, pero tienes que consultarle. Y créeme si te digo que cada vez que examino a alguien y le pido en silencio a Dios que me ayude, Él siempre lo hace. Inténtalo.

SÉ PACIENTE CONTIGO MISMO

Algunas personas captan estas habilidades muy fácilmente, mientras que a otras les lleva más tiempo. Te prometo que si perseveras, te resultará cada vez más fácil y se te abrirá un mundo entero de posibilidades de sanación.

La primera vez que alguien te mire a los ojos y te agradezca con lágrimas de emoción lo que has hecho por él, entenderás a qué me refiero.

No hay nada mejor que ese sentimiento de ayudar a los demás; es el más grande y no se da siempre, pero aparecerá si simplemente deseas ayudar de corazón a cuantas personas puedas. ¿Sabes qué me hace muy feliz? Que las personas que utilizan este método obtengan resultados positivos…

Traté a una mujer de 38 años que tenía tendencias suicidas y se autolesionaba. Decía de sí misma que se encontraba «en un lugar muy oscuro». Tras trabajar con ella durante cinco semanas aplicando el Código de la Emoción, era feliz, empezó a trabajar a tiempo completo de nuevo y no podía creer lo que habíamos logrado, ya que años de terapia y de hospitalización forzada apenas habían ayudado. Tras tres meses ¡todavía le va muy bien!

Otra mujer de 29 años, diagnosticada con fibromialgia, sufría dolores muy intensos, de nivel 7 en una escala del 1 al 10. Liberamos doce emociones atrapadas y su dolor disminuyó hasta un 5. Tras otras dos sesiones, me comentó que su dolor había disminuido hasta un 2 y algunas veces ¡ni siquiera lo sentía!

Otra mujer de 38 años llevaba años sufriendo dolores constantes de hombro y rodilla. El nivel de su dolor era de un 4 o más. Tras liberar nueve emociones atrapadas, la rodilla ya no le duele. El dolor de hombro ha disminuido tanto que ahora se refiere a él como «un malestar leve, pero es soportable».

MEREDITH B.

REVISA TU TRABAJO

Si durante una prueba obtengo un músculo fuerte o un músculo débil tres o más veces seguidas, me gusta hacer nuevamente la prueba del punto de referencia para asegurarme de que la persona todavía está en condiciones de ser examinada. Si tu prueba te está llevando más tiempo del habitual, es una buena idea revisar tu punto de referencia periódicamente para asegurarte de que vas por el buen camino. A veces las personas entran en sobrecarga mientras las estás examinando y, en ese caso, obtendrás debilidad en cada intento que realices, hasta que sus mentes hayan acabado el proceso de reubicarse. Es aconsejable realizarles una prueba con una palabra negativa si continúas obteniendo respuestas fuertes, y viceversa.

MANTÉN TUS PENSAMIENTOS A RAYA

A la hora de obtener respuestas precisas, mantener la mente despejada es un factor muy importante. No compliques el test, céntrate en una afirmación o pregunta cada vez y no permitas que tu mente divague. Pide a la persona a la que estés examinando que haga lo mismo. Si formulas una pregunta e inmediatamente después piensas en las ganas que tienes de ir a comer, la respuesta que obtengas podría estar relacionada con tu almuerzo y no con la pregunta que formulaste.

La siguiente prueba te mostrará cómo la negatividad o la positividad afectan a tu energía. Echa un vistazo a esta figura:

Si la miras al derecho verás un rostro positivo y sonriente. Si le das la vuelta, se convierte en un rostro negativo con una expresión triste. Si fijas tu mirada en la figura cuando está hacia arriba, notarás que te balanceas hacia ella o el resultado de la prueba dirá que estás con fuerza. Si le das la vuelta, te balancearás alejándote de ella o el resultado de la prueba mostrará que estás débil. No me creas si no quieres. Compruébalo tú mismo.

TEN CUIDADO CON LOS PENSAMIENTOS NEGATIVOS

Es posible que tus pensamientos influyan en el resultado de las pruebas, por ello es muy importante que te concentres en lo que estás haciendo.

Los pensamientos negativos o las distracciones pueden anular la información que estás buscando. Si tienes pensamientos negativos sobre la persona a la que estás examinando, incluso si se trata de ti mismo, tu cuerpo responderá adecuadamente con una respuesta débil, incluso si la respuesta a tu pregunta era afirmativa.

AMOR Y GRATITUD

La manera más sencilla de conseguir que tus pensamientos se mantengan puros es llenar tu corazón de amor y gratitud, dos de las fuerzas más poderosas del universo. Permite que el amor llene tu corazón por la persona que estás tratando de ayudar. Ten un deseo sincero de ayudarla. Confía en que puedes hacerlo y agradece a Dios que lo estás *haciendo*. Eso es todo.

Cuando establecemos el amor y la gratitud como base para llevar a cabo este proceso, nuestra actitud se vuelve más poderosa y, en consecuencia, incompatible con los molestos pensamientos negativos, el miedo o la duda. Si sientes que tu mente se desvía y vuelve a los patrones de pensamiento negativos, respira profundamente y haz un esfuerzo consciente por llenar tu corazón de amor y gratitud.

NO DIAGNOSTIQUES NINGUNA DOLENCIA A MENOS QUE SEAS MÉDICO

Si eres médico, diagnosticar es lo tuyo. Pero, si no lo eres, nunca diagnostiques a nadie, ya que esto se considera practicar la medicina sin licencia, es ilegal y poco ético. Sé consciente de lo que la gente te explica y, si están teniendo síntomas que te parecen totalmente inusuales, recomiéndales que busquen atención médica adecuada.

NO TE PREOCUPES POR LOS INCRÉDULOS

No todas las personas están abiertas a métodos nuevos de sanar el cuerpo y la mente como es el Código de la Emoción. Puede que algunos amigos o miembros de tu familia piensen que estás loco o no te apoyen. Acéptalo y no te rindas. Los mejores científicos y curanderos de la antigüedad fueron ridiculizados y puestos en duda en un momento u otro. Hay miles de personas en todo el mundo que utilizan el Código de la Emoción, por lo que si necesitas ayuda, está a tu disposición.

LECCIÓN APRENDIDA

A pesar de ser muy activa físicamente, de practicar yoga con regularidad, comer bien y cuidar mucho de mí misma, comencé a sufrir de ciática. Intenté sanarme de diferentes maneras pero los resultados nunca eran satisfactorios ni duraderos. El molesto dolor me acompañaba todo el tiempo y a todas partes. Me sentía miserable. Al final y justo a tiempo, gracias a mis conocimientos recién adquiridos sobre emociones atrapadas, empecé a examinarme con ayuda del test muscular. Durante un periodo que duró varias semanas, liberé muchas emociones atrapadas en el área de la cadera. Tengo 62 años y las emociones se habían quedado alojadas en esa zona cuando tenía 18. Al día siguiente de liberar una emoción, me costaba caminar durante varias horas, ya que los músculos y tendones se estaban recolocando, pero confiaba en el proceso y en mi habilidad para autoexaminarme y seguí adelante. Hoy, tras liberar cientos de emociones atrapadas y de dedicar muchas horas al proceso, el dolor ha desaparecido por completo. ¡Ahora creo en este proceso más que nunca! (Y sigo disfrutando de mi café por la mañana). Así que ahora, gracias a mi propia experiencia, tengo aún más confianza cuando trato a clientes y su dolor no se va inmediatamente. Les cuento mi historia y entienden que se trata de un proceso y que puede llevar tiempo, por lo que deben ser pacientes y permitir que la sanación tenga lugar como elija su subconsciente. Estoy muy agradecida por mi experiencia personal de sanación. Me ha enseñado mucho sobre lo que es posible. Saber lo poderoso que puede llegar a ser este método es una cosa, ¡vivirlo en tu propio cuerpo es bastante diferente! Algunos problemas se resuelven rápido y otros tardan más tiempo. Confía en el proceso. Y gracias, Espíritu, por traerme la ciática, fue todo un aprendizaje. ¡Menos mal que te presté atención y aprendí la lección.

THERESA W.

¿A QUIÉN LE ESTAMOS PREGUNTANDO CUANDO REALIZAMOS LA PRUEBA?

Le estamos hablando al subconsciente o al espíritu que habita en todos nosotros. Sin embargo, cuando rezamos y pedimos a Dios que nos ayude al principio de una sesión, algunas personas me han comentado que ven ángeles ofreciendo su ayuda.

AYUDA ANGELICAL

Leí el libro del Dr. Bradley Nelson, *El código de la emoción*, cuando fue publicado por primera vez. Como me dedico a sanar, siempre estoy buscando herramientas nuevas que pueda aplicar en mis consultas para ayudar a otras personas. Estaba segura de que el concepto de las emociones atrapadas era real, pero un día, mientras visitaba a una querida amiga que está certificada en el Código de la Emoción, pude experimentar de primera mano el componente espiritual del método. Le pregunté si podía observar cómo trataba a sus clientes a distancia y me dio permiso para ver varias de sus sesiones.

Me senté al otro lado de la habitación y observé cómo llevaba a cabo el proceso para encontrar emociones atrapadas. También vi algo más que me sorprendió. Antes de empezar la sesión con una clienta, mi amiga ofreció una plegaria en silencio. Y enseguida pude sentir que ya no estábamos solas en la habitación, de hecho sentía que la habitación estaba llena. ¿Qué estaba pasando? No había pasado mucho tiempo desde que formulé la pregunta cuando pude «ver» a un grupo rodeando a mi amiga mientras formulaba las preguntas a su clienta. Estos seres espirituales parecían estar muy interesados e involucrados en el proceso. Tenían la atención puesta en la pantalla del ordenador que estaba utilizando mi amiga y parecían estar guiándola con las preguntas. En cuanto me pregunté quiénes eran estas personas, estos seres espirituales, supe la respuesta: «Son familiares de la persona que está siendo tratada y desean ayudarla a liberarse de sus emociones atrapadas. Tienen un gran interés en esta sanación y están aquí para ayudar».

Cuando concluyó la sesión, los seres espirituales partieron. Mi amiga comenzó una nueva sesión con otro cliente. De nuevo, ofreció una plegaria en silencio por el bien de su cliente y un nuevo grupo la rodeó. Era como si el rezo fuese una invitación para que las partes interesadas la ayudasen y guiasen durante el proceso. El número de seres variaba de una sesión a otra, algunas veces aparecían dos o tres, otras veces más.

El Dr. Nelson enseña sobre los principios de la sanación y la liberación transgeneracional, y ese día pude presenciar que es cierto. He tenido otras experiencias con amigos, así como conmigo misma, en las que familiares que habían fallecido aparecían como ángeles sanadores para ayudar en el proceso de sanación de sus familiares vivos. El trabajo del Dr. Nelson es muy acertado y eficaz; ha encontrado la manera de darnos acceso a las herramientas que nos permitirán sanar emocionalmente y, en consecuencia, físicamente. Realmente somos seres mentales, corporales y espirituales, por esta razón es sumamente importante que abordemos todas estas áreas con el fin de sanar. Gracias al Dr. Brad y a su familia por hacer esto posible.

MARGARET P.

Creo que los ángeles vienen cada vez que pedimos ayuda divina y que los pensamientos, impresiones e ideas que se filtran en nuestra mente sobre cómo ayudar a nuestro cliente normalmente vienen de ellos. Asimismo, las plegarias nos conectan con Dios y facilitan que seamos utilizados como instrumentos divinos. De hecho, creo y sé que el deber más importante de un sanador es precisamente ejercer de intermediario para ese Poder Superior. Haz la prueba y comprenderás a qué me refiero.

6

CÓMO LIBERAR EMOCIONES ATRAPADAS

«La fe es creer lo que no vemos; y la recompensa de esta fe es ver lo que creemos».

San Agustín

AHORA QUE HAS TENIDO oportunidad de aprender y practicar la prueba muscular, es hora de que conozcas la parte del Código de la Emoción que se ocupa de encontrar y liberar emociones atrapadas, tanto de ti mismo como de los demás.

Notarás que este proceso es simple y lógico. Una vez que hayas pasado por el un par de veces serás más eficiente en su empleo. Con la práctica, la mayor parte de las personas pueden encontrar y liberar una emoción atrapada en solo unos minutos.

NADA FUNCIONA TAN RÁPIDO...

Perdí a mi madre cuando tenía siete años. Tenía cuatro hermanos mayores y, aparte de ser la hija menor, era la única chica. No entendía lo que estaba pasando, así que no lloré mucho. Tras la muerte de mi madre, tuve una madrastra bastante cruel y abusiva. No tuve la oportunidad de disfrutar de mi infancia como otros niños y, como resultado, mi vida de adulta ha estado plagada de errores, tales como mis cinco matrimonios fallidos y mis tres intentos de suicidio. Había demasiados conflictos en mi vida.

Entonces, alguien me habló del Código de la Emoción, compré el libro y empecé a usarlo. Certificarme supuso un gran sacrificio para mí, pero ha merecido la pena.

Me encanta facilitar salud y felicidad a los demás. Yo ya he estado en esos lugares oscuros y me resulta muy triste ver a otras personas pasar por lo mismo. Tenía un muro del corazón que contaba mi historia, con todas las emociones atrapadas y las edades en las que se habían alojado ahí. He pasado años y años en terapia, desde que mi madre falleció... pero nada funciona tan rápido como el Código de la Emoción para sanar tu estado mental. Estoy completamente segura de que es un regalo de Dios para el Dr. Brad. ¡Gracias!

Ellen J.

LAS EMOCIONES, DE UNA EN UNA

Cada emoción atrapada debe ser descubierta y liberada individualmente. Si eres como la mayoría de las personas, tendrás varios cientos de emociones atrapadas en el cuerpo. Al principio es posible que te parezca una cantidad de trabajo abrumadora, pero ten en cuenta que acabas de aprender este método, así que es importante que te tomes el tiempo que necesites.

La mayor parte de la gente puede liberar entre cuatro y diez emociones individuales atrapadas por sesión. Te darás cuenta de que hay días en los que puedes liberar más y otros días en los que solo puedes liberar una o dos. Algunas veces te sentirás genial justo después de liberarlas y otras no notarás ningún cambio. Utilizar el Código de la Emoción es un viaje, que pretende ayudarte a descascarar tu bagaje emocional hasta que sientas que estás en control de tus emociones y que estás creando la realidad que deseas experimentar.

La mayoría de nosotros tendemos a buscar atajos. Hemos recibido muchas cartas de usuarios del Código de la Emoción que piensan que han encontrado la manera de liberar cientos o incluso miles de emociones atrapadas de una sentada. Casualmente, nunca nos llega ninguna historia con resultados positivos de esas mismas personas. Las historias de sanación más profundas son las de aquellas personas que aplican el Código de la Emoción correctamente, liberando las emociones atrapadas de una en una. Confía en mí. Yo también he intentado acortar el proceso muchas veces, pero me he dado cuenta de que nuestro cuerpo no fue diseñado para que liberemos más de una emoción atrapada cada vez.

Si crees que estás liberando varias emociones atrapadas simultáneamente, probablemente estés distorsionando las respuestas de las pruebas musculares. Recuerda que los resultados del test muscular son subjetivos. Debemos realizarlo siempre con la mente abierta, sin esperar obtener una respuesta determinada. Cuando fijamos nuestras esperanzas en obtener una respuesta concreta, estamos proyectando. Esto significa que nuestros deseos están bloqueando la realidad y nuestro cuerpo está respondiendo dándonos la respuesta que deseamos. Con el fin de obtener las respuestas correctas, debemos permanecer neutrales y concentrarnos en lo que estamos haciendo.

¿POR QUÉ SOLO UNA CADA VEZ?

Es posible que te estés preguntando por qué solo podemos liberar una emoción cada vez, especialmente si tenemos en cuenta que la energía no tiene límites como nuestro cuerpo. Pues bien, esto tiene que ver con cómo experimentamos y procesamos la energía emocional (hablaremos sobre esto en más profundidad al final de este capítulo y en el capítulo 11). Cada vez que experimentas una emoción con suficiente intensidad para que te abrume y se quede atrapada, tu cuerpo y tu espíritu experimentan mucho estrés. Imagina qué pasaría si aumentásemos esta experiencia tan intensa y el estrés que conlleva cien o mil veces. No parece posible que tu cuerpo pueda manejar la situación, ¿verdad? Por esta misma razón no podemos liberar más de una emoción cada vez.

Cuando revelas y liberas una emoción, estás retomando la experiencia emocional justo donde la dejaste. Esto no significa que vayas a volver a experimentar el sentimiento que la produjo, pero tu cuerpo y espíritu estarán trabajando en las sombras para procesar la energía emocional.

Cuando seguimos el procedimiento del Código de la Emoción adecuadamente, honramos cada experiencia emocional. En algunas ocasiones sentirás una avalancha de emociones cuando una emoción atrapada sea descubierta; es posible que llores, que te vuelvan ciertos recuerdos o que experimentes sensaciones corporales. Recuerda que una única emoción atrapada puede ser muy poderosa.

Aunque fuese posible, liberar grandes cantidades de emociones atrapadas cada vez no nos permitiría honrar cada experiencia emocional, y esto es necesario. Procesar tal cantidad de energía emocional de una vez supondría un esfuerzo imposible para nuestra mente, nuestro espíritu y nuestro cuerpo físico. Puede que pienses que liberarte de todo tu bagaje emocional de una sentada es una buena idea, pero te prometo que es algo que no quieres experimentar. Nuestra mente subconsciente lo sabe y por eso no permite que ocurra.

Date tiempo para sanar. Es posible que ahora mismo estés desesperado o que la idea de liberarte de tus emociones atrapadas te emocione mucho. Respira hondo y establece la intención de permitir que tu mente subconsciente se comunique contigo y todo sucederá en su debido momento. Tu mente subconsciente ya sabe exactamente lo que debe ser liberado para ayudarte de la mejor manera posible, así que confía en su sabiduría, sigue el procedimiento y embárcate en este bello viaje de sanación.

COMPRUEBA EL ENTORNO

Antes de empezar, asegúrate de que tanto tú como la persona a la que vas a examinar estáis cómodos en el entorno. Es mejor apagar la música y la televisión, especialmente si acabas de empezar a trabajar con el Código de la Emoción, ya que pueden distraerte y causar efectos energéticos negativos o positivos y afectar a los resultados de la prueba muscular. A medida que te vayas sintiendo más cómodo con tus habilidades para examinar, notarás que puedes llevar a cabo el proceso sin importar el lugar o la situación.

El proceso del Código de la Emoción puede visualizarse con el siguiente gráfico:

Obtener permiso del sujeto

↓

Establecer un punto de referencia para realizar la prueba

↓

Preguntar si existe una emoción atrapada

↓

Determinar qué emoción es

↓

Liberar la emoción atrapada

↓

Comprobar si la emoción ha sido liberada

PASO 1. OBTENER PERMISO

Si vas a tratarte a ti mismo, ya tienes permiso, así que ve al paso siguiente. Si vas a examinar a otra persona, asegúrate de obtener este permiso para realizarle la prueba y conseguir la información de su cuerpo. Podrías preguntar: «¿Me das permiso para realizarte la prueba de las emociones atrapadas?». No quieras adquirir esta respuesta mediante la prueba muscular. Deja que la otra persona te dé su consentimiento verbal o al menos asienta con la cabeza.

Una vez que ambos os sintáis cómodos y relajados, puedes comenzar.

PASO 2. ESTABLECER UN PUNTO DE REFERENCIA PARA REALIZAR LA PRUEBA

Antes de comenzar a preguntar sobre las emociones atrapadas, tu primera tarea es establecer un punto de referencia para realizar la prueba. Elige el método de prueba muscular que te resulte más cómodo.

Si te estás examinando a ti mismo con el test muscular: Determina si es posible realizarte la prueba muscular. Di en voz alta: «Me llamo _____», completando la afirmación con tu nombre.

Una vez que hayas hecho esta afirmación verdadera o congruente, el resultado del test debería ser fuerte o deberías obtener una respuesta congruente.

Ahora, haz lo mismo diciendo un nombre que no es el tuyo. El resultado debería ser debilidad muscular o una respuesta incongruente. También puedes valerte de las palabras «sí» y «no» o «amor» y «odio» para establecer un punto de referencia.

Si no estás en condiciones de ser examinado, consulta la sección de solución de problemas que aparece en el capítulo anterior.

Si estás examinando a otra persona con el test muscular: Primero necesitas determinar si el sujeto es viable para hacer la prueba o no.

Además, como cada persona es única, la prueba muscular puede resultar un poco diferente según a quién se la realices. La obtención de una clara respuesta muscular, fuerte o débil, te hará saber de inmediato cómo funciona la prueba en cada persona en particular.

Quizá el método más obvio y utilizado para establecer un punto de referencia sea simplemente hacer que la otra persona diga su propio nombre: «Me llamo _____». Una vez que haya expresado esta afirmación verdadera, el resultado de la prueba debería ser fuerte. Por el contrario, si pronuncia una afirmación falsa, diciendo que su nombre es otro, el resultado debería ser debilidad muscular o una respuesta negativa (según el tipo de prueba muscular que estés utilizando).

Por supuesto, hacer que la persona diga las palabras «sí», «no», «amor» u «odio» también funcionará para establecer un punto de referencia.

Si el sujeto no está en condiciones de ser examinado, consulta la sección de solución de problemas del capítulo anterior.

SI LA OTRA PERSONA NO ESTÁ EN CONDICIONES DE SER EXAMINADA

Recuerda que parte de la razón para establecer un punto de referencia es determinar si a la persona que vas a examinar en realidad se le puede hacer la prueba. Si su brazo permanece fuerte o débil sin importar qué afirmación diga, no es apta en ese momento. En este caso, tienes varias opciones.

Si tú o tu paciente estáis deshidratados, realizar la prueba muscular podría resultar muy difícil o incluso imposible.

La deshidratación leve es bastante común y se puede remediar fácilmente. Dale un vaso de agua, bebe otro tú también e inténtalo nuevamente.

Si esto no ayuda, es probable que tenga una vértebra desalineada en el cuello. Puedes llevar a cabo la prueba con un sustituto o la puedes examinar sobre ti mismo hasta que un quiropráctico le realice un ajuste.

Algunas personas no son candidatas para la prueba, porque tienen un deterioro o limitación física, y la prueba con sustituto es la mejor opción para ayudarlas. Para más información sobre la prueba con sustituto, consulta el capítulo 9.

PASO 3. PREGUNTAR SI EXISTE UNA EMOCIÓN ATRAPADA

Si te estás examinando a ti mismo: Pregunta: «¿Tengo una emoción atrapada que pueda liberar ahora?», y lleva a cabo la prueba que hayas escogido.

A continuación puedes ver una tabla de los métodos y resultados posibles:

Prueba	Sí	No
Todas las pruebas musculares	Fuerza	Debilidad
Prueba del balanceo	Adelante	Atrás

Si la respuesta es no, caben tres posibilidades:

1. Que no poseas ninguna emoción atrapada. Esto es poco probable (al menos al principio), pues casi todos las tenemos.

2. Que tengas una emoción atrapada, pero por alguna razón tu mente subconsciente no desee liberarla en este momento. La pregunta que has formulado es: «¿Tengo una emoción atrapada que pueda liberar *ahora*?». Puede que conscientemente desees hacerlo, pero quizá tu mente subconsciente no quiera. Es posible que esta situación cambie y que pasado un rato obtengas una respuesta diferente.

3. Que tengas un muro levantado en el corazón. En este caso, tu mente subconsciente puede decir que no tienes ninguna emoción atrapada aunque la tengas. Para obtener más información sobre los muros levantados en el corazón, ve al capítulo 8. Mi consejo es que sigas adelante y acabes de leer este capítulo incluso si la respuesta que obtienes es no, ya que, de todas formas, necesitas conocer el procedimiento.

Si estás examinando a otra persona: Pregunta: «¿Tienes una emoción atrapada que pueda liberar ahora?». Realiza una prueba para obtener la respuesta mediante cualquier método que hayas elegido. A continuación puedes ver una tabla de los métodos y resultados posibles:

Prueba	Sí	No
Todas las pruebas musculares	Fuerza	Debilidad
Prueba de balanceo	Adelante	Atrás

Si la respuesta del cuerpo es no, caben tres posibilidades:

1. Que el sujeto no posea ninguna emoción atrapada. Esto es poco probable, ya que casi todos las tenemos.

2. Que el sujeto tenga una emoción atrapada, pero por alguna razón su mente subconsciente no quiera liberarla en ese momento. La pregunta formulada es: «¿Tengo alguna emoción atrapada que pueda liberar *ahora*?». El sujeto puede estar dispuesto a ello, pero tal vez su subconsciente no. Esta situación puede cambiar y la respuesta puede ser diferente más adelante.

3. Que el sujeto tenga un muro levantado en el corazón. Si este es el caso, el cuerpo puede decir que no tiene ninguna emoción atrapada cuando en realidad no es así. Para obtener más información sobre los muros levantados en el corazón, ve al capítulo 8. Mi consejo es que sigas adelante y acabes de leer este capítulo incluso si la respuesta que obtienes es no, ya que, de todas formas, necesitas conocer el procedimiento.

Si la respuesta es sí, puedes continuar con el próximo paso.

PASO 4. DETERMINAR QUÉ EMOCIÓN ES

Si la respuesta obtenida en el paso anterior es sí, hay una emoción atrapada que liberar. El paso siguiente es aprender más sobre esta emoción. ¿Qué emoción es? ¿Es rabia? ¿Es pena? ¿Es frustración, depresión o alguna otra? ¿Cuándo quedó atrapada esta emoción? ¿Qué acontecimiento la originó?

A través de un proceso de deducción simple, la puedes detectar muy rápido.

El cuadro de emociones que se muestra en la página siguiente está diseñado para hacer que la tarea te resulte más fácil.

Cuadro de emociones

	A	B
1 CORAZÓN O INTESTINO DELGADO	Abandono Traición Desamparo Perdido Amor sin recibir	Esfuerzo no recibido Pena en el corazón Inseguridad Demasiada alegría Vulnerabilidad
2 BAZO O ESTÓMAGO	Ansiedad Desesperación Asco Nerviosismo Preocupación	Fracaso Impotencia Desesperanza Falta de control Baja autoestima
3 PULMÓN O COLON	Llanto Desánimo Rechazo Tristeza Pesar	Confusión Actitud defensiva Dolor profundo Autolesión Obstinación
4 HÍGADO O VESÍCULA	Ira Amargura Culpa Odio Resentimiento	Depresión Frustración Indecisión Pánico No valorado
5 RIÑONES O VEJIGA	Acusar Pavor Miedo Horror Fastidio	Conflicto Inseguridad creativa Terror Sin apoyo Falta de personalidad
6 GLÁNDULAS Y ÓRGANOS SEXUALES	Humillación Celos Nostalgia Lujuria Agobio	Soberbia Vergüenza Shock Indignidad Desprecio

Cuando hayas practicado el proceso que te explico a continuación unas cuantas veces, te resultará bastante fácil. Te sorprenderá lo rápido que puedes descubrir la emoción atrapada que buscas. Recuerda que la mente subconsciente sabe de qué emoción se trata en todo momento. La prueba muscular simplemente determina lo que el subconsciente ya sabe.

De hecho, aunque estés trabajando con alguien que no haya visto nunca el cuadro de emociones del Código de la Emoción, su mente subconsciente será capaz de indicarte a qué parte del cuadro debes dirigirte exactamente. En mi experiencia, es mejor que la persona con la que estés trabajando no vea la lista de emociones mientras la estás examinando, pues sus pensamientos pueden interferir en los resultados de las pruebas. No obstante, si deseas mostrarle el cuadro al principio de la sesión, puedes hacerlo.

CÓMO ENCONTRAR LA COLUMNA CORRECTA

Comienza el proceso preguntando: «¿Esta emoción atrapada se encuentra enumerada en la columna A?», y luego realiza la prueba. Si la respuesta es «sí», podrías preguntar: «¿Se halla esta emoción atrapada en la columna B?», para obtener un «no» como respuesta y verificar su exactitud.

Buscarás solamente una emoción atrapada cada vez, y esta solo puede estar en una de las dos columnas, por lo que solo una de estas dos preguntas tendrá respuesta afirmativa.

Si el cuerpo da una respuesta conflictiva, como decir que la emoción atrapada está tanto en la columna A como en la columna B, no te preocupes.

Respira profundamente, concéntrate de nuevo, llena tu corazón de amor por la persona a la que estás tratando de ayudar (o por ti mismo), ofrece en silencio una oración a Dios para que te ayude, confía en que puedes obtener una respuesta precisa, agradece que esté allí para encontrarla e inténtalo de nuevo. Ten en cuenta que si la emoción exacta no aparece en este cuadro, el subconsciente de la persona que estás tratando (o tu propio subconsciente) elegirá la emoción más cercana a la que está atrapada, por tanto lo único que necesitarás es este cuadro.

CÓMO ENCONTRAR LA FILA CORRECTA

Una vez que hayas determinado en qué columna está la emoción atrapada, habrás reducido la lista a la mitad. Ahora determinemos en qué fila se encuentra.

Podríamos simplemente comenzar desde la parte superior y preguntar fila por fila, pero para hacerlo más rápido he numerado las filas del 1 al 6. Así, en lugar de preguntar por cada fila, podemos eliminar algunas de ellas de inmediato. Pregunta: «¿Se encuentra la emoción atrapada en una fila de número impar?». Si la respuesta es no, entonces sabrás que debe estar en la fila 2, 4 o 6. Si la respuesta es sí, sabrás que está en una fila de número impar. Vamos a suponer que la emoción está en una fila de número impar, ya sea 1, 3 o 5. Lo siguiente que tendremos que determinar es en qué fila en concreto está la emoción atrapada. Haz esta pregunta: «¿La emoción atrapada está en la fila 1?». Si la respuesta es no, repite la pregunta con las filas 3 y 5.

CÓMO ENCONTRAR LA EMOCIÓN CORRECTA

Una vez que hayas identificado la fila y la columna correctas, habrás reducido la lista de emociones a cinco posibilidades. Pongamos, por ejemplo, que has determinado que la emoción

atrapada está en la columna A y en la fila 5. Veamos esa celda en
la tabla:

	Acusar
5 RIÑONES O VEJIGA	Pavor Miedo Horror Fastidio

Para descubrir exactamente qué emoción ha quedado atrapada, todo lo que necesitas hacer es preguntar. Por ejemplo, en
este caso podrías comenzar preguntando: «¿Esta emoción atrapada es acusar?», y luego realizar la prueba muscular. La respuesta va a ser sí o no.

Haz la prueba con cada emoción, una cada vez, repitiendo
esta misma pregunta hasta que te sientas convencido de haber
llegado a la emoción correcta. Si la primera en la lista te da un sí
como respuesta, sería bueno que comprobaras tu trabajo probando la emoción siguiente, de la cual deberías obtener un no
como respuesta. Recuerda, estás probando una emoción cada
vez, no más, y solo una debería ser positiva.

Es importante ser claro con lo que preguntas. Tu intención
y las palabras que pronuncies necesitan estar en sintonía. Esto es
algo de lo que debes ser consciente para no confundirte.

Por otra parte, desecha cualquier ansiedad que pueda crear-
te este proceso. La ansiedad es una forma de miedo, y la fe y el
miedo no pueden coexistir.

CÓMO PREGUNTAR

Es mejor enmarcar la búsqueda en forma de afirmación o
pregunta. Para ilustrar lo que quiero decir, imagina que la emoción

atrapada es el pavor. En este caso, podrías decir: «Esta emoción atrapada es pavor» y obtendrías un sí como respuesta. Si la pones en forma de pregunta: «¿Es esta emoción atrapada el pavor?», obtendrías también un sí como respuesta. Ambas formas de búsqueda son equivalentes y cada marco de expresión te dará la misma respuesta del cuerpo.

Si reduces la expresión al mínimo y solo dices la palabra «pavor», sin el formato de afirmación o pregunta, podrías obtener una respuesta confusa. El cuerpo podría balancearse hacia atrás o dar como resultado un músculo débil incluso en una situación donde el pavor sea la emoción precisa que está atrapada. Si solo pronuncias la palabra, el subconsciente puede que no la lea correctamente y simplemente responda a la energía negativa de la propia palabra.

UNA VEZ QUE IDENTIFIQUES LA EMOCIÓN ATRAPADA

Una vez que hayas identificado la emoción atrapada, ¡felicidades! Has aprendido una parte muy importante del Código de la Emoción. Ahora estás aprendiendo a acceder a la inteligencia de tu propio espíritu, una habilidad que te servirá de mucho si continúas desarrollándola.

CÓMO INDAGAR MÁS A FONDO

A veces el subconsciente necesita más información sobre la emoción antes de decidir liberarla. Al llegar a este punto es conveniente preguntar: «¿Hay algo más que necesite saber al respecto de esta emoción atrapada?». Si la respuesta es no, ve al paso 5 y libera la emoción (asegúrate de leer el resto de explicaciones en algún momento, pues es posible que las necesites en el futuro). Si la respuesta es sí, tendrás que indagar un poco más a fondo, así que continúa leyendo.

Recuerda que el subconsciente sabe todo lo relacionado con esa emoción atrapada, incluso cuándo quedó prisionera en el cuerpo, quién estaba involucrado, dónde se aloja exactamente esta energía y cómo está afectando a tu cuerpo físico y a tu mente.

Si al encontrar una emoción atrapada te viene a la mente una situación concreta del pasado, es probable que dicha emoción se quedase atrapada debido a ese suceso. Para averiguarlo, simplemente pregunta si esa situación que tú o el sujeto tenéis en mente es el suceso que originó la emoción atrapada. Es importante que tengas en cuenta que no es necesario revivir o volver a experimentar la emoción.

Esto es lo mejor del Código de la Emoción: los asuntos privados de cada uno no tienen por qué hacerse públicos.

UNA ABUELA AYUDA A SU NIETO A SUPERAR EL MIEDO

La primera vez que probé el Código de la Emoción lo utilicé con mi nieto pequeño. Había visto una película de miedo con sus primos mayores sin que lo supiesen sus padres. En la película aparecía una imagen de un baño con una cortina de ducha negra y, tras verla, mi nieto se negaba a ir al baño solo. Pude liberar las emociones atrapadas relacionadas con ese miedo y después ya no tenía miedo de ir al baño solo.

ALLISON D.

No es necesario explicar o verbalizar las circunstancias o sucesos que crearon las emociones atrapadas. Esto nos permite trabajar en asuntos privados que son potencialmente dolorosos o de los que nos avergüenza hablar y liberar las emociones que los acompañan. Podemos compartir tanto o tan poco como queramos.

Si deseas confirmar que un cierto suceso causó la emoción atrapada que has encontrado, piensa en la situación durante un momento (si estás trabajando con alguien, pídele que haga lo mismo) y pregunta: «¿Esta emoción atrapada está relacionada con este suceso?». Si la respuesta es sí, pregunta de nuevo: «¿Necesitamos saber algo más sobre esta emoción atrapada?». Si la respuesta es no, puedes liberarla siguiendo los pasos indicados en el paso 5. Si la respuesta es sí, continúa leyendo.

Si no te viene ningún suceso concreto a la mente (a ti o a tu sujeto) relacionado con la emoción, puedes usar el proceso de deducción para determinar cuándo quedó atrapada la emoción.

¿CUÁNDO QUEDÓ ATRAPADA LA EMOCIÓN?

Preguntar cuándo quedó atrapada esta emoción en particular es un buen comienzo para indagar más a fondo. Normalmente esto es lo único que necesitarás para averiguar más información sobre la emoción. Hay muchas maneras de realizar preguntas deductivas para obtener esta información, y si tienes una corazonada, síguela.

De la misma manera que dividimos el cuadro de emociones del Código de la Emoción en columnas y filas para facilitar y agilizar la búsqueda, puedes dividir tu vida en diferentes periodos para localizar con más facilidad el año en el que quedó atrapada la emoción.

No hay una manera correcta o incorrecta de determinar cuándo quedó atrapada una emoción. Simplemente preguntas y lo reduces a un año o acontecimiento determinado. Una forma fácil de hacerlo es dividir en dos mitades la vida del sujeto y ver en qué mitad quedó atrapada la emoción. Si tiene (o tienes) cuarenta años, por ejemplo, podrías preguntar: «¿Esta emoción quedó atrapada antes de los veinte años de edad?». Si la respuesta es que sí, la puedes reducir aún más del mismo modo. Podrías continuar preguntando: «¿Quedó esta emoción atrapada en los primeros diez años de tu (mi) vida?». Si la respuesta es afirmativa, la puedes acotar aún más preguntando: «¿Esta emoción quedó atrapada en los primeros cinco años de tu (mi) vida?». Si la respuesta es que sí, puedes continuar cerrando el cerco indagando si la emoción quedó atrapada en el primer año, en el segundo, en el tercero... y así sucesivamente.

He descubierto que el cuerpo, por lo general, es preciso en un año más o un año menos cuando se identifica el periodo de tiempo de una emoción atrapada de esta manera. En otras palabras, si obtienes como respuesta que una emoción atrapada determinada ocurrió a los diecisiete años de edad, puede que en realidad haya ocurrido a los dieciséis o a los dieciocho, aunque probablemente haya sido a los diecisiete.

En el momento en que una emoción atrapada se está creando, tu edad en particular no es tan importante. El cuerpo mental no correlaciona tanto las emociones atrapadas con la edad cronológica; las relaciona más con acontecimientos específicos o circunstancias.

Supongamos que un acontecimiento emocional que ocurrió un mes después de tu graduación en la universidad ocasionó una emoción atrapada. Tenías veintitrés años en ese momento. La prueba muscular puede producir una respuesta de veintidós, veintitrés o veinticuatro años de edad si preguntas cuándo se produjo la emoción atrapada. Si preguntaras si esta sucedió antes de la graduación o después de la graduación, obtendrías una respuesta más precisa. De esta manera, serías capaz de precisar aún más el momento en el que ocurrió.

A veces, determinar el periodo de tiempo en el que ocurrió una emoción atrapada puede dar lugar a una comprensión más profunda tanto de qué fue lo que sucedió como de la manera en la que la emoción negativa está afectando al cuerpo. A continuación te presento el caso de una mujer que, en un periodo estresante de su vida, desarrolló una emoción atrapada que más adelante le provocó migrañas.

LAS MIGRAÑAS DE NANCY

Siempre tenía fuertes dolores de cabeza y de cuello, e incluso me habían empezado a poner inyecciones de cortisona. Cuando usted me dijo que podría tener una emoción atrapada que me estaba causando estos síntomas, no tenía ni idea de lo que me estaba hablando. Le empezó a hacer preguntas a mi cuerpo como si algo me hubiese sucedido en 1994, y lo redujo a una emoción de desesperanza ubicada el mes de enero de ese año.

Luego comencé a pensar: «Cielos, ese fue el momento en el que nació Shawn, cuando me puse de parto a las treinta y tres semanas». El niño estuvo en el hospital veinte días con un pulmón dañado hasta que se recuperó.

Después de que me aplicara el tratamiento me sentí mucho mejor y se lo agradezco.

NANCY P.

¿CON QUÉ ESTÁ RELACIONADA LA EMOCIÓN?

Como puedes ver en el diagrama de flujo del Código de la Emoción de la página 262, si descubres que necesitas más información sobre las emociones atrapadas, normalmente estará relacionada con uno de estos tres criterios: cuándo ocurrió, con qué está relacionada y si fue absorbida de otra persona.

Por ejemplo, supongamos que le estás siguiendo el rastro a una emoción atrapada, la amargura, que ocurrió más o menos cuando tenías quince años. Podrías preguntar si la amargura estaba relacionada con otra persona, con una situación o si estaba dirigida a ti.

Si estaba relacionada con otra persona, puedes preguntar si esa persona era hombre o mujer y afinar la búsqueda preguntando si se trataba de un familiar, un amigo, un compañero de clase, un profesor, etc. Si la persona era una mujer, miembro de tu familia, podrías preguntar si se trata de tu madre, tu hermana, tu prima, etc., hasta que encuentres la respuesta.

Las emociones no suelen aparecer de la nada. Normalmente están relacionadas con otra persona, aunque también es posible que estén relacionadas con una situación. Si descubres que la amargura está relacionada con una situación, podrías preguntar si tiene que ver con algo que pasó en casa, en el colegio o en el trabajo o si tiene que ver con dinero, relaciones, aficiones, etc.

¡Sigue tus corazonadas! Las respuestas más obvias suelen ser las correctas. Si no eres capaz de determinar una respuesta precisa durante este paso, te sugiero que lo dejes estar y liberes la emoción, si es posible.

¿SE TRATA DE UNA EMOCIÓN ABSORBIDA?

Debido a que estamos conectados los unos a los otros, también somos vulnerables a la energía de los demás. En algunas ocasiones, asimilamos los sentimientos de otras personas y esa energía puede quedarse atrapada en nuestro cuerpo y acabar afectándonos. Por ejemplo, cuando una madre siente amargura, su hijo podría absorber parte de esa energía, o cuando un amigo está pasando por una situación difícil, es posible que absorbas parte de su energía emocional. En mi experiencia, cuando una emoción ha sido absorbida de otra persona, el subconsciente desea que identifiquemos ese hecho antes de liberarla.

Para saber si estás ante una emoción atrapada absorbida puedes seguir el diagrama de flujo de las emociones atrapadas (pág. 262) o formular la pregunta: «¿Has absorbido esta emoción?». Si la respuesta es sí, podría no ser necesario identificar quién creó la energía en primer lugar. Simplemente pregunta: «¿Hay algo más que necesite saber acerca de esta emoción atrapada?». Si la respuesta es no, libera la emoción. Si la respuesta es sí, sigue los pasos que te indico a continuación.

Sigue tus corazonadas. Permite que tu intuición se comunique contigo y, si estás trabajando con alguien, pídele que haga lo mismo. Cuando estamos abiertos a recibir, la información nos puede llegar de manera automática, ahorrándonos tiempo y esfuerzos innecesarios. No te desesperes si no te sientes muy intuitivo en este momento; ten paciencia, todo llega con la práctica. De momento y mientras estés aprendiendo, sigue los pasos que te indico a continuación.

Comienza por preguntar si la persona a la que pertenecía la emoción era hombre o mujer. A menudo, no necesitamos demasiada información para poder liberar una emoción atrapada, así que cuando tengas esta respuesta, puedes preguntar de nuevo: «¿Hay algo más que necesite saber acerca de esta emoción atrapada?». Si la respuesta es sí, continúa. Si la respuesta es no, libérala.

Afina la búsqueda preguntando si la persona a la que pertenecía la emoción era un familiar, un amigo, un compañero de clase, un profesor, un compañero de trabajo, etc. Pregunta una vez más: «¿Hay algo más que necesite saber acerca de esta emoción atrapada?». Si la respuesta es sí, continúa. Si la respuesta es no, libera la emoción.

Continúa afinando la búsqueda como explico en la sección anterior. Si la persona es un hombre, miembro de tu familia, podrías preguntar si se trata de tu padre, tu hermano, tu primo, etc., hasta que encuentres la respuesta. Cuando hayas identificado a la persona a la que perteneció la emoción, pregunta: «¿Hay algo más que necesite saber acerca de esta emoción atrapada?». Si la respuesta es no, libera la emoción. Si la respuesta es sí, es posible que tengas que identificar cuándo ocurrió o a qué se debió, si aún no lo has hecho.

Si mantienes la mente en calma durante este proceso y pides ayuda divina para obtener las respuestas, serás guiado. Confía en mí. Recuerda: «Pedid y se os dará; llamad y se os abrirá».

EL CÓDIGO DE LA EMOCIÓN SALVÓ MI MATRIMONIO

Llevo casada con mi marido algo más de veinte años y, aunque siempre hemos tenido buena relación, los últimos años han sido bastante difíciles en todos los sentidos. Estábamos tan estresados que ya ni nos gustábamos. De hecho, estábamos a punto de separarnos, innecesariamente. Aunque no compramos *El código de la emoción* con la intención de salvar nuestro matrimonio (no sabíamos que era posible), ambos aprendimos a usar el método. Mi marido trabajaba fuera de la ciudad y, sin darnos cuenta, empezamos a echarnos de menos y a comunicarnos más y con más cariño y consideración por el otro. Obviamente, los sentimientos seguían ahí, pero estaban enterrados muy profundamente. El Código de la Emoción fue una liberación. No me había dado cuenta de lo fría que me había vuelto y lo bloqueada que estaba. Soy una versión nueva y mejorada de mí misma. Mi matrimonio nunca había ido tan bien y emocionalmente me siento liberada. No tengo palabras para el giro radical que ha supuesto este método en nuestras vidas. Gracias por hacer posible que esta información llegue a las vidas de los demás.

SARITA C.

EMOCIONES ATRAPADAS PRENATALES

En ocasiones te encontrarás con ciertas emociones que no se originaron a ninguna edad después del nacimiento, ya que las emociones también pueden quedarse atrapadas cuando estamos en el útero materno. En este caso, puedes preguntar:

«¿Esta emoción quedó atrapada cuando me encontraba en el útero materno?».

«¿Esta emoción quedó atrapada durante el primer trimestre de embarazo?».

«¿Esta emoción quedó atrapada durante el segundo trimestre de embarazo?».

«¿Esta emoción quedó atrapada durante el tercer trimestre de embarazo?».

En mi experiencia, las emociones atrapadas prenatales suelen desarrollarse durante el tercer trimestre y normalmente se trata de emociones que experimentó la madre del sujeto.

Dicho de otro modo, supón que una madre en su segundo o tercer trimestre de embarazo está experimentando dolor profundo. Todo su ser está vibrando con esta energía emocional y esa emoción comienza a resonar en el bebé. Como resultado, el feto podría asimilar la emoción atrapada de su madre.

En contadas ocasiones me he encontrado con emociones atrapadas que fueron creadas por el feto. En realidad, saber si la emoción fue creada por el feto o la madre no es importante; la emoción puede ser liberada de la misma manera sin importar el caso, pasando un imán tres veces por el meridiano gobernante como se ha descrito anteriormente.

¿DÓNDE ESTÁ ALOJADA LA EMOCIÓN?

Otra cuestión fascinante que averiguar es dónde está alojada exactamente la emoción atrapada. Recuerda que esta siempre tendrá una ubicación física en el cuerpo. Descubrir la ubicación puede ser divertido y también muy esclarecedor.

Las emociones atrapadas se pueden presentar en cualquier lugar del cuerpo, independientemente del órgano en el que se originaron.

Recuerda que una emoción atrapada es una pelota de energía cuyo tamaño generalmente varía desde el de una naranja hasta el de un melón. Para determinar la ubicación exacta de esta pelota de energía utiliza el mismo proceso de deducción. Pregunta: «¿Está esta emoción atrapada en el lado derecho del cuerpo?». Si la respuesta es no, pregunta: «¿Está esta emoción atrapada en el lado izquierdo del cuerpo?». Si ambas son negativas, pregunta: «¿Está esta emoción atrapada en la línea media del cuerpo?». Cada vez que preguntes realiza la prueba muscular que elijas para saber cuál es la respuesta del cuerpo. A continuación, pregunta si la emoción atrapada está por encima, por debajo o a la altura de la cintura. En poco tiempo habrás identificado un área general donde está alojada la energía emocional.

Puedes obtener respuestas más específicas simplemente si continúas preguntándole al cuerpo. Es fácil, y más aún con la práctica.

No pases por alto tu propia habilidad de discernir conscientemente dónde está atrapada la emoción. Tan solo escuchando un momento a tu intuición puede venirte a la mente una impresión sobre su posible ubicación. Comprueba esa ubicación primero y te sorprenderás por la frecuencia con la que aciertas, lo que te permitirá ahorrar tiempo y esfuerzo.

Una vez que hayas encontrado la ubicación de la emoción atrapada, piensa en algún síntoma que podría estar presente en esa parte del cuerpo. Si notas dolor en el área de una emoción atrapada, podrá desaparecer o disiparse de inmediato en cuanto la liberes.

RECORDANDO LAS EMOCIONES ATRAPADAS

A veces no tendrás ni idea de cuál fue el acontecimiento que provocó la creación de una emoción atrapada. Muy a menudo, las emociones atrapadas pueden originarse por circunstancias que se olvidan rápidamente.

Imagina, por ejemplo, un día en el que todo parece salir mal. Tal vez saliste a cenar antes de ir al cine y el servicio era muy malo. Sabías que llegarías tarde al cine y te disgustas. Cuando finalmente te traen la cuenta, tu tarjeta de crédito da error y eliges sentirte enfadado, avergonzado o ambas cosas. Podemos sentirnos bastante molestos cuando las cosas no salen bien. Las emociones intensas que experimentamos en ocasiones como esta pueden llegar a cristalizar en una emoción atrapada o dos. Sin embargo, un mes o un año más tarde puede que te resulte difícil recordar esa situación, especialmente si elegiste no pensar demasiado en ella. Si han pasado un par de años, la emoción atrapada todavía estará ahí, pero recordar ahora la mala experiencia que la originó podría volverse muy difícil o incluso imposible.

A veces las emociones atrapadas se originan durante un acontecimiento puntual que, pese a haber sido una mala experiencia, tuvo un carácter transitorio y que por ello se ha borrado de tu memoria consciente.

Incluso si no recuerdas de inmediato de qué trataba una determinada emoción negativa, lo recordarás en el plazo de un par de días, mientras estés fregando los platos, duchándote, conduciendo o haciendo algo que permita a tu mente divagar.

Tanto si recuerdas lo que sucedió y lo que creó tu emoción atrapada como si no, esto no es lo fundamental para la liberación de la energía emocional. Podría ser interesante descubrirlo e incluso podrías llegar a tener una idea al intentarlo, pero identificar qué emoción está atrapada y llevarla a la mente consciente es todo lo que necesitas para liberarla. El próximo paso será exactamente ese.

PASO 5. LIBERAR LA EMOCIÓN ATRAPADA

La intención es la fuerza motriz tras el proceso del Código de la Emoción. Lo único que tienes que hacer es seguir los pasos y concentrarte en enviar amor y gratitud a la persona a la que estés tratando o a ti mismo.

Para liberar una emoción atrapada en ti: Colócate el imán justo entre ambas cejas. Mientras continúas respirando normalmente (no contengas la respiración), hazlo rodar o deslízalo hasta la mitad de la frente, por encima de la parte superior de la cabeza y después hacia abajo, en dirección a la nuca, hasta donde puedas llegar cómodamente. Repítelo tres veces.

Puedes pasarte el imán por encima de cualquier parte del meridiano gobernante con la intención de liberar la energía atrapada que esté en tu cuerpo. Si prefieres no estropearte el peinado, simplemente utiliza el imán sobre la frente hasta donde estés cómodo. Si te cuesta levantar los brazos, puedes pasarte el imán por la parte baja de la espalda. Es así de sencillo. Solo recuerda hacerlo tres veces y mantenerte concentrado en tu intención de liberar la emoción atrapada.

Para liberar una emoción atrapada en otra persona: Coloca el imán sobre su espalda en la base del cuello. Rueda o desliza tres veces el imán desde ahí hacia la parte baja de la espalda. Cada vez que llegues a la parte inferior, levanta el imán de su espalda y colócalo nuevamente en la base del cuello.

Cada pasada transfiere energía magnética al meridiano gobernante. Esta energía magnética amplifica y lleva tu intención a todos los demás meridianos; de este modo, llena tu cuerpo o el de la otra persona con ese pensamiento positivo. El resultado es que con esas tres pasadas liberas la emoción atrapada para siempre. Es así de simple.

PASO 6. COMPROBAR SI LA EMOCIÓN HA SIDO LIBERADA

Para confirmar que la emoción ha sido liberada, simplemente pregunta: «¿He liberado esa emoción atrapada?». La respuesta debería ser afirmativa. Si es así, has extraído definitivamente esa energía negativa y, si lo deseas, puedes averiguar si hay otra emoción atrapada que liberar.

Si tu prueba muestra que la emoción no ha sido liberada, simplemente aplica de nuevo la energía magnética tres veces como antes, pero esta vez intenta sentir más amor hacia la persona que estás tratando, ya seas tú mismo u otra persona, así como fe en que puedes liberar esta emoción y gratitud a Dios porque está siendo liberada.

Recuerda que todas las cosas se logran por medio de la fe: si tienes un poco de fe, verás que suceden cosas asombrosas.

LA ELIMINACIÓN ES PERMANENTE

Uno de los aspectos más beneficiosos del Código de la Emoción es que las emociones atrapadas, una vez que son liberadas, se van para siempre. En todos los años que he trabajado con pacientes, así como en mis seminarios, nunca he visto regresar una emoción que haya sido liberada.

Por otro lado, es posible que muchas personas tengan la misma emoción atrapada varias veces en el cuerpo. En este caso, podrías liberar la misma emoción muchas veces, pero cada emoción sería una energía atrapada separada y distinta, generalmente como resultado de acontecimientos emocionales diferentes sucedidos en el pasado. Ten en cuenta que también es posible que una persona tenga varias emociones distintas pero todas atrapadas por el mismo acontecimiento.

CÓMO TRATAR ASUNTOS ESPECÍFICOS

Si estás luchando con un problema específico en tu vida, es importante determinar si las emociones atrapadas pueden estar jugando un papel invisible.

Tal vez sospeches que tienes una emoción atrapada, pero no aparece cuando formulas la pregunta general: «¿Tengo una emoción atrapada que puedo liberar ahora?». Esto puede suceder porque el subconsciente necesita que preguntes por la emoción atrapada concreta que está causando o contribuyendo al problema.

He aquí algunos ejemplos de problemas comunes expresados en sus preguntas correspondientes. Esta lista podría alargarse hasta el infinito, pero los siguientes casos te darán una idea de cómo puedes preguntar sobre problemas específicos:

- «¿Tengo una emoción atrapada que me está impidiendo perder peso?».
- «¿Tengo una emoción atrapada que está causando inflamación en mis tejidos?».

- «¿Tengo una emoción atrapada que me está imposibili-tando ganar más dinero?».
- «¿Tengo una emoción atrapada que me está impidiendo rendir más en el trabajo?».
- «¿Tengo una emoción atrapada que está contribuyendo a mi dolor (de espalda, cuello, hombro, rodilla, etc.)?».
- «¿Tengo una emoción atrapada que está causando que me sienta (deprimido, irascible, malhumorado, etc.)?».
- «¿Tengo una emoción atrapada relacionada con mi (ma-rido, esposa, hijo, hija, jefe, etc.)?».
- «¿Tengo una emoción atrapada que está interfiriendo en el logro de mis metas?».
- «¿Tengo una emoción atrapada que está haciendo que me sea más difícil dejar de (beber, fumar, consumir comi-da basura, ver pornografía, etc.)?».
- «¿Tengo una emoción atrapada en relación con (mencio-na un acontecimiento concreto o experiencia vivida)?».

Si la respuesta a una de estas preguntas directas es afirmati-va, tu mente subconsciente ya ha identificado la emoción, ahora debes descubrir de qué emoción se trata.

Ahora deberías continuar preguntando en qué columna del cuadro de emociones se encuentra esa emoción atrapada, si-guiendo el proceso que he explicado anteriormente en este ca-pítulo y que se muestra en el diagrama de flujo de la página 262.

Si haces las preguntas adecuadas, encontrarás la emoción atrapada que estás buscando. Es como hacer una búsqueda en Google: las palabras que utilices para buscar o hacer preguntas determinarán los resultados que obtengas. Cambiar una palabra podría alterar la pregunta lo suficiente como para revelar algo diferente.

La siguiente historia, enviada por una de mis estudiantes, es un buen ejemplo de lo que acabo de explicar.

MANOS TEMBLOROSAS

Una amiga de 57 años llevaba muchos años sufriendo temblores en las manos. El temblor era cada vez más pronunciado y se estaba empezando a avergonzar de ello. Ya habíamos abordado este problema en el pasado, pero no se había resuelto. Recordó que había tenido una relación conflictiva hacía algunos años y se le ocurrió que quizá esa era la causa. Le comenté que podía preguntarle a su subconsciente si había una causa emocional para su problema y descubrimos que el suceso tuvo lugar cuando tenía doce años. No recordaba nada significativo que hubiese sucedido en aquella época, así que le pregunté a su subconsciente si había sido algo que le había ocurrido a ella o algo que había presenciado. Y se trataba de lo segundo. Sin embargo, ella seguía sin recordar nada. Pregunté si se trataba de algo real o algo que había aparecido en la televisión. Me estaba comentando que cuando era pequeña apenas veía la televisión cuando de repente recordó que al principio de algunas películas aparecía un león rugiendo que la aterrorizaba. Le daba miedo entonces y ¡aún lo hacía! Le pregunté a su subconsciente si esa era la causa y claramente lo era. Liberamos varias emociones relacionadas con ese león y, desde entonces, el temblor ha disminuido notablemente. Algunos días ni siquiera nota que lo tiene.

CORINA P.

Es posible que obtengas respuestas diferentes si haces preguntas específicas como cuándo empezó el problema y si la causa es real o imaginaria, si se trata de un sueño o de algo que leímos, escuchamos o presenciamos. Sí, todos estos sucesos pueden causar traumas o emociones atrapadas que pueden sembrar el caos durante años. Me parece extraordinario que podamos obtener tanta información... si hacemos las preguntas adecuadas.

TEN CUIDADO DE NO HACER PROYECCIONES

Cuando lleves a cabo este trabajo, es fundamental que te mantengas en un estado mental neutro y abierto. Recuerda que estamos todos conectados y que cuando utilizamos el Código de la Emoción nos estamos comunicando a nivel energético de una forma más «ruidosa» de lo normal. Por esta razón, si cometes el error de mezclar tus expectativas, sospechas o prejuicios en el proceso, es muy probable que pierdas el rumbo (como mínimo). Por ejemplo, una de mis estudiantes había sido víctima de abusos sexuales y por alguna razón sospechaba que todas sus amigas y compañeras habían sufrido el mismo tipo de abuso. Preguntaba al subconsciente de sus compañeras si era cierto, realizaba la prueba muscular y siempre obtenía una respuesta positiva. Sin embargo, ninguna de sus compañeras había sido maltratada de esta manera y esto les resultaba bastante molesto. Lo que estaba ocurriendo era que estaba *proyectando*. Esperaba tan fervientemente obtener una respuesta afirmativa que la recibía. Este ejemplo tan extremo nos muestra cómo nuestras expectativas pueden interferir en nuestra habilidad para obtener respuestas verdaderas. Recuerda deshacerte de tus expectativas antes de empezar y permite que el subconsciente se comunique contigo.

LO PRIMERO, NO HACER DAÑO

Aunque no seas un profesional de la salud, te sugiero que te ciñas a las normas éticas establecidas para médicos y terapeutas. Parte del juramento hipocrático enuncia: «Lo primero, no hacer daño». En el ejemplo anterior, la practicante causó daño al permitirse proyectar sus propias experiencias en sus clientes. Puesto que cada vez que examinaba a alguien le asaltaban las mismas sospechas, debería haberse dado cuenta de que el mínimo denominador común era siempre su propia historia. Normalmente solo necesitamos reconocer que podríamos estar haciendo una proyección para dejar de hacerlo. La mejor manera de evitar este tipo de comportamiento es deshacernos de nuestras propias emociones atrapadas sobre lo que podríamos proyectar en los demás.

Si una persona te comenta que ha sufrido abusos, puedes trabajar con ellos para eliminar cualquier bagaje emocional relacionado con dicho trauma. Sin embargo, es extremadamente peligroso utilizar las pruebas musculares para descubrir si en la vida de alguien tuvo lugar algún tipo de abuso. Si alguien solicita que le examines para algo así, puedes negarte y decir que no te sientes cómodo realizando este tipo de pruebas o avisarle de que las respuestas que obtengas podrían no ser precisas (debido a varios factores). En estos casos, limítate a eliminar cualquier emoción atrapada que encuentres, con la mente abierta, y permite que la gente saque sus propias conclusiones. Es importante que recuerdes que, como casi todo en este mundo, la prueba muscular no es una ciencia exacta. Informar a alguien de que fue víctima de abusos en el pasado basándote en los resultados de un test muscular es poco ético y puede causar la destrucción de las vidas de personas inocentes. Por otra parte, si sabes o sospechas que alguien está sufriendo abusos en el momento en el que estás trabajando con ellos, tienes la responsabilidad de informar a las autoridades pertinentes.

RESONANCIA

Cuando estés trabajando con el Código de la Emoción, es posible que te des cuenta de que estás encontrando la misma emoción atrapada (por ejemplo, ira) en diferentes personas. Hay 60 emociones en el cuadro de emociones y es extraño encontrar la misma emoción constantemente. Si esto ocurre de manera recurrente, es posible que estés experimentando una de las posibilidades que te indico a continuación y que necesites tomar cartas en el asunto.

1. Podrías estar proyectando. Esto significa que las personas a las que estás examinando ni siquiera tienen esa emoción atrapada, pero por alguna razón esperas que la tengan. Por ejemplo, si piensas que todas las personas de tu entorno están enfadadas, es posible que encuentres la ira en cada persona que examines... cuando, en realidad, tus expectativas son tan fuertes que están distorsionando los resultados de las pruebas musculares que estás llevando a cabo.

2. Estás experimentando lo que se conoce como *resonancia*. Veamos un ejemplo: si encuentras la ira atrapada en cada persona con la que trabajas, podría significar que *tú* también posees esa emoción atrapada. En este caso, las personas a las que estás examinando realmente poseen esa emoción atrapada y esta aparece para que la liberes porque está resonando con *tu* propia ira. La liberación de emociones atrapadas es algo positivo, pero en esta situación podría no serlo. En primer lugar, tus propias emociones atrapadas están interfiriendo en el flujo de la sesión con tu cliente. Quizá liberar esa emoción concreta en este momento no sea lo mejor para el sujeto, pero tu ira es tan «potente» que es imposible ignorarla. Por otro lado, esto solo suele ocurrir cuando tienes una necesidad importante que has estado ignorando. Es decir, si tienes una emoción atrapada que tu subconsciente quiere liberar, pero has estado ignorando tus necesidades, tu subconsciente te lo hará saber de otra manera. Por eso, si deseas trabajar con otras personas te reco-

miendo que te examines de manera regular con el Código de la Emoción.

SANACIÓN POR CAPAS

Recuerda que cada problema puede estar causado por más de una emoción atrapada. Mi consejo es que repitas el proceso del Código de la Emoción tantas veces como te permita tu subconsciente en una misma sesión. La mayoría de la gente es capaz de liberar entre cuatro y diez emociones por sesión. Es posible que consigas resolver un problema molesto en una sola sesión, pero podrías necesitar varias sesiones; no te desanimes si el problema no desaparece inmediatamente. Por otro lado, miles de personas han experimentado cosas maravillosas con la liberación de una sola emoción atrapada, así que te sugiero que esperes milagros. Cuando anticipas la llegada de un milagro, es más posible que se manifieste.

Normalmente sanamos de los problemas más serios por capas. Dicho de otro modo, quizá en una sesión solo puedas liberar una emoción atrapada relacionada con un problema concreto y que necesites esperar uno o dos días para liberar la siguiente. Si estás intentando superar un problema concreto, es buena idea que reexamines el problema de vez en cuando. Tu constancia será recompensada, así que no te rindas.

Al final de la sesión, puedes determinar cuándo estarás listo para liberar otra emoción preguntando: «¿Podré liberar otra emoción atrapada _____?», terminando la pregunta con palabras como «en diez minutos», «en dos horas», «esta tarde», «mañana», etc.

No es raro encontrar varias emociones atrapadas alojadas juntas en un área particular del cuerpo. Esto suele crear un nivel mayor de distorsión de los tejidos, dolor y mal funcionamiento del área. A menudo el nivel de molestia suele disminuir notablemente a medida que se va liberando cada una de las emociones atrapadas.

CÓMO PROCESAR LA LIBERACIÓN

Una vez liberada la emoción atrapada, comienza el proceso de sanación.

Mientras el cuerpo y la mente procesan la liberación que acaba de acontecer, pueden surgir ciertos síntomas.

Durante el proceso de sanación, una persona puede experimentar ecos de la emoción que ha sido liberada. No es raro que las personas tengan altibajos de humor durante este periodo.

Es muy importante hacerle saber a la persona con la que estás trabajando que puede llegar a experimentar ligeros altibajos al procesar la liberación de una emoción atrapada. Si le informas acerca de esta posibilidad de antemano, no será una sorpresa cuando ocurra. Si tiene lugar un procesamiento especialmente largo o complejo, acompañado de llanto o pesadillas, y no le has advertido de que podía vivirlo, tal vez termine pensando que la liberación de su emoción atrapada le ha hecho sentir peor, no mejor. Si estás experimentando alguno de estos síntomas, es posible que desees informar a tu familia y amigos de que estás más sensible de lo normal.

Cada vez que liberamos una emoción atrapada pasamos por un periodo de procesamiento; sin embargo, los altibajos notables (o síntomas de procesamiento) solo ocurren el 20 por ciento de las veces y no suelen durar más de un día.

La gravedad de los síntomas de procesamiento suele depender de en qué punto de la experiencia emocional quedó atrapada la emoción. Si sentiste la emoción profundamente o completamente antes de que quedase atrapada, probablemente te

sientas más ligero y libre y no experimentes síntomas de procesamiento al liberarla. Si rechazaste la emoción justo después de
que se crease y no te permitiste sentirla, es más posible que experimentes ecos de dicha emoción a medida que tu cuerpo y tu
mente subconsciente trabajan para soltar toda esa energía sin
procesar.

De cualquier manera, los síntomas de procesamiento no
suelen durar mucho tiempo y suelen ser mucho menos intensos que la experiencia emocional original. Por otro lado, la libertad que experimentas al liberarte de la carga energética negativa
merece la pena. En el capítulo 11 encontrarás más información
sobre cómo puedes experimentar tus experiencias emocionales
de una manera más saludable para tener menos síntomas de procesamiento y ser menos vulnerable a atrapar emociones.

EL VELO DE LA MEMORIA

Cuando ayudas a alguien (o a ti mismo), en realidad estás
ayudando a un ser que tiene una doble naturaleza, con cuerpo
físico y espíritu. Creo que cuando venimos a este mundo hay un
velo colocado sobre nuestras mentes y por eso no tenemos recuerdos de nuestra previa existencia. Llegamos con una amnesia
total.

Permíteme compartir contigo una experiencia personal sobre este concepto.

Un día, al sentarme en silencio a meditar, tuve una profunda
visión espiritual.

El velo de la memoria que nos separa de nuestra existencia
antes de que vengamos a este mundo terrenal de repente se ras-
gó. Cada partícula de mi ser se llenó al instante de un sentimiento inmenso e indescriptiblemente poderoso de *añoranza*. Añoranza por regresar a mi casa celestial, mi verdadero hogar, aquel

del que procedo. Esta sensación tan intensa solo duró unos segundos y después desapareció, dejándome tembloroso y sobrecogido de emoción.

En el transcurso de los años he experimentado ese sentimiento que llamamos añoranza en varias ocasiones; pero la nostalgia que experimenté en esta revelación espiritual se situaba mucho más allá de cualquier descripción.

Gracias a esta experiencia me di cuenta de que este velo del olvido es algo bueno. Si no lo tuviéramos para bloquear los recuerdos de nuestro pasado glorioso cuando vivíamos con nuestro Padre Celestial, estoy convencido de que no seríamos capaces de soportar esta vida terrenal ni cinco minutos.

A través de esta experiencia me di cuenta de que realmente somos extranjeros aquí; solo somos «nubes pasajeras procedentes de Dios, quien es nuestro hogar».

La Tierra no es nuestro verdadero hogar; solo somos residentes aquí, enviados para elegir entre el bien y el mal, para adquirir fe y para ganar la experiencia de vivir en nuestros cuerpos físicos. Somos enviados aquí para aprender a amar y servirnos los unos a los otros.

El espíritu que habita en tu interior, esa parte de ti que siempre ha existido, puede comunicarse contigo a través de tu cuerpo físico. La prueba muscular es el conducto que te permite acceder a ese conocimiento. ¿No es fantástico que todo lo que tenemos que hacer sea simplemente preguntar?

EMOCIONES ATRAPADAS ANTES DE LA CONCEPCIÓN

En raras ocasiones he descubierto emociones atrapadas que realmente ocurrieron antes de la concepción, y no me estoy refiriendo a emociones heredadas (hablaremos de las emociones heredadas en el siguiente capítulo). Creo que antes de la concepción ya existíamos como entidades conscientes pero carentes de cuerpos físicos. Dicho de otro modo, éramos seres espirituales. Podíamos pensar por nosotros mismos y éramos conscientes de nuestro próximo viaje a la Tierra. Esto es de lo que tratan las emociones atrapadas antes de la concepción: de nuestra inminente estancia en la Tierra. Parece que en ocasiones, aunque es posible que nos alegráramos de nuestra oportunidad de venir a la Tierra, llegamos a sentirnos asustados o consternados debido al viaje que teníamos por delante. Dejar el lugar de belleza y amor que habitábamos para venir a este mundo terrenal, con todos sus problemas, violencia y guerras, puede llegar a marchitar incluso el corazón más fuerte. En general, las emociones atrapadas antes de la concepción tienen que ver con la pena o la tristeza derivada de tener que abandonar nuestro hogar celestial, aunque también he visto casos en los que estas emociones fueron creadas debido a los problemas de relación existentes en ese otro mundo en el que solíamos vivir hace no tanto. Estas emociones atrapadas son raras, pero las he visto, y podrías verlas tú también. Y, a pesar de ser poco frecuentes y de ser bastante poderosas, se liberan como las demás emociones atrapadas.

PAZ Y CONEXIÓN, POR FIN

El muro de mi corazón estaba formado por varias emociones atrapadas: ansiedad, pena en el corazón y desesperación heredada. Tras liberar dichas emociones con tres pasadas del imán para nevera del cuadro de emociones del Dr. Nelson para las dos primeras emociones y diez pasadas para la última, estaba más tranquila y era capaz de estar presente la mayoría del tiempo. Pero, aunque supuso un gran cambio, todavía experimentaba rachas de ansiedad de vez en cuando.

Entonces, decidí tomar el curso del Código de la Emoción y descubrí que tenía emociones atrapadas antes de la concepción. Para mi sorpresa, rompí a llorar. Tras liberar mi miedo a mi inminente vida en la Tierra y el dolor profundo por sentirme separada de Dios, me descubrí sonriendo. Llevaba toda la vida buscando una solución a mis problemas emocionales y había probado muchas cosas, pero considero que esta fue la respuesta a mis plegarias.

Desde ese momento, me siento feliz, agradecida y emocionada por la vida. Cuando experimento situaciones que en el pasado me hubiesen causado ansiedad, me doy cuenta de que ya no tengo miedo ni ansiedad. Me siento en paz, enraizada y conectada por primera vez en mi vida. Gracias de todo corazón.

DIANA L.

UNA EXPERIENCIA DE ANTES DE MI CONCEPCIÓN

Incluso cuando me enteré de que existe un velo que bloquea nuestra memoria tras nuestra concepción, nunca me imaginé que escribiría algo como esto. Un dia, estaba liberando emociones atrapadas del muro de mi corazón cuando me topé con cierta emoción atrapada, miedo. Necesitaba saber más antes de seguir adelante, así que comencé a hacer preguntas sobre cuándo quedó atrapada dicha emoción. Pregunté y había ocurrido antes de los cinco, los cuatro, los tres años... Resulta que había quedado atrapada antes de mi nacimiento. «Voy a liberar una emoción atrapada de antes de mi nacimiento, ¡genial!», pensé. Estaba emocionado. Sin embargo, cuando pregunté si se trataba de una emoción atrapada antes de mi nacimiento, la respuesta fue no. Pregunté si esta emoción atrapada tuvo lugar en algún momento tras mi concepción y la respuesta también fue negativa. Solo se me ocurrieron dos posibilidades y pregunté: «¿Se trata de una emoción heredada?». Respuesta negativa. Y entonces lo supe. Tras calmarme un poco, me atreví a preguntar: «¿Esta emoción de miedo quedó atrapada antes de mi concepción?». La respuesta fue sí.

Estaba emocionado, impactado, sorprendido y a punto de echarme a llorar, todo a la vez. Sabía que este tipo de emociones atrapadas existían, pero no tenía ni idea de que un día liberaría una de mi cuerpo. Estaba a punto de liberarla cuando escuché a Dios decir: «Espera. Déjame mostrarte algo». Así que esperé y tras unos segundos pude ver mi alma en presencia de Dios antes de mi concepción y un intercambio entre nosotros:

«Papi, tengo miedo de ir al sitio al que me dirijo. No quiero irme», dije agobiado por el descubrimiento.

«Eso es totalmente comprensible. Sé que te va a doler», me consoló. «Incluso cuando ya hayas empezado tu vida allá donde te diriges».

«Pero Tú puedes liberarme de ese dolor ahora», lloré. «Por favor, libérame del dolor».

«Claro que podría, pero si supieras por qué no lo hago, creo que entenderías y estarías de acuerdo en que esto es lo mejor», dijo. Le dije que no lo entendía, así que me ayudó a entenderlo.

Me dijo: «Cuando entres al mundo, no sabrás que tienes ese miedo dentro de ti. Pero lo tendrás y te afectará, aunque no tanto como para no ser capaz de encontrar el camino que te traiga de vuelta hasta mí o para ofrecer mi Amor y Luz a aquellos que te rodean. Sin embargo, afectará a tu habilidad para hacerlo. Un día te abrirás y buscarás en tu corazón de tal manera que serás capaz de encontrar y liberar este miedo que está atrapado en tu interior».

«Pero ¿por qué? ¿Por qué querría esperar y soltar este miedo más adelante en lugar de ahora?», imploré.

Respondió: «Quiero que veas que puedes hacerlo tú solo. Quiero que te sientas capaz de liberar este miedo y muchas otras cosas, tanto en ti como en los demás. Quiero empoderar-

te a hacer estas cosas y cosas aún más importantes que esas».
Y continuó: «Cuando liberes este miedo, te mostraré esta conversación. Mi gente normalmente no recuerda su vida antes de
llegar a la Tierra, pero deseo poder mostrarte este momento.
La primera razón es porque quiero demostrarte mi Amor por
ti, pero hay una razón aún más importante: mostrarte mi plan
y propósito para ti. Mira...». En ese momento vi un dedo seña-
lando en una dirección, miré y vi algo que, mientras escribo
esto, ya he visto antes.

Yo era conciencia pura y miraba desde lo alto de un lugar,
como si fuera una nube, a la habitación de un hospital en la
que un hombre yacía en una cama con una venda en la cabeza.
Entonces vi algo dentro de su cabeza: una sustancia negra, vis-
cosa y pegajosa que no debía estar ahí. Como estaba tan emocionado, intenté tirar de ella hacia fuera, pero siempre regresaba a su lugar. Entonces Dios me dijo: «Espera. Serás capaz de
ayudarle a él y a muchos otros. Por eso es mejor que deje este
miedo en tu interior. Quiero que veas que te amo y traerte de
vuelta a este momento, este momento en el que te enseño lo
que estoy creando para ti».

A pesar de que aún podía sentir el miedo en mi interior,
eso ya no podía calmar mi emoción acerca de lo que estaba por
venir. «¡Entendido! ¡Qué bien! ¡Gracias! ¡Gracias!», exclamé.
Entonces me abrazó.

«Te quiero, hijo».

«Te quiero, papi».

Y ahí acababa mi recuerdo. En ese momento, justo antes
de escribir esto, me sentía abrumado. Había tantas emociones
y pensamientos en mi cabeza:

¡Nunca pensé que fuese a experimentar algo así!

¡No me puedo creer lo mucho que me ama!

¡Estoy deseando volver a casa con Él!

¡Fui creado para esto!

¡Soy capaz y es porque Él me hizo así!

¡Le amo!

Sentí todo esto y muchas otras cosas. Cuando por fin me calmé, todo lo que quedó fue silencio.

Y me habló de nuevo.

«No te falta nada. Ahora puedes acabar el trabajo que te he encomendado. Te amo, hijo».

... Yo también te amo, Papi...

Ya no necesitaba saber nada más sobre la emoción atrapada de miedo, así que la liberé. Se esfumó y, con ella, el muro de mi corazón.

Aunque el futuro siempre es incierto para nosotros en este plano de realidad, Dios no está limitado por estas restricciones. Y estoy muy agradecido por ello, pues organizó las cosas de tal manera que sabía que esto ocurriría... Desde lo más profundo de mi corazón, que ya no está limitado por el muro que lo rodeaba, te doy las gracias. Gracias.

Adam W.

¡SÉ FELIZ!

Al utilizar el Código de la Emoción para ayudarte y ayudar a otros, te alegrarás al ver el progreso que una persona puede hacer, ya que se despoja de sus cargas una a una. Verás vidas que cambian, personas que sanan y corazones que se conectan.

No te des por vencido. Requiere algún tiempo dominar el Código de la Emoción. Confía en tus propias habilidades de sanación. Vale la pena el esfuerzo. Ten fe y agradece a Dios que puedes hacerlo, y el resultado será tu recompensa por creer.

Para descargarte una copia para imprimir de las siguientes dos páginas, solo tienes que visitar mi página web: https://discoverhealing.com/es/el-codigo-de-la-emocion-kit-de-inicio/.

Cuadro de emociones

	A	B
1 CORAZÓN O INTESTINO DELGADO	Abandono Traición Desamparo Perdido Amor sin recibir	Esfuerzo no recibido Pena en el corazón Inseguridad Demasiada alegría Vulnerabilidad
2 BAZO O ESTÓMAGO	Ansiedad Desesperación Asco Nerviosismo Preocupación	Fracaso Impotencia Desesperanza Falta de control Baja autoestima
3 PULMÓN O COLON	Llanto Desánimo Rechazo Tristeza Pesar	Confusión Actitud defensiva Dolor profundo Autolesión Obstinación
4 HÍGADO O VESÍCULA	Ira Amargura Culpa Odio Resentimiento	Depresión Frustración Indecisión Pánico No valorado
5 RIÑONES O VEJIGA	Acusar Pavor Miedo Horror Fastidio	Conflicto Inseguridad creativa Terror Sin apoyo Falta de personalidad
6 GLÁNDULAS Y ÓRGANOS SEXUALES	Humillación Celos Nostalgia Lujuria Agobio	Soberbia Vergüenza Shock Indignidad Desprecio

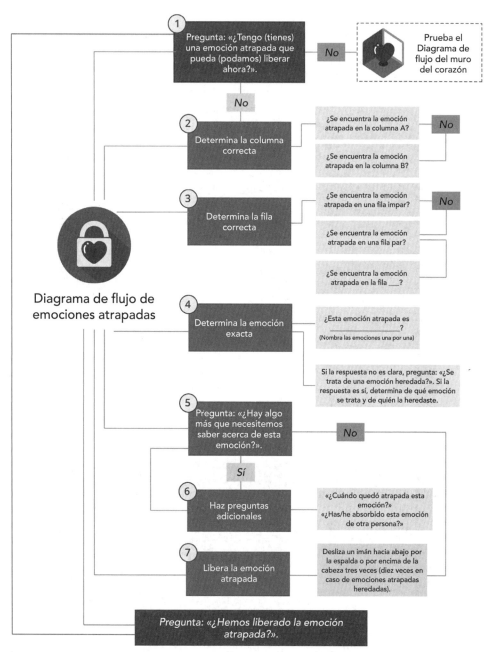

Diagrama de flujo de emociones atrapadas

1 Pregunta: «¿Tengo (tienes) una emoción atrapada que pueda (podamos) liberar ahora?».

No → Prueba el Diagrama de flujo del muro del corazón

No

2 Determina la columna correcta

¿Se encuentra la emoción atrapada en la columna A? No

¿Se encuentra la emoción atrapada en la columna B?

3 Determina la fila correcta

¿Se encuentra la emoción atrapada en una fila impar? No

¿Se encuentra la emoción atrapada en una fila par?

¿Se encuentra la emoción atrapada en la fila ___?

4 Determina la emoción exacta

¿Esta emoción atrapada es _____? (Nombra las emociones una por una)

Si la respuesta no es clara, pregunta: «¿Se trata de una emoción heredada?». Si la respuesta es sí, determina de qué emoción se trata y de quién la heredaste.

5 Pregunta: «¿Hay algo más que necesitemos saber acerca de esta emoción?».

No

Sí

6 Haz preguntas adicionales

«¿Cuándo quedó atrapada esta emoción?» «¿Has/he absorbido esta emoción de otra persona?»

7 Libera la emoción atrapada

Desliza un imán hacia abajo por la espalda o por encima de la cabeza tres veces (diez veces en caso de emociones atrapadas heredadas).

Pregunta: «¿Hemos liberado la emoción atrapada»?».

EMOCIONES ATRAPADAS HEREDADAS

«En muchos aspectos, cada uno de nosotros es la suma total de lo que fueron nuestros antepasados. Las virtudes que ellos tuvieron pueden ser nuestras virtudes, sus puntos fuertes los nuestros y, en cierta forma, sus desafíos pueden ser nuestros desafíos».

JAMES E. FAUST

DESDE HACE MUCHO TIEMPO, los científicos han especulado sobre la posibilidad de que los recuerdos cargados emocionalmente pasen de generación en generación. En un famoso experimento, los investigadores aplicaron descargas eléctricas en las patas de unos ratones que estaban a su vez expuestos a un fuerte olor. Los científicos observaron que las crías de estos ratones se mostraban extremadamente recelosas cuando percibían ese mismo olor, aunque no lo hubiesen olido antes. Al principio, los investigadores no estaban seguros de cómo era posible y pensaban que quizá los padres de estos ratones les habían enseñado de alguna manera a tener cuidado en presencia de ese olor. Con el fin de seguir ahondando, se tomaron los espermatozoides de los ratones macho que habían sido expuestos a las descargas y el olor y se inseminó con él a un grupo separado de hembras que se encontraba al otro lado del campus, lejos de donde se había llevado a cabo el primer experimento. Las crías de estos ratones mostraban la misma sensibilidad al olor que los ratones originales. Los científicos concluyeron que los ratones debían haber heredado algún tipo de memoria biológica[1]. Este fenómeno, conocido como «herencia epigenética», dio lugar a un área de estudio fascinante que promete ayudarnos a entender cómo nos afectan las experiencias de nuestros padres y ancestros en el presente.

En otro estudio, se descubrieron cambios genéticos en el ADN de los descendientes de supervivientes del Holocausto, en concreto en las áreas responsables de regular las hormonas del estrés. Se descubrió que los sujetos eran más vulnerables al estrés y les costaba más lidiar con los resultados del mismo, asimismo eran más propensos a sufrir trastorno de estrés postraumático[2].

EL ALCANCE DE LAS EMOCIONES HEREDADAS

De la misma manera que puedes heredar el color de ojos de tu padre o la forma de la nariz de tu madre, también puedes heredar sus emociones atrapadas. Dicho de otro modo, es muy posible que hayas heredado emociones atrapadas de tus padres, emociones que ellos mismos heredaron de tus abuelos y, en algunos casos, estas energías emocionales podrían haberse originado hace varias generaciones, en algún punto lejano de tu árbol genealógico. Estas emociones te han acompañado desde que estás en tu cuerpo. Algunas de ellas te habrán aportado rasgos de personalidad poco agradables o incluso te habrán generado problemas significativos a nivel emocional o físico. Es posible que

---

[1] «Fearful memories passed down to mouse descendants», https://www.scientificamerican.com/article/fearful-memories-passed-down/.

[2] «Study of Holocaust survivors finds trauma passed on to children's genes», https://www.theguardian.com/science/2015/aug/21/study-of-holocaust-survivors-finds-trauma-passed-on-to-childrens-genes.

haya otras que no te hayan causado ningún problema por el momento, pero que lo hagan en el futuro si no las liberas.

ALERGIA AL POLEN

> Llevo trabajando con el Código de la Emoción desde 2010. Mi marido sufre una alergia al polen bastante grave y al llegar la primavera le empiezan a picar los ojos, no puede parar de estornudar y sufre congestión nasal. Estos síntomas le duran hasta bien entrado el verano. A principios de cada primavera, empiezo a liberar las emociones atrapadas que causan estos síntomas. Este año, decidí examinarle para ver si tenía emociones atrapadas heredadas, pues su padre también tenía alergia al polen. Encontré varias, las liberé y, para nuestra sorpresa, su alergia casi ha desaparecido.
>
> SANDRA J.

Ten en cuenta que cuando hablamos de emociones atrapadas heredadas nos estamos refiriendo al bagaje que compartimos con miembros de nuestra familia biológica. Cuando heredamos una emoción atrapada, recibimos esta energía en el momento de la concepción, pues está contenida en el espermatozoide o el óvulo. Cuando el espermatozoide y el óvulo se unen, uno de ellos o los dos podrían estar cargando energía asociada a acontecimientos negativos específicos del pasado. Por lo tanto, puedes heredar emociones atrapadas de tus padres biológicos, aunque nunca les hayas conocido. Por el contrario, un niño no puede heredar emociones atrapadas de sus padres adoptivos, ya que no está emparentado biológicamente con ellos.

Una emoción atrapada heredada se considera única pues la recibimos de uno de nuestros padres en el momento de la concepción, lo que la diferencia de las demás emociones atrapadas.

El número de personas que comparten la misma emoción atrapada heredada dependerá de la antigüedad de la emoción atrapada (la generación en la que se originó), de cuántas personas en el árbol genealógico desciendan del antepasado que la creó y de cuántos de sus descendientes la hayan heredado.

POR FIN FUERA DE MATRIX

Siento que muchos de mis problemas de garganta tienen su origen en la vergüenza heredada de mis antepasadas por haber sido devaluadas como mujeres. Me encanta trabajar con mujeres para sanar este aspecto y estoy encantada por lo mucho que he podido ayudar a mis amigas y familiares. He tenido mucho éxito liberando mis propias emociones heredadas. No me puedo ni imaginar cómo sería mi vida si nunca hubiese encontrado este método de sanación. Estoy muy agradecida. Mi vida y mi verdadera vocación por fin han despegado. Solía estar llena de miedo y preocupación, pero un día, tras pasar años liberando emociones atrapadas, me di cuenta de que ya no estaba enganchada al miedo, y alguien me dijo: «Ivy, te has salido de Matrix». ¡Esto sí que es LIBERTAD!

IVY L.

NATURALEZA, EDUCACIÓN Y EMOCIONES HEREDADAS

Si tienes hermanos, es posible que compartáis las mismas emociones heredadas que recibisteis de vuestros padres. De igual manera que ocurre con la distribución del material genético dentro de una familia, no todos los hermanos reciben las mismas emociones heredadas de sus padres. Esta podría ser la razón por la que un niño pequeño tiene pataletas constantemente mientras que su hermano gemelo es de naturaleza tranquila y muy fácil de educar. Si estos gemelos crecieron en la misma casa, la gente podría pensar que las rabietas del primer niño se deben a su naturaleza o personalidad. Pero esto no sería cierto si el niño poseyese emociones atrapadas, sobre todo si estas fuesen heredadas. Si nacemos con emociones heredadas, es muy posible que nuestras vidas empiecen con mal pie, cuando menos.

EL CÓDIGO DE LA EMOCIÓN ME AYUDÓ A VIVIR CON ALEGRÍA

Debido a mi niñez disfuncional, se me hacía difícil dar y recibir amor. La relación con mis hijos era muy inestable y se hizo cada vez más complicada a medida que fueron creciendo. Tenía una emoción atrapada, tristeza, que había heredado de mi tatarabuela, que además formaba parte de mi muro del corazón. Esta abuela había tenido que enterrar a su hijo cuando tan solo tenía nueve años. Recuerdo haber visto una foto de ese momento cuando era pequeña. Cuando perdimos a dos de nuestros hijos, me di cuenta gracias al Código de la Emoción de que compartía su tristeza y le estaba dando un lugar en mi vida. Identificar esta tristeza heredada y liberarla fue como si me quitase un peso de encima. El Código de la Emoción me dio un cambio de perspectiva. Ahora estoy disponible para mis otros hijos y disfruto de una alegría en mi vida que no sabía que existía. Estoy deseando ver en qué otras facetas de mi desarrollo personal me puede ayudar el Código de la Emoción en el futuro.

Susie A.

LOS EFECTOS DE LIBERAR EMOCIONES HEREDADAS

Liberar emociones atrapadas puede ayudarnos a hacer cambios a nivel energético que mejoran ampliamente cómo nos sentimos emocional y físicamente. Si tienes hijos, probablemente hayan heredado al menos una de tus emociones atrapadas, de igual manera que tú heredaste bagaje emocional de tus padres y abuelos.

Cuando encontramos y liberamos una emoción heredada, en realidad estamos identificando una vibración emocional compartida por varias personas. Debido a que esta vibración única es compartida, he descubierto que al liberarla en una persona, se libera en todas las demás, de una vez. Uno de los principios de la física cuántica expone que una energía puede existir simultáneamente en un número infinito de lugares al mismo tiempo. Esto es precisamente lo que ocurre cuando una emoción atrapada va pasando de generación en generación. Aunque se haya originado hace siglos, esta emoción atrapada es una única energía, y liberarla de cualquier persona que la posea hará que se libere de todas las almas que se aferran a ella, ya estén vivas o muertas. Por esta razón, cuando vamos a liberar una emoción heredada no es necesario pedir permiso a todas las personas afectadas por dicha emoción.

EL DOLOR DE ESPALDA Y MUSLOS HA DESAPARECIDO

Durante los últimos cinco meses, he estado sufriendo dolores de espalda y muslos con una intensidad de 10 en una escala del 0 al 10. Tras liberar una emoción de traición que había heredado de mi madre y abandono de mi propio matrimonio fallido a los 17 años, el dolor de espalda y muslos se esfumó completamente y no ha vuelto. Ahora soy capaz de correr 2,5 km al día y he perdido 22 kg en seis semanas.

BART B.

¿CÓMO SE DESCUBREN LAS EMOCIONES HEREDADAS?

Para descubrir la existencia de este tipo de emociones atrapadas, siempre puedes preguntar: «¿Hay alguna emoción atrapada heredada que pueda liberar ahora?», pero lo normal es que te topes con ellas cuando le estés siguiendo la pista a lo que crees que es una emoción atrapada normal.

En mi experiencia, el subconsciente te conducirá a la columna y fila correctas donde esté la emoción heredada, pero no te dará una respuesta afirmativa de ninguna de las emociones que aparecen en esa celda, a menos que incluyas en la pregunta la palabra «heredada».

Por ejemplo, supongamos que has identificado que la emoción atrapada que estás tratando de liberar está en la columna B, fila 2. Has probado cada una de las emociones que aparecen en esa celda, pero el cuerpo no te da una respuesta afirmativa para ninguna. Si esto sucede, pregunta: «¿Es esta una emoción atrapada heredada?». Si obtienes un sí como respuesta, simplemente repasa las emociones otra vez preguntando: «¿Es esta _____ heredada/o?», completando el espacio con cada emoción que aparece en la casilla hasta que des con la emoción heredada correcta.

Una vez que la hayas identificado, puedes determinar de qué progenitor o antepasado recibiste (o recibió el sujeto a quien examinas) esta emoción atrapada. Investiga a lo largo de tu árbol genealógico tanto como sea necesario, hasta que identifiques a la persona que creó la emoción atrapada en primer lugar. Descubrirás que la mayor parte de las emociones atrapadas se han heredado del padre, la madre o los abuelos, así que este proceso normalmente dura lo mismo que identificar una emoción atrapada normal.

¿RESPUESTAS CONFUSAS? DETERMINA SI SE TRATA DE EMOCIONES HEREDADAS

Cada vez que recibas respuestas confusas cuando estés buscando una emoción atrapada, obtén un nuevo punto de referencia para asegurarte de que sigues estando en condiciones de ser examinado (o el sujeto, sustituto o representante, si estás trabajando con ellos). Si este no es el problema, pero las respuestas siguen siendo confusas, es posible que estés a punto de descubrir una emoción heredada. La mayor parte del tiempo encontrarás este tipo de emociones como he explicado anteriormente, pero en algunas ocasiones tus respuestas podrían ser un poco menos claras. Si esto ocurre, no te preocupes.

A continuación, te presento varias situaciones en las que podrías estar delante de una emoción heredada:

1. No puedes identificar la columna (la respuesta para ambas columnas es afirmativa o negativa).
2. No puedes identificar la fila (obtienes respuestas afirmativas para más de una fila).
3. Obtienes respuestas afirmativas para más de una emoción de la celda (por ejemplo, columna B, fila 2).
4. Obtienes respuestas negativas para todas las emociones.

Si obtienes continuamente respuestas extrañas, como las que acabamos de exponer, puedes preguntar: «¿Se trata de una emoción heredada?». Si recibes una respuesta afirmativa, vuelve al último paso del proceso en el que recibiste una respuesta clara y confirma tu descubrimiento. Por ejemplo, si identificaste que la emoción estaba en la columna A, pero no pudiste identificar la fila, confirma que la columna es correcta y continúa con el proceso desde ahí e identifica toda la información necesaria para poder liberar la emoción.

IDENTIFICA AL ANTEPASADO CORRECTAMENTE

Una vez que hayas identificado la emoción heredada correcta en el cuadro de emociones, estarás listo para descubrir al antepasado que la originó. En la mayor parte de los casos, se tratará de tu madre o tu padre, pero también podría tratarse de uno de tus abuelos. En algunas ocasiones, te toparás con una emoción muy antigua. En este caso, el proceso que te explico a continuación te servirá de marco para identificar al antepasado correctamente. Es necesario identificar a la persona que creó la emoción atrapada, dentro de lo posible. Si te has trasladado cuatro o más generaciones en el tiempo para intentar identificar al creador de la emoción, es muy posible que necesites un atajo, así que continúa leyendo.

La forma más sencilla de identificar al antepasado correcto es empezar preguntando por tus padres. Puedes seguir el proceso que te muestro a continuación e ir anotando las respuestas que vayas obteniendo sobre los diferentes miembros del árbol genealógico. Utiliza una metodología uniforme, por ejemplo, escribe M para madre y P para padre. Puedes utilizar un símbolo para identificar a los hombres y otro para las mujeres de la familia, esto evitará confusiones en el futuro.

1. Pregunta: «¿He heredado esta emoción de mi madre?», y realiza la prueba muscular. Si la respuesta es sí, anótalo y ve al paso 3.

2. Pregunta: «¿He heredado esta emoción de mi padre?», y realiza la prueba muscular. Si la respuesta es sí, anótalo y ve al paso 3.

3. Pregunta: «¿Heredó mi madre/padre esta emoción de sus padres?». Si la respuesta es no, el proceso termina aquí. Si la respuesta es sí, ve al paso 4.

4. Pregunta: «¿Heredó mi madre/padre esta emoción de su madre?», y realiza la prueba muscular. Si la respuesta es sí, anótalo y ve al paso 6.

5. Pregunta: «¿Heredó mi madre/padre esta emoción de su padre?», y realiza la prueba muscular. Si la respuesta es sí, anótalo y ve al paso 6.

6. Pregunta: «¿Heredó mi abuelo/abuela esta emoción de sus padres?». Si la respuesta es no, el proceso termina aquí. Si la respuesta es sí, vuelve al paso 4.

Repite los últimos pasos hasta que identifiques al antepasado que originó la emoción o hasta que hayas viajado varias generaciones en el tiempo. Si el proceso parece no tener fin, puedes preguntar: «¿La emoción atrapada es mucho más antigua?». Normalmente, cuando una emoción es así de antigua, identificar al antepasado exacto que la generó deja de ser importante. En lugar de esto, puedes identificar el número exacto de generaciones. Cuenta el número de generaciones que ya has logrado identificar y empieza a ahondar. Por ejemplo, si ya te has desplazado cuatro generaciones atrás en el tiempo, podrías preguntar: «¿Se originó esta emoción hace más de diez generaciones?». Si la respuesta es sí, puedes preguntar: «¿Se originó esta emoción hace más de quince generaciones?». Continúa afinando la búsqueda hasta que encuentres la generación exacta en la que se generó la emoción. Si estás trabajando con una persona y tiene hijos, podrías preguntar: «¿Ha heredado esta emoción alguno de tus hijos?». Si la respuesta es sí, puedes preguntar: «¿Han heredado esta emoción todos tus hijos?». Si la respuesta es no, podrías continuar con el proceso hasta identificar cuáles de sus hijos han heredado la emoción.

En casi todos los casos, una emoción atrapada heredada se liberará de todas las personas que la heredaron, pero, tanto si están vivas como si están muertas, las personas pueden elegir subconscientemente no liberar la emoción y, en raras ocasiones, deciden aferrarse a ella en el presente. Por ejemplo, algunos niños podrían necesitar atención un poco más personalizada o un antepasado podría necesitar algo de tiempo para pensar si desea soltar esta energía que, aunque es negativa, le resulta tan conocida.

CÓMO LIBERAR EMOCIONES HEREDADAS

Para liberar una emoción atrapada en ti mismo: Sigue el procedimiento descrito para liberar emociones atrapadas no heredadas, con una modificación: haz rodar o desliza el imán desde tu entrecejo, sobre tu cabeza, hasta la nuca diez veces en lugar de tres veces. Si prefieres no utilizar un imán, puedes utilizar la mano, deslizándola de la misma manera diez veces.

Para liberar una emoción atrapada en otra persona: Para liberar una emoción heredada atrapada en otra persona, coloca el imán sobre su espalda en la base del cuello. Indícale al sujeto que continúe respirando con normalidad mientras haces rodar o deslizas el imán desde la base de su cuello hasta la parte inferior de su espalda diez veces en lugar de tres. Cada vez que llegues a la parte inferior de una pasada, levanta el imán de su espalda y colócalo nuevamente en la base de su cuello. Recuerda que si no deseas utilizar un imán, siempre puedes utilizar la mano.

Te recomiendo que establezcas de forma clara la intención de liberar la emoción atrapada heredada de todas las almas que la hayan recibido, aunque ya no estén vivos. Cuando acabes, puedes realizarte la prueba muscular para comprobar si la emoción ha sido liberada. También puedes preguntar si ha sido liberada de otras personas que hubiesen heredado esta energía, lo cual resulta muy útil, ya que algunos de tus familiares más cercanos podrían experimentar síntomas de procesamiento.

AYUDÉ A MI PADRE A VOLAR

Quería comprar unos billetes de avión a mis padres para que asistiesen a la ceremonia de graduación de mi hija. Mi padre odiaba volar. También odiaba estar en lugares cerrados llenos de gente. Que yo recuerde, siempre ha mostrado síntomas de claustrofobia, y esto le suponía un problema enorme, pero yo no quería que se perdiesen la ocasión, así que le pedí permiso para examinarle y liberar emociones atrapadas mediante un representante. Me dio permiso y la primera emoción atrapada que encontré fue la emoción heredada «perdido». Provenía de uno de sus tatarabuelos por parte de madre. Casualmente, esta emoción también había sido heredada por algunos de los hijos de mi padre, entre los que me encontraba yo. Gracias a Dios, pude liberar esta emoción atrapada y averigüé que esta emoción era responsable del 51 por ciento de los síntomas de claustrofobia de mi padre. Encontré otras emociones atrapadas que contribuían a su problema, las liberé y me alegra poder decir que pudo coger el avión, asistir a una tumultuosa ceremonia de graduación en un estadio lleno de familias y coger el avión de vuelta ¡sin experimentar ningún síntoma! Me dijo que se sintió bien durante los vuelos y que en el pasado hubiese tenido que irse de la fiesta, pero que esta vez no tuvo ningún problema.

JANINE L.

LIBERAR A LAS FUTURAS GENERACIONES

Opino que cuando liberamos una emoción atrapada heredada, lo que sucede va más allá de lo que podemos entender de forma consciente. Considero que somos seres espirituales que tenemos una experiencia física gracias al cuerpo. Cuando somos concebidos, entramos en un cuerpo que en algunas ocasiones ya contiene energía emocional negativa. Los efectos de las emociones atrapadas heredadas pueden ser devastadores y causar dolor emocional y físico. Pero no todo son malas noticias: podemos hacer que pare el ciclo, por lo menos hasta cierto punto. Cada emoción atrapada que liberamos es una emoción atrapada que no será heredada por las siguientes generaciones. Esta es una de las razones por las que los niños y los jóvenes también necesitan el Código de la Emoción. Aunque no estén sufriendo sus efectos, es muy probable que tengan emociones atrapadas que podrían acabar pasando a sus hijos en el futuro. Liberarlas puede ayudar a reducir el dolor y el sufrimiento de personas que ni siquiera han nacido aún.

Y A TODOS LOS QUE VENDRÁN

Hace unos cuantos años tuve la oportunidad de dar una conferencia en la zona oeste de los Estados Unidos. Había unas trescientas personas en la audiencia y, en un momento dado, pedí un voluntario que estuviese sufriendo de dolores fuertes. Bastante gente levantó la mano y elegí a una mujer de mediana edad que vino cojeando hasta el escenario y explicó que tenía un problema de cadera bastante grave desde hacía un año que le estaba dificultando la vida. Había visto a varios médicos, pero no había sentido ninguna mejoría. Hizo una demostración de cómo entraba y salía de su coche, sujetándose la pierna con ambas manos a la altura de la rodilla y levantándola. Comentó que el nivel de dolor que estaba experimentando en ese momento era de 9 en una escala de 0 a 10, siendo 10 el umbral máximo de dolor.

Tras varios minutos de trabajo, su dolor disminuyó hasta un 4. A continuación, hice un descubrimiento que hizo esta sanación inolvidable para ambos.

La siguiente causa subyacente de su dolor de cadera era una emoción atrapada heredada, miedo, que había recibido de su padre en el momento de la concepción. Su padre la había heredado de su padre, quien a su vez la había heredado de su padre y no terminaba ahí, se había originado hacía doce generaciones.

Siempre he pensado que la mente subconsciente de un individuo se da cuenta de más cosas que la mente consciente. Tras muchos años realizando este trabajo de sanación, he descubierto que los espíritus de los antepasados fallecidos de la persona que está siendo examinada aparecen en el momento justo en el que una emoción atrapada heredada va a ser liberada tanto de su descendencia como de ellos mismos. Nunca he visto uno de estos espíritus, pero he conocido a bastante gente con este don espiritual que confirman lo que yo he descubierto con ayuda de la prueba muscular. Cuando le pregunto a la persona con la que estoy trabajando si sus antepasados directos están con nosotros, la respuesta siempre es afirmativa. Creo que son conscientes de su descendencia y saben que parte de su bagaje emocional está a punto de ser liberado.

Este caso no fue una excepción. Antes de liberar este miedo atrapado que había sido heredado de un antepasado hacía doce generaciones, pregunté: «¿Se encuentran estos antepasados con nosotros en este momento?». La respuesta que obtuve de su subconsciente mediante la prueba muscular fue un sí contundente. Entonces pregunté: «¿Se encuentran en la audiencia?». La respuesta fue no. «¿Se encuentran en el escenario con nosotros?». La respuesta fue sí.

Este paso del Código de la Emoción es opcional, pero me parece fascinante que los resultados sean tan consistentes cuando preguntamos si los antepasados están presentes en el momento de liberar la emoción que ellos mismos poseen, no importa cuántos seminarios dé o el país en el que me encuentre. Lo más gracioso es que parece que todos ellos desaparecen en cuanto la emoción es liberada. No tengo ni idea de por qué pasa esto, pero el subconsciente de la persona que posee la emoción atrapada sabe perfectamente si sus antepasados se encuentran con ella o no, y cuando los antepasados no se marchan inmediatamente después de liberar la emoción parece significar que hay otra emoción atrapada que está relacionada con ellos, así que se quedan a la espera, aunque esto no es tan común. Continué con el proceso y liberé la emoción atrapada heredada de esta mujer, pasando un imán por su meridiano gobernante diez veces. Le pedí que caminase por el escenario y su cojera había desaparecido. ¡Incluso se puso a bailar! Tomó el micrófono y le dijo a la audiencia que su dolor había desaparecido completamente, luego volvió a su asiento y yo continué con mi charla. Cuando acabé, volví a mi *stand* con mi equipo. Poco después se me acercó una mujer de unos treinta años y aspecto agradable con un mensaje para mí. «Dr. Nelson —me dijo—, soy una de esas personas con la habilidad de ver espíritus que otros no ven. Siempre he tenido esta habilidad y para mí ha sido un don y una maldición al mismo tiempo. Quería decirle que cuando estaba en el escenario y mencionó que los antepasados de la mujer a la que estaba examinando se encontraban allí con ustedes, estaba totalmente en lo cierto. He podido verlos a todos. Pero también he visto otra cosa, algo que no sé si sabe. He visto unos doscientos espíritus rodeando el escenario y me ha parecido evidente que se trataba de los futuros descendientes de esta mujer y se estaban regocijando por haberse librado de heredar esta emoción que les habría incapacitado». Lo que me dijo esta mujer me pareció sincero entonces y aún me lo parece. Aunque el Código de la Emoción se centre en ayudar a las personas que están aquí con nosotros, cada día estoy más seguro de que los que están al otro lado del velo, aquellos que vivieron y murieron y aquellos que aún no han nacido, son conscientes de los efectos dañinos de las emociones atrapadas.

LIBERAR A LAS GENERACIONES PASADAS

Debido a que somos seres espirituales, la muerte no tiene por qué liberarnos de nuestro bagaje emocional. Al liberar una emoción atrapada heredada, la carga de todos aquellos que la poseen se aligera, incluso si ya no están viviendo en un cuerpo físico. Muchos usuarios del Código de la Emoción declaran haber sentido una profunda conexión con sus antepasados en el momento de liberar una emoción que habían heredado de uno de ellos.

MILES DE LÁGRIMAS

Un día, mientras me examinaba, descubrí que tenía una emoción atrapada heredada, desesperanza. Había ido pasando de padre a hija, a hijo, a hija, a hijo, etc., y ¡había estado en mi familia durante 27 generaciones! Me emocioné de poder liberar esta emoción atrapada heredada y visualicé a todas las personas que estaba ayudando.

En cuanto terminé de liberar la emoción, pasando el imán diez veces, me invadió una oleada de emociones: gratitud, alivio, alegría y liberación del dolor. Empecé a llorar y sentí como si estuviese llorando miles de lágrimas por todos aquellos que habían tenido esta emoción atrapada y por fin se habían liberado.

¡Esta herramienta es increíblemente poderosa! Estoy muy agradecida de poder bendecir a mis antepasados de esta manera.

ANNELLE D.

MUJERES AGRADECIDAS

Me estaba examinando y encontré una emoción atrapada heredada que había estado en mi familia por parte materna durante seis generaciones. En cuanto liberé la emoción, me invadió un sentimiento de alegría y de gratitud y empecé a llorar. Las mujeres de mi pasado (mis ancestras) se me acercaron y me dieron las gracias. Después, estuve llorando sin parar durante diez minutos.

RACHEL M.

UN ANTEPASADO QUE SE PARECÍA A ABRAHAM LINCOLN

Durante una sesión del Código de la Emoción con mi terapeuta, liberó una emoción de un antepasado por parte de padre que había vivido hacía diez generaciones. Es muy intuitiva y me dijo que este hombre tenía el pelo negro, barba y un sombrero de copa... descripción que coincidía con la de Abraham Lincoln, si no fuera porque la época era bastante anterior.

No pensé mucho en este hombre ni en lo que significaba para mí.

Una semana más tarde, me desperté de madrugada, entre las dos y las cuatro. Después de dar muchas vueltas en la cama y de leer un rato, decidí divertirme con el Código de la Emoción y ver lo que podía hacer.

Tras toparme con una emoción heredada y liberarla, me sentí muy cansada y volví a la cama, pero no podía dormir, no porque no tuviera sueño, sino porque sentía que la habitación estaba abarrotada de gente con la atención puesta en mí. ¡Menuda sensación! No me daba miedo, sentía que simplemente tenían interés en mí y lo que estaba haciendo. En medio del grupo se encontraba ese hombre del sombrero de copa. Me pregunté por qué estaban allí, ya que pensaba que aparecían cuando la emoción era descubierta y se iban cuando era liberada. Así que ¿por qué seguían allí? Intenté volver a dormirme, pero no paraba de pensar en eso. De repente, me di cuenta de que no había liberado la emoción, la había tratado como una emoción atrapada normal, no una emoción heredada. Me levanté y me pasé el imán diez veces (y unas cuantas más, por si acaso) para liberar esta emoción de todos nosotros. Comprobé que la emoción se había ido (no lo había comprobado antes) y volví a la cama.

Sin embargo, todavía sentía su presencia en mi habitación. Aunque «sabía» que seguían allí, ya no les sentía con la misma intensidad. Lo que sí sentí fue que había otra emoción que podía liberar. Les dije que la liberaría en cuanto me levantase por la mañana y me volví a dormir.

A la mañana siguiente, seguían allí, así que me levanté, encontré la emoción heredada y la liberé. Todos se marcharon, excepto el hombre del sombrero. Aún puedo sentirle de vez en cuando. Mi terapeuta comprobó que se trataba de un antepasado. Quizá está aquí para ayudarme a encontrar estas emociones atrapadas, pues me he dado cuenta de que cuando pregunto específicamente si hay alguna emoción heredada que pueda liberar, se me hace saber que las hay.

Tras compartir esta experiencia con mi hermano, me sugirió que antes de liberar una emoción me informase sobre estos antepasados. Mmmm, me pregunto...

AUDREY V.

UN MENSAJE DE MAMÁ

Hace poco colgué una guirnalda estacional en la repisa de la chimenea. Estaba encantada con el efecto tras haber añadido unos cuantos elementos decorativos otoñales para rellenarla. Cuando terminé, decidí hacer un poco de ejercicio en el salón, donde había colgado la guirnalda.

Cuando llevaba cinco minutos, noté que una de las calabazas de poliestireno se caía a mis espaldas y pensé: «Qué raro», pues había enganchado las calabazas entre las hojas de la guirnalda porque eran muy ligeras y quería asegurarme de que no se cayesen. Continué con mis ejercicios y, pasados unos minutos, se cayó otra calabaza, esta vez justo delante de mí. Paré de hacer ejercicio.

«Vale, ¿quién está aquí? Tienes mi atención». Tenía interés por saber quién era exactamente porque tengo entendido que los visitantes del otro reino con buenas intenciones no aparecen porque sí sin una razón. No me llegó nada, así que hice la prueba muscular para saber si era un hombre o una mujer, y se trataba de una mujer. Entonces se me ocurrió que podía tratarse de mi madre. Lo comprobé con la prueba muscular y, efectivamente, era ella.

Mi madre falleció en 2014. Casi toda su vida estuvo llena de dolor. Cuando me di cuenta de lo efectiva que era la sanación energética, la animé a que la probase, pero no estaba interesada en absoluto. Me decía: «Ya he llorado bastante en esta vida, no quiero llorar más». A pesar de esforzarme por explicarle en qué consistían las limpiezas energéticas de la forma más simple que pude, obviamente no entendía en qué consistía, así que falleció, sin ningún tipo de ayuda de este tipo que aligerase su dolor emocional y todas las memorias y traumas que lo habían creado.

Ahora, sabiendo que se trataba de mi madre, hablé en voz alta y le hice saber que tenía interés en escuchar su mensaje, sin importar de qué se tratase. Esperé unos instantes y entonces supe que necesitaba una sesión para limpiar mi energía en general.

Cuando me puse a examinarme, enseguida descubrí y liberé siete emociones atrapadas que había heredado de mi madre, algunas de hacía muchas generaciones. Tras liberarlas, comprobé que todas las generaciones de mujeres de mi familia hubiesen elegido dejarlas ir.

Cuando terminé, me burlé un poco de ella, y dije: «Así que... ¿ahora crees en estas cosas? ¿Por qué necesitabas que hiciese esto por ti?».

Su respuesta fue: «No puedo progresar tan rápido como me gustaría hasta que no me libere de estas emociones».

Las emociones que sentí entonces fueron de diversión, amor y gratitud. Diversión por su disposición, tras tantos años de terquedad; amor por ella y la disposición que había mostrado, y gratitud por tener la información, la habilidad y el deseo de ayudarla así como gratitud de que se me hubiese confiado semejante don para ayudar a mis seres queridos.

Fue una experiencia maravillosa que me ayudó a expandir mi entendimiento y apreciación por el poder de este trabajo en el que estoy involucrada. Saber que los esfuerzos que hago a este lado del velo tienen un impacto en el viaje de mis difuntos seres queridos por el reino en el que se encuentran ahora, fue como una bajada a la realidad.

TERRI M.

DESESPERANZA ORIGINADA 22 GENERACIONES ATRÁS

Hace unos años, llamé y pedí a mi hija, Natalie, que me realizase una sesión a distancia y limpiase todo lo que encontrase. Estábamos a cientos de kilómetros, ella en su casa y yo en la mía.

Cuando colgó se conectó conmigo por medio de un representante y enseguida encontró una emoción atrapada heredada, desesperanza. Cuando la descubrió, sintió ganas de llorar. A medida que me iba examinando, descubrió que había heredado esta emoción de mi padre, quien la había recibido de su madre, quien a su vez la recibió de su madre, etc. Natalie continuó con el examen y descubrió que esta emoción se había originado hacía 22 generaciones, en una de mis antepasadas.

De repente, Natalie sintió la presencia de esta mujer. La podía sentir de pie justo a su lado y podía sentir sus emociones. Podía sentir lo desesperada que estaba porque alguien liberase esta energía emocional de sus descendientes. Al mismo tiempo, Natalie pudo sentir lo agradecida que estaba esta mujer de que esto por fin fuese a ocurrir después de tanto tiempo.

Natalie liberó esta emoción heredada de desesperanza y pudo sentir cómo esto sucedía en todas las generaciones afectadas.

Resultó ser una de las experiencias de sanación más profundas de mi vida.

Imagina que vives toda tu vida al lado de una fábrica. Imagina que de esa fábrica sale un ruido sordo continuo. Esta fábrica nunca cierra, nunca descansa. Ese ruido sordo nunca cesa, está ahí las veinticuatro horas del día, los siete días de la semana y ha estado ahí durante toda tu vida. Es muy posible que no seas consciente del ruido. Probablemente sería como un sonido de fondo del que te desconectas. Sin embargo, si esta fábrica se quedase sin nada que hacer y cerrase de repente, el silencio sería ensordecedor.

Toda mi vida tuve este sentimiento de desesperanza de fondo. Sabía que se trataba de una emoción con la que estaba luchando constantemente. De hecho, cuando estaba escribiendo la primera edición de *El código de la emoción* tenía que pasar de media hora a una hora cada día escuchando grabaciones con mensajes positivos, llenos de esperanza e inspiradores para librarme del sentimiento de desesperanza que me acechaba y poder escribir. Recuerdo claramente lo inútil que me parecía escribir este libro. De hecho, si alguien me hubiese pedido entonces que describiese este proyecto en una palabra, hubiese dicho «inútil», sin pensarlo.

De pronto, el sentimiento de desesperanza se había esfumado y fue entonces, cuando ya no estaba ahí, cuando lo comprendí. Cuando desapareció, el silencio que quedó me pareció ensordecedor. Solo cuando desapareció pude entender que ese sentimiento había estado conmigo durante todas mis horas de vigilia, durante toda mi vida. Liberarme de esta emoción atrapada heredada cambió mi vida.

Mi hija Natalie también había heredado esta emoción de mí y al liberarse de esta emoción su vida también cambió. Es una artista increíble y tiene mucho talento para pintar retratos y paisajes. Su don artístico no apareció hasta que esta emoción de desesperanza se fue. Durante el año siguiente, Natalie expuso sus obras en una galería en Seattle y su madre y yo estábamos fascinados por su talento y el arte que brotaba de ella. Si esta desesperanza heredada nunca hubiese sido liberada, creo sinceramente que sus maravillosas habilidades artísticas nunca habrían salido a la luz.

Piensa en tu vida. ¿Alguna vez te has sentido bloqueado de alguna manera? ¿Es posible que tu bagaje emocional sea en realidad una herencia de tus antepasados que pasaron por momentos muy difíciles?

Cuando una emoción atrapada heredada es liberada de un árbol genealógico, rompe la oscura cadena que ha estado obstruyendo el progreso de los miembros de la familia. ¡Es maravilloso poder liberarte a ti y a todos los miembros de tu familia, incluyendo tus antepasados y tu futura descendencia!

En el siguiente capítulo aprenderás que las emociones atrapadas pueden crear un muro alrededor de tu corazón, interfiriendo en tu habilidad para dar y recibir amor.

8

LOS MUROS ALREDEDOR
DE NUESTROS CORAZONES

«No quiero parecer una especie de idiota.
No quiero que se me rompa el corazón por ti.
Estoy construyendo un muro que cada día se hace más alto.
Esta vez no voy a acabar siendo otra víctima del amor.
Voy a bloquear lo que siento por dentro.
No habrá manera de que puedas derribar la puerta».

Victim of love, canción del grupo Erasure.

L AS EMOCIONES ATRAPADAS PUEDEN crear un muro alrededor de tu corazón que puede impedirte que vivas tu vida al máximo. Recibí la siguiente carta de una mujer maravillosa, una antigua paciente mía que tenía un muro en el corazón, érase una vez.

VIVIENDO UN CUENTO DE HADAS

En el momento en que el Dr. Nelson derribó el muro alrededor de mi corazón, yo tenía aproximadamente cincuenta y un años y había estado trabajando para la empresa Disney durante veintidós. Era un trabajo agitado y emocionante, lleno de viajes alrededor del mundo y de gente brillante y creativa. Tenía una familia maravillosa y muchas amistades estrechas.

Nunca había estado casada. No estaba en contra del matrimonio ni tampoco me moría de ganas por casarme. No era un problema. Mi vida estaba completa.

Ese año, dos de mis amigos estaban planeando un viaje a China. Me propusieron que me uniera a ellos, pero les dije que estaba muy ocupada en el trabajo. Ellos no perdieron la esperanza. Era como si tuviera una mano invisible sobre mi espalda que me empujara en dirección a China. Pensaba que si en el fondo quería ir, debería hacerlo, así que fui.

Viajar por China en aquella época estaba un tanto restringido, así que fuimos con un grupo. En el grupo del viaje había un señor maravilloso, un abogado divorciado que había estado casado siete años. Vivía en Newport Beach, cerca de mi casa, en la costa de California. Nos llegamos a conocer de una manera muy natural durante nuestro recorrido por China. En el vuelo de regreso a casa, nos sentamos juntos y me invitó a salir el fin de semana siguiente. Salimos durante un año. Me propuso casarnos el día de Acción de Gracias y contrajimos matrimonio seis meses después. Yo tenía cincuenta y tres años.

Cuando pienso en lo que supuso derribar el muro de mi corazón, me doy cuenta de que las cosas no fueron iguales a partir de entonces. Me empecé a abrir a la idea de tener alguien en mi vida con quien compartirla y por quien preocuparme tanto como él se preocuparía por mí. Esto ocurrió a nivel emocional. Encontrar a alguien con quien compartir mi vida parecía el siguiente paso natural. Sentía una nueva disposición que no había tenido anteriormente. Debió ser la eliminación de ese muro invisible, que ni siquiera sabía que estaba ahí, lo que me permitió que dejara entrar en mi vida a este hombre extraordinario.

De modo que si eres de los que están cerrados al amor por tener ya una edad determinada, haz que derriben el muro que tienes en el corazón, mantente abierto a las posibilidades que la vida te ofrece y recuerda mi historia. Nos estamos acercando a nuestro quinto aniversario, acabamos de mudarnos a nuestra nueva casa en la costa de California, con vistas al mar, y estamos viviendo un cuento de hadas.

Gracias, Dr. Nelson.

LYNN R.

EL CEREBRO DEL CORAZÓN

Tu corazón genera de sesenta a mil veces más fuerza y energía electromagnética que tu cerebro, lo que lo convierte fácilmente en el órgano más poderoso de nuestro cuerpo. Cuando estabas en el útero, tu corazón se formó primero, antes que tu cerebro. Late alrededor de cien mil veces al día, cuarenta millones de veces al año, y si su conexión con el cerebro se cortara, continuaría latiendo. Tu corazón es el núcleo de tu existencia, la esencia de quien eres realmente.

Recientes investigaciones demuestran que tu corazón es mucho más que una simple máquina de bombear. En la década de los setenta, los científicos aprendieron que el corazón tiene un sistema nervioso muy elaborado, un descubrimiento que condujo a la creación de una nueva rama de la medicina conocida como neurocardiología. Su principal tema de estudio es que todos tenemos en realidad dos cerebros. Los científicos se sorprendieron al descubrir que el cerebro de nuestra cabeza obedece los mensajes enviados por el cerebro del corazón.

El corazón envía constantemente información al cuerpo. Cada latido transporta mensajes importantes que afectan a la salud emocional y física. Cuando sientes amor hacia alguien, en realidad le estás enviando una señal electromagnética poderosa, utilizando el cerebro del corazón.

Otros experimentos de investigación médica han demostrado en repetidas ocasiones que nuestro cuerpo registra efectos positivos mensurables cuando sentimos amor y aprecio hacia otra persona. Los mismos efectos beneficiosos se dan en el cuerpo cuando somos receptores, es decir, cuando nos transmiten amor y aprecio[1].

Los científicos han descubierto que las señales electromagnéticas que irradia tu corazón son detectables incluso por las ondas cerebrales de otra persona. Este fenómeno es más fuerte cuando dos personas se tocan o están cerca, pero también se puede medir a cierta distancia[2]. Este capítulo trata sobre cómo la comunicación entre nosotros puede dañarse o bloquearse cuando tenemos un muro alrededor del corazón.

UNA MADRE POR FIN SE SIENTE APRECIADA

Siempre he tenido problemas para formar vínculos afectivos y pensaba que mi vida iba a ser así para siempre. Lo más interesante de eliminar un muro del corazón es que la energía que nos rodea cambia inmediatamente y las personas de nuestro entorno comienzan a actuar de forma diferente hacia nosotros.

Llevaba ya un tiempo teniendo peleas constantes con mis hijas de catorce y dieciséis años y sentía que no me apreciaban y que no les importaba nada. De hecho, mi hija de catorce años había comentado en repetidas ocasiones que no tenía ningún interés en tener una relación conmigo y yo sentía que no había esperanzas para arreglar nuestra relación.

Unas horas después de que el muro de mi corazón fuese derribado, mi hija mayor le explicó a mi hija menor lo mucho

---

[1] Dr. Rollin McCraty, P. J. Rosch y M. S. Markov, «The energetic heart: Bioelectromagnetic communication within and between people», *Clinical Applications of Bioelectromagnetic Medicine*, 2004, pp. 541-562.

[2] R. McCraty, M. Atkinson y W. Tiller, *The role of physiological coherence in the detection and measurement of cardiac energy exchange between people*, actas del X Congreso Internacional de Montreux, Suiza, 1999.

que hago por ellas y le contó cómo fue mi infancia y las cosas con las que tuve que lidiar de niña. Tras la conversación, recibí un mensaje de mi hija mayor en el que decía que me apreciaba y que agradecía todo lo que hago por ellas. Me sorprendió mucho porque nunca había recibido un mensaje como ese de ella.

Cuando llegué a casa mi marido me dijo: «Tienes que ver esto». Le seguí al piso de arriba y me enseñó la carta de tres hojas que me había dejado mi hija menor sobre la cama. No me podía creer lo que estaba leyendo. En la carta me explicaba que había estado hablando con su hermana y que se había dado cuenta de que estaba siendo muy dura conmigo, que solo podía imaginarse las situaciones por las que había tenido que pasar y que ahora me entendía mejor. La cosa más extraña que dijo fue: «En tan solo unas horas, lo que pienso sobre ti ha cambiado totalmente». Me dijo que creía que había sido obra de Dios. No podía creer lo que estaba oyendo y solo puedo atribuir el cambio al hecho de haberme liberado del muro de mi corazón. Se lo conté a mi hermana y me dijo: «Esto le da un significado completamente nuevo al dicho "Los cambios deben empezar en el interior"». Gracias, Dr. Bradley, por tu trabajo y por compartirlo con el resto del mundo.

LESLI M.

TRASPLANTES DE CORAZÓN

Durante varias décadas, la ciencia médica ha mejorado su capacidad de trasplantar órganos del cuerpo de una persona a otra, pero recuerda la historia del veterano de la Segunda Guerra Mundial y sus células sanguíneas. Si las células individuales de una persona mantienen una intensa conexión sin importar dónde estén, imagina qué conexión mantendrá un órgano entero. Todos hemos escuchado historias de receptores de trasplantes que de repente han comenzado a interesarse por un deporte determinado o les ha empezado a gustar inexplicablemente la comida preferida de su donante. Los pacientes de trasplante de corazón han informado de estos síntomas desde el principio, pero los médicos, al no tener manera de comprenderlo, lo han atribuido siempre a la imaginación de los pacientes.

Intenta explicarle al paciente trasplantado a quien nunca le han gustado los perritos calientes ni el béisbol por qué ahora le encantan ambas cosas, desde que recibió el corazón de un hincha de los White Sox. O a una mujer por qué no puede evitar llorar cada vez que escucha una determinada canción que no significaba nada para ella antes del trasplante. Un gran número de receptores de transplantes dice haber experimentado cambios en sus preferencias alimenticias, en su forma de escribir y en sus gustos musicales. Algunos incluso dicen poseer recuerdos que no parecen ser suyos[3].

El corazón tiene su propia inteligencia; puede pensar, sentir y recordar.

En la actualidad existen evidencias considerables de que el corazón contiene recuerdos y sentimientos. Este órgano crea emociones poderosas, nos ayuda a conectar con los demás a un nivel más profundo y significativo y nos guía hacia aquello que puede ayudarnos a ser más felices. Sí, el corazón es mucho más que una simple válvula.

LOS NIÑOS TAMBIÉN NECESITAN ELIMINAR LOS MUROS ALREDEDOR DE SUS CORAZONES

Ayudé a una chica de quince años que sufría depresión y ansiedad a tal nivel que estaba perjudicando su asistencia al

---

[3] *Mindshock. Transplanting memories*, documental de Channel 4 disponible en http://video.google.com/videoplay?docid=-2219468990718192402.

colegio, sus logros académicos y su vida social. Liberamos varias emociones atrapadas y derribamos el muro de su corazón; algunas de sus emociones atrapadas eran heredadas. El Código de la Emoción ha hecho que estos problemas, que eran extremos, se hagan manejables.

También liberé varias emociones atrapadas y eliminé el muro del corazón de una niña de diez años que sufría de déficit de atención y tenía problemas para leer y hacer cálculos matemáticos sencillos, y ¡ahora es otra! Se concentra sin dificultad, le encanta leer y ha alcanzado al resto de la clase en matemáticas.

HARLEY H.

EL DESCUBRIMIENTO DEL MURO DEL CORAZÓN

¿Alguna vez has sentido que necesitabas «levantar un muro» para protegerte en una situación negativa? Parece que esta frase común tiene un fundamento en la realidad. De hecho, es posible que hayas levantado un muro, literalmente, de energía emocional alrededor de tu corazón y que te esté dañando emocional y físicamente. Llamamos a este fenómeno el «muro del corazón», y aquí se explica cómo lo descubrimos.

En marzo de 1998, mi esposa Jean me despertó para decirme que había tenido un sueño muy intenso. Sentía realmente que su sueño tenía un significado profundo y que tenía algo que ver con su propia salud.

En su sueño, Jean vio una rueda de acero inoxidable, como las que se encuentran en restaurantes y cafeterías, con tres comandas o pedidos enganchados. Jean comprendió intuitivamente que cada pedido representaba una cuestión diferente relacionada con su salud.

Nos dimos cuenta de que su subconsciente se estaba intentando comunicar con ella y que sabía el significado de este sueño, así que comencé a realizarle la prueba muscular, formulándole preguntas acerca de los pedidos adjuntos a la rueda. Rápidamente determinamos el significado de las dos primeras cuestiones de su salud y las corregimos. Cuando enfoqué mi atención en el tercer pedido de la rueda, ocurrió algo completamente inesperado.

De repente tuve una visión. Pude ver muy claramente con el ojo de mi mente un hermoso y pulido suelo de madera maciza. Junto con esta visión llegó el entendimiento de que el corazón de Jean estaba debajo de estas láminas de madera. No tenía un sentido lógico, pero la imagen de este suelo brillante y la percepción de que su corazón estaba debajo de él eran muy persistentes y claras. Decidí descubrir qué significaba todo eso, si era posible. Le dije a Jean lo que estaba viendo y le pregunté si tenía alguna idea de lo que significaba. «Bueno, anoche no me sentía muy bien y Lana me contó que percibía que había algún tipo de energía sobre mi corazón. Me pregunto si es lo que ella estaba percibiendo», contestó. Mi cuñada Lana es maestra de reiki y una sanadora muy talentosa e intuitiva. «Pero realmente no sé lo que significa».

Fascinados pero confusos, decidimos pedir orientación e inspiración divinas y empezamos a buscar más información sobre lo que significaba esta visión.

¿Qué era exactamente lo que estábamos buscando? ¿Y cuán importante era?

Calmar mi mente por un momento me llevó a formular otra pregunta: «¿Este muro está formado por emociones atrapadas?». Intuitivamente, sabía que la respuesta era afirmativa y el brazo de Jean se mostraba fuerte, confirmándolo.

De repente pude entender el significado simbólico. Sabía cuán vulnerable es el corazón humano. También conocía el pasado de Jean. Mi esposa había sido una niña sensible y tímida. Había crecido en un hogar imperfecto, como tantos de nosotros, pero tenía muchos recuerdos extraordinarios y, aunque amaba a sus padres y hermanos y sabía que ellos la amaban, no se sentía emocionalmente segura. Nunca podía predecir cuál sería el tono emocional en su hogar de un momento para otro. La ira y las palabras duras surgían con frecuencia por motivos intrascendentes. Tanto ella como otros miembros de la familia eran extremadamente cuidadosos con su comportamiento, pues nunca sabían cuándo serían atacados o culpados por algo.

En este momento, ya llevaba varios años liberando emociones atrapadas en personas, pero descubrir que las emociones atrapadas podían formar un «muro» alrededor del corazón fue toda una revelación. A lo largo de los años, siempre he tenido la sensación de que se me escapaba algo cuando trabajaba con mis pacientes. En algunas ocasiones sabía que un paciente había experimentado una situación intensa y por lo tanto debía tener algún tipo de bagaje emocional, sin embargo no podía encontrarlo. El subconsciente de algunos pacientes contestaba: «No, no tengo ninguna emoción atrapada para liberar», cuando yo sabía que tenían bagaje emocional que simplemente no estaba disponible para mí. Descubrir la existencia de los muros del corazón era la pieza que me faltaba.

¡ESTOY TAN EMOCIONADA!

> Desde que eliminé el muro de mi corazón, tengo más claridad, he empezado a meditar y tengo una actitud completamente diferente hacia la vida. Necesito y quiero ayudar a los demás a ver que la vida puede ser muy reveladora cuando liberamos las emociones atrapadas… Estoy tan emocionada que no tengo palabras.
>
> KELLY S.

LA PROTECCIÓN DE TU NÚCLEO

Nuestros corazones experimentan muchas cosas a lo largo de nuestra vida. Las expresiones «dolor de corazón» y «corazón roto» existen porque cuando nos hieren emocionalmente sentimos literalmente dolor en el corazón, no en otros lugares. De hecho, nunca he oído a nadie utilizar términos como «riñón roto» o «dolor de páncreas». ¿Recuerdas haber sentido esa peculiar sensación que tiene lugar en el corazón cuando estás bajo una gran presión emocional? Casi todo el mundo la ha sentido en algún momento de su vida.

Las personas hacen frente a situaciones incómodas como estas de muchas maneras. Algunas contraatacan, otras se retiran y otras se esconden para evitar el conflicto. Pero la mayoría sentimos la necesidad de defendernos y escudarnos ante un ataque. Nuestro corazón es importante y el subconsciente sabe que en algunas ocasiones necesita protegerlo del peligro.

¿Cómo lo hace? Supongamos que necesitas protegerte de un peligro físico. La acción más lógica sería que te escondieras en el primer lugar que encontrases. Tu mente subconsciente sigue esta misma lógica. Cuando un peligro amenaza con dañar o romper tu corazón, tu subconsciente responde con rapidez construyendo un refugio para mantenerlo a salvo.

Esto es exactamente lo que le ocurrió a Jean de niña. Necesitaba un refugio para su corazón, así que su subconsciente se puso en marcha y lo construyó con el material más abundante a su disposición, las emociones atrapadas.

Al principio, esto me desconcertó bastante, hasta que me di cuenta de que el subconsciente muy probablemente sigue ciertas reglas; por ejemplo, no es posible crear un muro de la nada. En el mundo en el que vivimos, todas las cosas que nos rodean están hechas de energía, y creo que el subconsciente comprende este concepto sin reservas. Todos los muros que existen en el mundo físico a nuestro alrededor, independientemente del material de construcción elegido, al final están hechos de energía. El muro del corazón, creado por el subconsciente, también está hecho de energía. Sucede solo que está construido a partir de un tipo específico de energía: la de las emociones atrapadas.

Tu mente subconsciente utiliza la energía de las emociones atrapadas para crear una barrera o escudo alrededor de tu corazón. Es decir, erige literalmente un muro alrededor de tu corazón para protegerlo.

Para el subconsciente, el muro del corazón es tan real como la silla en la que estás sentado. El muro del corazón está en un plano de la realidad ligeramente diferente al mundo que podemos ver con nuestros ojos físicos. ¿Esto hace al muro del corazón menos real? No lo creo. Recuerda que no podemos ver la luz ultravioleta o la inmensa mayoría del espectro electromagnético, pero nadie cuestiona su existencia.

Cuando le pregunté al cuerpo de Jean si podía liberar las emociones atrapadas que estaban formando el muro alrededor de su corazón, la respuesta fue «sí».

Su cuerpo nos permitió liberar estas emociones una por una a lo largo de varias semanas.

Encontramos que el procedimiento para liberar emociones del muro del corazón era el mismo que para la liberación de cualquier otra emoción. La única diferencia era que teníamos que preguntar específicamente si podíamos liberar una emoción de su muro del corazón para lograr acceder a esas emociones.

A veces su cuerpo nos permitía eliminar más de una emoción del muro en una sesión, pero por lo general no era el caso.

No era sorprendente que su cuerpo necesitara una cierta cantidad de tiempo para procesar cada una de sus emociones a medida que eran liberadas, así que esperamos pacientemente entre sesión y sesión. Descubrimos que éramos capaces de liberar distintas emociones atrapadas casi todos los días, hasta que todas ellas desaparecieron y Jean ya no tenía un muro levantado en su corazón.

DESDE DOLOR DE CUELLO Y SÍNDROME PREMENSTRUAL HASTA FOBIA A LOS DENTISTAS

Tengo una clienta que ha sufrido de dolor de cuello intenso durante la mayor parte de su vida. Inmediatamente después de la primera sesión en la que liberamos algunas de las emociones del muro de su corazón, sintió alivio. Cuando terminamos de eliminar el muro, comenzó a dedicarse de lleno a su bienestar físico y emocional, cosa que no había hecho antes.

Otra clienta había experimentado síndrome premenstrual grave desde su adolescencia. Con cada sesión, su síndrome premenstrual fue disminuyendo en cada ciclo. Ya no tiene ningún tipo de dolor durante la menstruación.

También tuve una clienta que no había ido al dentista desde que tenía doce años porque le daba mucho miedo. Derribar el muro de su corazón eliminó el miedo tan arraigado que sentía hacia los dentistas y pudo hacerse una revisión a sus 54 años.

Sheila T.

CÓMO SE CREÓ EL MURO EN EL CORAZÓN DE JEAN

De niña, el corazón de Jean necesitaba la seguridad que le ofrecía el muro de su corazón, pues la insensibilizaba ante el dolor y la conmoción ocasionados por los abusos verbales y emocionales que estaba experimentando. Aunque el muro de Jean protegía su corazón, esta protección tenía un precio.

El muro que protegía su corazón hizo que se volviese insensible a los sentimientos positivos y se sentía desconectada de los demás. Quería tener amigos cercanos y lo intentó varias veces, pero siempre se interponía algo en su camino. Era muy querida, pero le costaba sentirse cómoda con las personas. Tenía muchas relaciones, pero pocos amigos cercanos. En reuniones sociales, incluso con personas a las que conocía desde hacía años, siempre sentía que no formaba parte del grupo, como si lo mirara desde fuera sin ser capaz de integrarse.

Durante su niñez y adolescencia, sentía mucho miedo, resentimiento y muchas otras emociones negativas. Algunos de estos sentimientos nunca fueron procesados completamente, así que se convirtieron en emociones atrapadas y se alojaron en diferentes lugares de su cuerpo. Algunas de estas emociones pasaron a formar parte del muro de su corazón de manera instantánea; otras se fueron incorporando a lo largo de su vida cuando experimentaba una situación especialmente difícil.

Aunque Jean hacía todo lo posible para seguir con su vida, su subconsciente construía un muro alrededor de su corazón a modo de máxima protección para evitar ser herida nuevamente.

Su subconsciente eligió para su muro un suelo imaginario de madera, específicamente la madera dura sobre la que se puede caminar. ¿Te das cuenta del simbolismo? La habitación en la que Jean creció tenía suelos y paredes de madera resistente, al igual que gran parte de su casa, por lo que era una imagen familiar. Su subconsciente comenzó a levantar el muro de su corazón cuando tenía dos años, y fue añadiendo capas cada vez que sentía que necesitaba protección adicional. Cuando la última emoción atrapada fue liberada, ocurrió algo muy interesante que ayudó a Jean a superar su pasado y la manera en la que se percibía a sí misma.

FIEL A MÍ MISMA

> Con cada sesión para eliminar emociones del muro de mi corazón, me fui volviendo más valiente para ser yo misma. Empecé a decir lo que pensaba, establecí una rutina de autoamor y autocuidados y perdí todos los miedos que me habían estado conteniendo.
>
> JOSEPHINE B.

RECONEXIÓN

Cuando la última emoción atrapada fue finalmente liberada y el muro de su corazón había desaparecido, se operó un cambio profundo en Jean.

«Por primera vez en mi vida ya no estoy fuera —me dijo—. Toda mi vida he anhelado sentirme así. Ahora sé lo que se siente al formar parte de un círculo de amigos, parte de un grupo. Es un sentimiento muy distinto a los que siempre tuve y me encuentro maravillosamente bien». Desde aquel día, estos sentimientos han permanecido con ella y la han ayudado a crecer en muchos aspectos.

Desde entonces descubrí que liberar a alguien del muro de su corazón viene acompañado de una profunda experiencia de conexión con los demás.

Gran parte de nuestro crecimiento personal y espiritual surge de nuestro amor por los demás y la interacción con ellos. Cuanto más abiertos estén nuestros corazones, más fuerte será nuestra conexión con los otros. Cuanto más conectados estemos, más fuertes y ricas serán nuestras vidas.

Estoy muy agradecido a Jean y a su sueño de aquel día. Sin ella, el muro del corazón sería completamente desconocido para mí.

Cuando empezamos a examinar a otras personas intentando encontrar muros en sus corazones, descubrimos que estos son un problema muy común. Nuestra experiencia nos dice que el 93 por ciento de las personas tienen uno; posiblemente tú tengas uno también. La mayor parte de las personas que no poseen un muro del corazón son niños pequeños que simplemente no han pasado por ninguna experiencia especialmente dolorosa.

EL MATRIMONIO PROBLEMÁTICO DE JOANNE

Una de las primeras personas que examinamos para encontrar un muro del corazón fue una mujer llamada Joanne. Joanne había crecido en un hogar idílico y positivo, donde era valorada. Según Joanne, no recordaba haber visto nunca discutir a sus padres y podía contar con los dedos de una mano la cantidad de veces en las que se dirigieron palabras de reproche.

Llevaba casada veintidós años y tenía cinco hijos. Su marido, que abusaba de ella emocional, psicológica y verbalmente, había creado un ambiente tan tóxico en su hogar que el resto de su familia se preguntaba por qué ella elegía aguantar año tras año.

Como la mayoría de las mujeres en su situación, Joanne había soportado su matrimonio levantando un muro en su corazón que la ayudaba a aislarse de las agresiones verbales y psicológicas de su marido. Dos años después de que Joanne se casara, comenzaron los malos tratos. Quería conservar su matrimonio, así que lo soportó. A medida que el maltrato aumentaba, su subconsciente iba añadiendo capas en el muro de su corazón.

El muro había protegido su corazón todos estos años. ¿Era lo correcto derribarlo? ¿Era lo más conveniente para Joanne en este momento de su vida? Su cuerpo había creado el muro en su corazón por un motivo, pero siempre hay un precio que pagar cuando tienes un muro así; en el caso de Joanne se trataba de una disminución en la capacidad de sentir. Decidimos que la única ruta segura sería preguntarle a su subconsciente si estaba bien comenzar por liberar estas emociones atrapadas que formaban el muro en su corazón. «¿Podemos liberar una emoción atrapada del muro de tu corazón ahora?», pregunté. Su cuerpo dijo: «Sí». Estaba bien comenzar por deshacerse de estas emociones atrapadas que formaban el muro en su corazón. De hecho, el cuerpo de Joanne quería que se fueran. No fue necesario esperar entre la liberación de una emoción y la próxima; su subconsciente estaba listo para liberarlas todas seguidas, tan rápido como pudiésemos encontrarlas y dejarlas ir.

CÓMO SE CONECTARON LOS PUNTOS

Mientras identificábamos cada emoción atrapada, también pregunté cuándo había quedado atrapada esa energía negativa específica. Hacer esa pregunta ayudaba a Joanne a conectar las emociones atrapadas con experiencias concretas de su vida que le habían causado dolor. Descubrimos que no tuvo el muro levantado hasta el segundo año de su matrimonio, cuando las cosas realmente se empezaron a poner difíciles. Al remontarnos a los orígenes de las emociones atrapadas individuales, fue fácil ver por qué Joanne había necesitado un muro en el corazón que fuera indestructible. Una de sus emociones atrapadas pertenecía al momento en que su marido se había apuntado a la cabeza con un arma y la había amenazado con matarse en frente de ella. Otra emoción atrapada pertenecía al momento en que a él le dio un ataque de furia debido a las prácticas religiosas de su esposa y literalmente quemó su Biblia delante de ella. Había nueve emociones diferentes que habían quedado atrapadas en su cuerpo, y cada una de ellas tenía que ver con alguna experiencia extrema vivida con su marido, Nick.

Tardamos unos treinta minutos en liberar estas nueve emociones y derribar completamente el muro del corazón de Joanne. Cuando su cuerpo indicó que el muro del corazón había desaparecido, Joanne sonrió tranquila. «¿Cómo te sientes?», le pregunté. «Algo aturdida —dijo—. Pero bien». Luego volvió a su hogar junto a Nick. Durante veintidós años, Joanne había tenido un muro impenetrable alrededor del corazón. Ahora ese muro se había caído y de repente ella podía sentir en el corazón todas las vejaciones y crueldades a las que Nick la había sometido desde que se casaron. Por primera vez en muchos años, Joanne estaba realmente sintiendo lo que sucedía en su relación con Nick. Su muro había estado escudándola de su violencia. Ahora que ella podía experimentarla tal y como era, sin el muro protector, no podía creer que la hubiera soportado tanto tiempo. ¿Quién podría tolerar este tipo de abuso? ¿Y por qué debería seguir tolerándolos? En dos semanas había dejado a Nick para siempre; presentó la demanda de divorcio y vivió el resto de su vida libre del abuso que la había mantenido prisionera durante tantos años.

ME SIENTO MUCHO MÁS LIGERO

Tras derribar el muro de mi corazón, he pasado más días buenos que malos. Solía experimentar muchos altibajos cada semana: o bien me sentía muy deprimido y frustrado o feliz y lleno de energía. Así que ahora me siento mucho más ligero y capaz de dar lo mejor en mi relación de pareja. También tengo más confianza en mí mismo cuando conozco a gente nueva, en lugar de esconderme debido a mi timidez o hacerles pensar que no quiero hablar. También soy más consciente de mis emociones y estoy aprendiendo mucho sobre cómo gestionar mis emociones negativas con amor en lugar de suprimirlas.

JUSTIN M.

¿CUÁNDO NECESITAMOS UN MURO DEL CORAZÓN?

Como tantas defensas de nuestro cuerpo, un muro del corazón puede ser una invaluable medida de seguridad a corto plazo. Cuando algo abrumador ocurre, una acción de emergencia puede salvarte la vida.

Si estás siendo bombardeado, esconderse en un búnker es una buena idea, pero no lo sería quedarse a vivir en él para siempre. Si lo hicieras, te perderías las alegrías y maravillas de la vida.

Tener un muro en el corazón durante un periodo largo es equiparable a vivir dentro de un búnker, bajo tierra y desconectado del resto del mundo.

No importa lo importante que este fuese en tu vida en el momento de su creación; podrás vivir una existencia más feliz y plena tan pronto como lo derribes. A veces, esta acción puede marcar la diferencia entre una vida de desesperanza y una completa felicidad.

MIRANDA Y SU ANTIGUO NOVIO

Miranda es un ejemplo perfecto de cómo puede interferir un muro del corazón en la vida amorosa. Era una atractiva enfermera de treinta y ocho años de edad que vino a mi consulta con tortícolis. Durante el transcurso del examen, mencionó que llevaba años sin salir con nadie y que ya no tenía interés en ningún tipo de relación con hombres. Cuando la examiné, no me sorprendió encontrar que tenía un muro en el corazón.

Ocho años antes, el corazón de Miranda se había roto por una relación con un hombre al que había amado profundamente. En un esfuerzo por proteger a su corazón de experimentar ese tipo de dolor nuevamente, su subconsciente había creado un muro en el corazón.

En el caso de Miranda, habían quedado atrapadas en su cuerpo durante todos esos años tres emociones persistentes que la bloqueaban e impedían que experimentara una nueva relación amorosa. No tenía ni idea de que estas emociones atrapadas fueran la principal causa subyacente del dolor que también experimentaba en el cuello. Su tortícolis se había hecho crónica y tenía desconcertados a los médicos que la habían tratado, ya que nada parecía aliviarla.

Una a una, eliminamos estas emociones que conformaban las capas del muro de su corazón. Cuando liberé la última emoción, el dolor de cuello desapareció completamente y la prueba muscular reveló que el muro de su corazón había desaparecido.

No volví a ver a Miranda hasta tres meses después, momento en que parecía increíblemente feliz. Le pregunté qué había cambiado y, muy contenta, me dijo: «Todo». Me contó que su tortícolis había desaparecido hacía tiempo; pero aún tenía mejores noticias que esa. «Justo después de verlo a usted, me encontré por casualidad con el amor de mi niñez. No lo había visto desde la escuela primaria. Pero resultó que él llevaba casi ocho años viviendo justo al lado de mi casa, a menos de una manzana de distancia. Empezamos a salir y algo surgió entre nosotros. Estamos muy enamorados. Creo que me va a pedir que me case con él». La mujer que había venido a mi consulta quejándose de tortícolis y jurando no volver a enamorarse nunca había desaparecido para siempre; era como una persona completamente nueva. «Muchas gracias por ayudarme —añadió Miranda—; si usted no hubiese derribado el muro de mi corazón, creo honestamente que nada bueno me habría sucedido. Antes estaba demasiado cerrada».

Cuando las emociones atrapadas y los muros del corazón son eliminados es como si pudiéramos sentir de nuevo. Podemos dar y recibir amor libremente por primera vez en mucho tiempo. Con este nuevo estado de ánimo pueden ocurrir cosas inesperadas y maravillosas.

CÓMO SE SUPONE QUE DEBEMOS VIVIR

Se supone que debemos vivir vidas vibrantes, saludables y llenas de amor, alegría y conexión. De todas las emociones, el amor es la más pura y tiene la vibración más alta. El amor, la más poderosa y común de todas las emociones, es tanto generado como recibido por el corazón. Cuando tienes un muro en el corazón, no puedes dar amor de la manera que deberías, puesto que esa energía positiva que reside en el corazón no puede salir. Al mismo tiempo, el amor que es irradiado hacia ti por otras personas tampoco puede entrar, puesto que el muro lo bloquea.

Como resultado, puedes ir por la vida aislado de todo y de todos debido a los traumas emocionales por los que has pasado y el muro subconsciente que existe alrededor de tu corazón. Cuando lo creaste, este muro tenía un cometido que cumplir: protegerte. Pero, hasta que lo derribes, estarás atrapado detrás de él, cada vez con menos capacidad de extender la mano y establecer una conexión con los demás, incluso con las personas que más quieres.

Las vidas de las personas que he tratado, así como las de sus hijos y sus familias, se transformaron por completo cuando derribé los muros que tenían en sus corazones.

ME AMO

Desde que derribé el muro de mi corazón, me acepto tal y como soy. En lugar de priorizar las necesidades ajenas, ahora me considero parte de la ecuación. Siento más compasión, gracia y amor por mí misma que en toda mi vida. Soy capaz de recibir el amor de los demás y el mío propio.

RACHEL M.

Alrededor del 30 por ciento de las veces, los efectos de la liberación de un muro en el corazón son muy evidentes y se notan de inmediato, pero en la mayoría de los casos los resultados son sutiles y los cambios en la vida de una persona aparecen de forma gradual, de un modo que ellos mismos puede que no reconozcan inmediatamente.

PAULA Y SU HIJO

Un día una mujer llamada Paula vino a mi consulta con su hijo, Rick, quien tenía diecisiete años en ese momento. Me dijo que Rick no controlaba su ira. Se juntaba con malas compañías y sus notas eran pésimas. Tenía miedo de que el próximo paso fuera el consumo de drogas y esperaba que yo la ayudara. Paula había oído hablar de mi trabajo con las emociones atrapadas y se preguntaba si parte de la ira de su hijo podía deberse a ellas.

Examiné a este joven tan silencioso e iracundo y encontré que tenía un muro en el corazón. Cuando examiné a su madre, no me sorprendió descubrir que ella también tenía otro. Rápidamente se hizo evidente que Rick no era el único que sufría de ira contenida. Su madre también estaba llena de rabia y rencor hacia su exmarido, el padre de Rick. Tenía una expresión ceñuda y su mandíbula permanecía apretada con obstinación.

Derribar el muro del corazón de Rick nos llevó cinco sesiones, cada una de diez minutos más o menos. En ocasiones liberábamos dos emociones en una sesión, pero la mayoría de las veces solo una. Todas las emociones atrapadas en el muro de su corazón giraban en torno a su padre biológico y cómo se había sentido abandonado por él en los últimos años. El divorcio de sus padres había sido extremadamente difícil para él. Entre otras emociones negativas atrapadas, descubrimos ira, frustración, rencor y sentimientos de inferioridad.

Nada más completar el proceso, Rick comenzó a cambiar. Fue gracioso ver que hasta su corte de pelo cambió. Cuando lo conocí, Rick llevaba una cresta naranja, expresión de su rebeldía, no de su creatividad. Sin tener ya la necesidad de expresar enfado y rencor, volvió a llevar un peinado más común. No solo eso: sus notas mejoraron. Siempre había sido un chico inteligente, pero, ahora que había sanado, estaba motivado a dar lo mejor de sí mismo.

Antes de derribar el muro de su corazón, brotaban sentimientos de furia del interior de Rick cuando pensaba en su padre. Después de eliminarlo, Rick pudo pensar en su padre, incluso pasar tiempo con él, y sentirse bien. Ahora que la ira era cosa del pasado, Rick se sentía más feliz y motivado. Cuando dejó que el muro de su corazón desapareciera, recuperó su vida.

Nunca me olvidaré de la última vez que vi a Rick y lo cambiado que estaba. Recuerdo que no podía borrar la sonrisa de la cara mientras me relataba una excursión de pesca que había hecho con su padre y cuánto había mejorado su relación con él.

Curiosamente, cuando derribamos el muro del corazón de su madre, parecía que ella no notaba ningún cambio. Dos meses después de haberlo derribado, Paula regresó a mi consulta y se quejó diciendo: «¿Qué está sucediendo? Rick es como una persona completamente nueva. Casi no lo reconozco. Pero yo no siento ninguna diferencia respecto a como me sentía antes».

Le expliqué que, cuando se derriba un muro del corazón, sentir los cambios y que las cosas se reajusten en tu vida a menudo lleva tiempo. El cuerpo y la mente tienen que atravesar un proceso transformador de sanación una vez que se libran del muro del corazón, y eso puede tardar un poco. Es difícil decir si aceptó esa explicación o no. Creo que le decepcionó el hecho de que su vida no hubiese cambiado tan drásticamente como la de Rick. No vi a ninguno de los dos por un tiempo y me pregunté en alguna ocasión cómo andarían. Alrededor de un año más tarde, me encontré por casualidad con Paula en un centro comercial. Ella me reconoció enseguida y esperó a ver si yo la reconocía. Me resultaba familiar, pero no tenía ni idea de quién era.

Cuando hablamos, caí en la cuenta por fin, pero estaba tan distinta que apenas la reconocí. Su rostro irradiaba felicidad. Todo su porte había cambiado. Desde la última vez que nos habíamos visto no solo había conseguido un empleo maravilloso en ese centro, sino que también había encontrado a un hombre extraordinario y estaban felizmente casados. Mientras charlábamos, descubrí que a Rick le seguía yendo bien tanto en los estudios como en la vida. Le recordé nuestra conversación un año antes acerca del muro de su corazón. «No sé si haber derribado el muro de mi corazón tuvo algo que ver con esto o no —sonrió—, pero mi vida ha mejorado tanto con respecto a hace un año que me cuesta creerlo».

Mientras me alejaba, recordé lo profundamente enfadada e infeliz que se sentía hacía solo un año y no pude evitar preguntarme dónde estaría ahora si no hubiésemos derribado el muro de su corazón.

LOS NIÑOS Y LOS MUROS DEL CORAZÓN

Es un hecho triste que los niños también tengan a menudo muros en sus corazones.

Piensa en lo delicado y receptivo que es el corazón de un niño cuando es pequeño. Están indefensos y son confiados, y muy a menudo son víctimas de adultos depredadores o abusivos y a veces, incluso, de niños crueles. En estos casos, siempre se encuentran muros del corazón.

A veces la vida resulta un desafío incluso en hogares maravillosos y bajo las mejores circunstancias. La siguiente carta es de una mujer encantadora cuyo hijo, al que le diagnosticaron depresión después de desarrollar una emoción atrapada tras ser testigo de la muerte de un amigo cercano, construyó un muro para proteger su pequeño corazón de romperse por completo.

DEPRIMIDO A LOS NUEVE AÑOS

Estimado Dr. Nelson: Hace algunas semanas fui a verle con mi hijo de nueve años. Mostraba un comportamiento inusual. Tenía dificultad para comer, dormir y concentrarse, y estaba iracundo, negativo y pesimista. Sus estudios eran una pesadilla. Probamos hablando con él, castigándolo, premiándolo y hasta sobornándolo para que completara sus trabajos escolares. Cuando finalmente los completaba, no se los entregaba a la profesora. Por eso sus notas bajaron, pese a que es un chico muy inteligente.

Pedí cita con su pediatra para que lo examinara. Este nos derivó al neurólogo y después a un psicólogo para un examen más profundo; concluyeron que mi hijo estaba deprimido. Hacía dos años que había presenciado el ahogamiento de un amigo suyo y diez meses más tarde asistió al funeral de su primo. Otros cuatro familiares más murieron en los seis meses siguientes y creo que estos acontecimientos tuvieron un efecto devastador en mi hijo. Traté de ayudarlo para que los sobrellevara, pero al parecer todavía le estaban afectando.

Cuando acudimos a usted, lo examinó y determinó que tenía un muro en el corazón que le causaba un desequilibrio emocional en el cuerpo. Usó un imán para quitarle cada una de las emociones negativas asociadas con el muro del corazón. No entiendo los aspectos científicos de este tipo de tratamiento; sin embargo, creo que finalmente conseguí encontrar la respuesta a los problemas cada vez mayores de mi hijo. Después de que usted lo tratase, estuvo un poco apático un par de días, pero los cambios que noté en su conducta en las semanas siguientes fueron absolutamente increíbles. Hacia el final de la primera semana dormía y se comportaba de manera normal, y volvía a mostrarse alegre y motivado. Ahora completa cada tarea escolar sin ninguna insistencia por nuestra parte. El ambiente familiar es mucho más agradable; mi hijo es servicial, amable y paciente. Me siento como si mi niño hubiera vuelto.

Si el escepticismo me hubiera mantenido apartada de este tipo de tratamiento, todavía estaría criando a un niño muy triste y frustrado sin ninguna solución a la vista. En cambio, he encontrado una cura que lo ha salvado literalmente.

Gracias.

PATRICIA L.

EL MURO DEL CORAZÓN DEL PEQUEÑO JACOB

Una de las experiencias más conmovedoras que tuve fue la de una joven madre llamada Meisha. Su hijo de tres años de edad, Jacob, había desarrollado un muro en su corazón poco tiempo después del nacimiento y muerte de su hermano mellizo. Lo traté y liberé aquel muro en una visita, y más tarde ella escribió el siguiente testimonio:

Hace tres años y medio, di a luz a mellizos. Nueve días después del nacimiento contrajeron un virus que al final atacó sus corazones, dejándolos en una situación crítica durante dos meses. Jordan, el mayor, falleció debido a múltiples complicaciones y Jacob se recuperó lo suficientemente rápido como para recibir el alta médica, aunque continuó con problemas en su corazón.

Jacob no solo quedó con una insuficiencia cardíaca, sino también con un muro en el corazón hecho de emociones duraderas y profundas que se manifestaron en un carácter malhumorado, destructivo, inseguro y violento. Uno o dos días después del tratamiento, el niño dulce y sensible regresó. Muchos de mis amigos comentaron lo feliz que parecía. Se mostraba obediente y amable, paciente y agradable. Su conducta era el polo opuesto a cuando sus pesadas emociones lo abrumaban. Sé que con un tratamiento continuado mi querido hijo se va a curar emocionalmente y va a poder vivir la alegre existencia a la que tiene derecho.

Meisha E.

LOWRI SUPERA EL TRAUMA Y EL TARTAMUDEO

Los padres de una niña muy agradable llamada Lowri se pusieron en contacto conmigo. La niña había empezado a tartamudear hacía tres años y, a pesar de haberla llevado a ver a un logopeda, la terapia no había tenido ningún efecto. Es más, sus padres habían notado que el tartamudeo había empeorado en los últimos meses.

Durante nuestras sesiones, liberamos muchas emociones atrapadas (y un muro del corazón), todas relacionadas con una época en la que los padres habían tenido discusiones bastante acaloradas. En los últimos meses, el hermano adolescente de Lowri se había vuelto gruñón y poco respetuoso, generando nuevas tensiones.

Los padres de Lowri estaban impresionados con los efectos desde la primera sesión. A la mañana siguiente, Lowri se despertó más tarde de lo normal, pero llena de energía. Empezó a hablar sin esfuerzo y ¡sin tartamudear! La profesora de Lowri enseguida notó el cambio y preguntó a sus padres qué habían estado haciendo. Posteriormente, toda la familia acabó acudiendo a sesiones individuales con la idea de mejorar la armonía en el hogar y están encantados con los efectos.

Lowri está muy contenta de seguir hablando de forma relajada y con fluidez. Dice que se siente «feliz y libre» y ha empezado a pintar y dibujar. ¡Cuántas bendiciones!

Ann Marie K.

CÓMO ENCONTRAR Y DERRIBAR EL MURO DEL CORAZÓN

Hablemos ahora de cómo puedes determinar verdaderamente si una persona tiene un muro en el corazón y cómo puedes derribarlo.

Para encontrar un muro del corazón en ti o en otra persona, simplemente pregunta. Tu duda no se resolverá a menos que le preguntes al subconsciente si tiene un muro en el corazón.

El muro del corazón está hecho de emociones atrapadas, pero el subconsciente ya no las clasifica como tales. Ahora estas emociones forman parte del muro y s<<on inaccesibles hasta que preguntes si existe un muro en el corazón. Tienes que lograr que el cuerpo admita que hay un muro antes de que puedas acceder a las emociones atrapadas que lo crean. Puedes referirte a estas emociones atrapadas como emociones del muro del corazón, por comodidad.

Al eliminarlas una por una, el muro se vendrá abajo.

Es realmente sencillo. Pregunta: «¿Tienes/tengo un muro del corazón?». Luego emplea la prueba muscular de tu elección para obtener la respuesta del cuerpo y sigue el procedimiento detallado en el diagrama de flujo que aparece a continuación. La mayor parte de las personas pueden liberar entre una y diez emociones del muro del corazón en una sola sesión y necesitan entre una y cinco sesiones para liberarse completamente del muro.

Mi experiencia demuestra que alrededor del 93 por ciento del público obtendrá un resultado positivo ante el examen del muro del corazón.

En las siguientes páginas encontrarás un diagrama de flujo para liberar muros del corazón, así como un cuadro de emociones. Los he colocado juntos para que te resulte más fácil utilizarlos cuando estés trabajando con el Código de la Emoción.

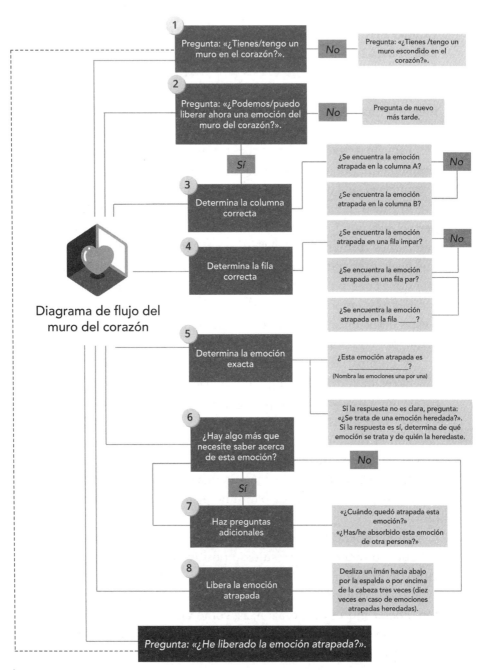

1 Pregunta: «¿Tienes/tengo un muro en el corazón?».
No → Pregunta: «¿Tienes /tengo un muro escondido en el corazón?».

2 Pregunta: «¿Podemos/puedo liberar ahora una emoción del muro del corazón?».
No → Pregunta de nuevo más tarde.

Sí

3 Determina la columna correcta
¿Se encuentra la emoción atrapada en la columna A? **No**
¿Se encuentra la emoción atrapada en la columna B?

4 Determina la fila correcta
¿Se encuentra la emoción atrapada en una fila impar? **No**
¿Se encuentra la emoción atrapada en una fila par?
¿Se encuentra la emoción atrapada en la fila ____?

Diagrama de flujo del muro del corazón

5 Determina la emoción exacta
¿Esta emoción atrapada es _____? (Nombra las emociones una por una)

6 ¿Hay algo más que necesite saber acerca de esta emoción?
Si la respuesta no es clara, pregunta: «¿Se trata de una emoción heredada?». Si la respuesta es sí, determina de qué emoción se trata y de quién la heredaste.
No

Sí

7 Haz preguntas adicionales
«¿Cuándo quedó atrapada esta emoción?»
«¿Has/he absorbido esta emoción de otra persona?»

8 Libera la emoción atrapada
Desliza un imán hacia abajo por la espalda o por encima de la cabeza tres veces (diez veces en caso de emociones atrapadas heredadas).

Pregunta: «¿He liberado la emoción atrapada?».

Cuadro de emociones

	A	B
1 CORAZÓN O INTESTINO DELGADO	Abandono Traición Desamparo Perdido Amor sin recibir	Esfuerzo no recibido Pena en el corazón Inseguridad Demasiada alegría Vulnerabilidad
2 BAZO O ESTÓMAGO	Ansiedad Desesperación Asco Nerviosismo Preocupación	Fracaso Impotencia Desesperanza Falta de control Baja autoestima
3 PULMÓN O COLON	Llanto Desánimo Rechazo Tristeza Pesar	Confusión Actitud defensiva Dolor profundo Autolesión Obstinación
4 HÍGADO O VESÍCULA	Ira Amargura Culpa Odio Resentimiento	Depresión Frustración Indecisión Pánico No valorado
5 RIÑONES O VEJIGA	Acusar Pavor Miedo Horror Fastidio	Conflicto Inseguridad creativa Terror Sin apoyo Falta de personalidad
6 GLÁNDULAS Y ÓRGANOS SEXUALES	Humillación Celos Nostalgia Lujuria Agobio	Soberbia Vergüenza Shock Indignidad Desprecio

Si deseas descargar una copia para imprimir de estas dos páginas, visita discoveryhealing.com/es/.

EL USO DE LA PALABRA «ESCONDIDO»

Cuando preguntas: «¿Tienes un muro en el corazón?», y la respuesta es no, puede haber otro fenómeno en funcionamiento. Bastante a menudo, el muro del corazón estará en realidad escondido y no aparecerá a menos que utilices la palabra «escondido» en tu pregunta o afirmación. El objetivo del muro es proteger al corazón o, en otras palabras, esconderlo de aquellas cosas que puedan causarle un daño emocional. Es posible que a veces el muro del corazón esté demasiado escondido y no sea fácil de detectar, pero si expresamente utilizas la palabra «escondido» al preguntar, aparecerá.

Si la respuesta a «¿Tienes un muro en el corazón?» es no, es posible que el muro esté escondido.

Para examinar esta posibilidad, simplemente agrega la palabra «escondido» a tu pregunta o afirmación. Por ejemplo, podrías preguntar: «¿Tienes un muro escondido en el corazón?». Si tienes uno y está escondido, será revelado. Cuando el subconsciente te confirme la existencia de un muro del corazón, puedes continuar con el proceso sin necesidad de añadir la palabra «escondido»; una vez que sea descubierto, ya no estará escondido. Un muro del corazón *escondido* no es diferente de un muro del corazón normal, simplemente es más difícil de encontrar.

No puedo especificar con cuánta frecuencia he utilizado la palabra «escondido» para encontrar muros del corazón que de otra manera no hubiesen sido detectados.

¿ESTÁ LISTO PARA SER DERRIBADO?

Una vez que has determinado que hay un muro del corazón, pregunta: «¿Puedo liberar ahora una emoción del muro del corazón?». El muro del corazón está ahí por algún motivo y, aunque sus efectos son negativos para nuestra salud y bienestar, algunas personas simplemente no están listas o dispuestas a renunciar a su protección por el momento y es necesario que respetes eso.

Si existe un muro del corazón pero obtienes una respuesta negativa sobre derribarlo, puede que quieras meditar acerca de por qué el subconsciente da esa respuesta. ¿Es seguro tu entorno? ¿Estás pasando por un momento difícil o traumático? ¿Estás procesando otras emociones que ponen a prueba tu mente o tu cuerpo? En cualquier caso, es importante escuchar al subconsciente. Él sabe lo que es mejor para nosotros. Si obtienes una respuesta positiva a tu pregunta, simplemente sigue el mismo proceso esbozado en el capítulo 6.

El Código de la Emoción funciona de la misma manera para liberar emociones atrapadas, formen parte de un muro del corazón o no. Cuando preguntas: «¿Puedo liberar ahora una emoción del muro del corazón?», y obtienes una respuesta positiva, el cuerpo tiene en mente una emoción particular que está dispuesto a liberar.

No puedes elegir qué emoción será liberada primero; el subconsciente lo hará.

Todo lo que necesitas hacer es determinar qué emoción está en el cuadro para traerla al estado consciente. Identifícala, determina cualquier otra información que el subconsciente quiera que la mente consciente sepa acerca de ella y después libérala.

UN SENTIMIENTO DE PAZ Y CALMA

He liberado nueve emociones de mi muro del corazón hasta el momento y el cambio que he experimentado ha sido increíble. He descubierto que tenía varios bloqueos emocionales importantes que me estaban impidiendo vivir la vida al máximo. Siempre he sentido que no podía avanzar en ciertos aspectos de mi vida; siempre llegaba un momento en el que me chocaba contra un muro y acababa dos pasos más atrás de donde había empezado. He probado otros métodos de sanación energética en el pasado, pero el Código de la Emoción ha sido absolutamente increíble. El proceso funciona muy rápido y los cambios son prácticamente inmediatos. Ahora todo se manifiesta con fluidez y tengo un sentimiento de tranquilidad y paz permanente. ¡Tengo muchas ganas de seguir liberando emociones atrapadas!

NIKI K.

PROCESAR PUEDE REQUERIR TIEMPO

Como he explicado anteriormente, a veces podrás liberar todas las emociones atrapadas que conforman un muro del corazón una detrás de otra, en una sola sesión. Otras veces el cuerpo te permitirá liberar un número limitado de emociones atrapadas y necesitará tomarse un tiempo para procesar lo que ha sido liberado, desde unas horas hasta un día o más, antes de que puedas liberar otra.

Después de verificar la liberación de una emoción atrapada, vuelve a formular tu pregunta original: «¿Puedo liberar ahora una emoción del muro del corazón?». Si la respuesta es sí, y si tienes tiempo, continúa.

Si la respuesta es no, podrías hacer una pregunta para ver si tal vez el muro del corazón ha desaparecido («¿Tengo un muro en el corazón?»). Si todavía existe, pregunta cuándo puedes liberar la próxima emoción: más tarde, en una hora, mañana, etc.

FELICIDAD, AL FIN

A continuación puedes leer la historia de una mujer de edad avanzada que por fin pudo vivir con alegría tras derribar su muro del corazón.

Acabo de cumplir 81 años y no recuerdo haberme sentido tan feliz en mi vida. Conocí el Código de la Emoción gracias a mi nuera, quien me libró de un dolor en el dedo del pie derecho que me había molestado durante años, mientras hablábamos por teléfono. Esto despertó mi interés. Al final compré el libro y comencé a liberar emociones atrapadas. Me quedé sola unos días y pude dedicar entre cuatro y cinco horas al día, dependiendo de lo que me permitiese el cuerpo, y ese mismo sábado, a la una de la tarde, mi muro del corazón había desaparecido.. ¡No tenía ni idea de que podía sentirme tan feliz! Desde entonces mi nuera ha estado utilizando el Código del Cuerpo a distancia para ayudarme y me ha liberado de un dolor de cadera por el que llevaba yendo al especialista desde los 22 años. Justo esta noche me he liberado del dolor de rodillas que he sufrido durante años. Había estado yendo al fisioterapeuta durante dos años para tratarlo, sin resultados, y ahora ha desaparecido.

Tengo una familia muy extensa: hijos, nietos y bisnietos maravillosos, así como cuatro hermanas, que necesitan esta herramienta. Estoy corriendo la voz lo más rápido que puedo para ayudarles a sentirse lo mejor posible.

LESLY K.

NUESTRA VIDA HA CAMBIADO GRACIAS AL CÓDIGO DE LA EMOCIÓN

Leí *El código de la emoción* y no me podía creer que todas esas emociones que conformaban mi muro del corazón y que habían estado controlando mi vida se pudiesen ir con tanta facilidad, no solo de mi vida, sino también de la de mis hijos. Una semana después de que liberase la primera emoción, me di cuenta de que mi hijo, Pete, era más amable conmigo, cuando normalmente no lo es. Antes, en algunas ocasiones, veía ira en sus ojos, pero ya no. Tenía muchas emociones atrapadas heredadas en mi muro del corazón que él había heredado de mí y, al liberarlas, desaparecieron de su cuerpo también. Esta es la única forma que tengo de ayudarle, ya que no me permite examinarle directamente. He visto el cambio que esta herramienta ha operado en mi vida y la de otras personas, de familia en familia. Muchas gracias, Dr. Bradley Nelson, por este descubrimiento que mejorará la humanidad. Gracias con todo mi corazón. ¡Ya me he apuntado para certificarme profesionalmente!

NIJOLE O.

POR FIN SIENTO AMOR

Durante toda mi vida he sentido que había un muro a mi alrededor, pero no tenía ni idea de lo que estaba sintiendo realmente. Tras leer el libro [*El código de la emoción*], sabía que acababa de encontrar la respuesta. No solo tenía muchísimas emociones atrapadas, sino que también tenía un muro en el corazón enorme que había erigido para protegerme de posibles heridas emocionales.

Sufrí mucho dolor cuando era niña y sin saber lo que estaba pasando construí un muro alrededor de mi corazón. Tardé varias semanas en derribarlo. Recuerdo la primera vez que miré a mi nieta de tres años y sentí un amor tan profundo que ni siquiera podía describirlo. Nunca había sentido nada igual. En ese momento supe que había encontrado lo que llevaba buscando toda la vida.

Durante los dos años posteriores, utilicé la técnica en familiares y amigos y continué liberando las emociones atrapadas que iban surgiendo en mi cuerpo. Se me ocurrió dedicarme a ello profesionalmente y en febrero cumplí mi sueño y me certifiqué profesionalmente. Ahora puedo ayudar a mucha más gente, no solo a familiares y amigos.

Por último, me gustaría añadir que, por primera vez en mi vida, este año no odié San Valentín. Nunca lo había celebrado ni había comprado tarjetas para mis hijos o mis nietos, pero este año compré una tarjeta y un regalo para mis nietos. Considero que se debe al hecho de que he derribado mi muro del corazón y ahora soy capaz de dar y recibir amor.

NATALIE L.

UNA DIFERENCIA ASOMBROSA

Tras derribar mi muro del corazón, me sentí increíblemente bien. Empecé a disfrutar de la compañía de otras personas a un nivel que no había experimentado antes. Ahora soy capaz de amar y aceptar a los demás tal y como son, en lugar de como yo quiero que sean. Desde entonces he derribado el muro del corazón de cuatro personas y ha sido asombroso verles cambiar. Es una experiencia maravillosa.

SHAWN C.

MÁS CONEXIÓN

Siempre he pensado que las emociones son la fuente de todas las enfermedades y trabajar con el Código de la Emoción me lo ha confirmado. Derribar mi muro del corazón me ha proporcionado calma, determinación y un sentimiento del yo verdadero que nunca había experimentado antes. Siempre he sido una persona muy espiritual, con mucha fe en Dios. El Código de la Emoción me ha permitido sentir aún más conexión y claridad.

BETH B.

CUÁL ES EL PRECIO POR TENER UN MURO DEL CORAZÓN

El precio que pagamos por tener un muro en el corazón es incalculable. ¿Cuántas personas habrán llevado vidas desconectadas y en soledad debido a los muros que rodean sus corazones? ¿Cuántas personas habrá que no hayan experimentado nunca la dicha de encontrar el amor en sus vidas? ¿Cuántas personas habrán abusado de otros porque simplemente no pueden sentir el mal que están causando?

Los muros del corazón pueden llevar a la depresión, al divorcio y a la infelicidad. Los patrones de dolor que se crean pueden pasar de generación en generación causando todo tipo de sufrimiento y conductas destructivas.

El resultado de tener muros en el corazón lleva a malentendidos, prejuicios, odio y agresividad. A escala global, los muros del corazón conducen a limpiezas étnicas, genocidios, terrorismo y guerras.

En resumen, hay demasiada incomunicación y violencia, demasiada pena y dolor en este mundo. Cuando camino por la calle veo a muchas personas con las mandíbulas apretadas, como las tenía Paula, o chicos con expresiones de enfado y resentimiento, mostrando su dolor y frustración de la manera que pueden. Cada noche, las noticias relatan una historia tras otra sobre individuos cuyos corazones deben estar atrincherados detrás de fuertes muros para ser capaces de llevar a cabo los crímenes que cometen.

La depresión generalizada es otro efecto secundario muy común de los muros del corazón y las emociones atrapadas.

Se estima que más de 300 millones de personas en todo el mundo sufren depresión. Se trata de la mayor causa de discapacidad a nivel mundial. Alrededor de 800 000 personas se suicidan cada año. Al liberar las emociones atrapadas y derribar los muros del corazón, he visto casos de depresión severa eliminada de una vez por todas. He visto matrimonios salvados, abusos detenidos y vidas cambiadas por completo. He visto comenzar hermosas relaciones amorosas. He visto a adolescentes hacer mejores elecciones. He visto cómo se restaura la paz.

Si deseas obtener más información sobre las investigaciones que se están llevando a cabo acerca del Código de la Emoción y cómo el método está ayudando a cambiar las estadísticas, ve a la página 423 y visita discoveryhealing.com/es/.

Estoy muy agradecido de poder compartir lo que he aprendido sobre las emociones atrapadas y los muros del corazón, y sacar esta información a la luz. No me cabe la menor duda de que esta sabiduría viene de arriba y está destinada a salvar muchas vidas en estos tiempos tan duros. Me siento bendecido al haber sido escogido para enseñar un método que tiene un efecto transformador tan poderoso sobre las vidas de las personas. Es emocionante formar parte de algo así.

ABRIR EL CORAZÓN

Descubrí el Código de la Emoción tras mi divorcio, cuando estaba pasando por un duro proceso, intentando superar la gran decepción y el dolor profundo que sentía. Me fue muy fácil aprender el procedimiento porque ya tenía experiencia con las pruebas musculares, así que empecé a trabajar en el muro de mi corazón y continué hasta que un día por fin ocurrió: mi muro del corazón desapareció y, en ese momento, sentí un «giro» en la zona del corazón, en algún lugar cerca de las costillas, y pensé: «¿Qué ha sido eso?».

Sentí una apertura, una elevación; no estaba segura de qué se trataba en ese momento.

Empecé a sentirme más ligera, y de lo más profundo de mi interior emanó un poderoso sentimiento de felicidad. Empecé a sentir un nivel de amor que era diferente a todo lo que había experimentado hasta ese momento. Estaba más tranquila. Y me di cuenta de que ya no reaccionaba ante las provocaciones tan rápidamente. Me mantenía en calma en circunstancias en las que me hubiese revuelto en el pasado y me costaba menos soltar las cosas.

Lo que más me sorprendió fue que empecé a sentir mi corazón cuando se movía o latía. Se produjo un cambio positivo. Sentía amor, calidez, paz y satisfacción. Ya no parecía importarme nada de lo que sucedía alrededor. Sentía mi corazón vivo. Sentía cómo el valor regresaba a mi espíritu dañado. Ahora soy practicante certificada del Código de la Emoción y del Código del Cuerpo y tengo el privilegio de ver este proceso en personas de todo el mundo. Mis clientes siempre me escriben para contarme cuánto les ha ayudado haber derribado su muro del corazón. El Código de la Emoción y el Código del Cuerpo han bendecido profundamente tanto mi vida como la de mis hijos y ahora también la de mis nietos. ¡Creo que mi vida es perfecta!

CONNIE B.

Si tienes un muro en el corazón, ¿te das cuenta de lo importante que es para ti derribarlo? ¿Te das cuenta de la importancia de ayudar a tus propios hijos y familiares? ¿Adviertes cuántas transformaciones se llevarían a cabo si pudiéramos hacer lo mismo para el mundo entero? Imagina cómo cambiará el mundo cuando podamos abrir los corazones de suficientes personas como para crear una masa significativa. Esta masa significativa quizá no sea muy abundante, pero será suficiente para ayudar a transformar este planeta para siempre. Aquellos cuyos corazones estén abiertos actuarán como un ancla para la energía divina que transformará y sanará al mundo.

Imagina.

9

SUSTITUTOS, REPRESENTANTES Y SANACIÓN A DISTANCIA

«A menudo las manos resolverán un misterio con el que el intelecto ha luchado en vano».

CARL JUNG

IMAGINA SER CAPAZ DE LIBERAR las emociones atrapadas de un ser querido que se encuentra a miles de kilómetros de distancia. Imagina ser capaz de entrar en el subconsciente de alguien que está en coma o inconsciente y necesita tu ayuda. Imagina ser capaz de examinar a tu mascota para encontrar emociones atrapadas y así mejorar su conducta. Todo esto y más es posible a través de dos formas extendidas de la prueba muscular a las que me referiré como prueba del sustituto y prueba del representante.

La prueba del sustituto y la del representante nos permiten utilizar el Código de la Emoción en circunstancias en las que de otra manera hubiera sido imposible. A pesar de haber empleado la prueba del sustituto y la del representante desde hace muchos años, me sigue impresionando lo bien que funcionan. Ambos métodos te ofrecen la posibilidad de examinar a personas que de otro modo no sería posible examinar, así como de realizar verdaderas sanaciones a distancia.

Creo que estamos viviendo en una era en la que todo el conocimiento de la antigüedad está regresando a la Tierra y que el Código de la Emoción puede haber formado parte de esa sabiduría. Mientras continuamos refinando nuestra comprensión acerca de cómo funciona el mundo, hemos hecho avances increíbles en muchas áreas. Cosas que hubiesen sido inconcebibles en el pasado hoy son comunes para nosotros. Hace poco más de un siglo, si querías capturar la imagen de alguien tenías que dibujarla o pintarla. Crear una versión a todo color de un paisaje o un retrato a menudo costaba una gran cantidad de pintura y muchas horas de esfuerzo. Ahora todo lo que necesitas es tu teléfono móvil y una fracción de segundo para presionar un botón.

Ir a visitar a un familiar a cien kilómetros de distancia solía ser un viaje de una semana entera. Ahora puedes ir y volver fácilmente en un día.

La tarea en cuestión siempre se hace más fácil cuando tienes las herramientas adecuadas. La prueba del sustituto y la del representante son herramientas poderosas que pueden utilizarse para liberar de manera efectiva emociones atrapadas independientemente de que la persona esté delante de ti o a kilómetros de distancia.

LAS ERUPCIONES CUTÁNEAS DESAPARECEN

Tuve la oportunidad de tratar a la hija de una compañera de trabajo con ayuda de un representante. La niña había estado teniendo erupciones por todo el cuerpo de forma intermitente durante meses. Mi compañera la había llevado a varios médicos, pero ninguno consiguió ninguna mejoría. Tras una única sesión del Código de la Emoción, las erupciones desaparecieron y nunca volvieron.

JENNIFER C.

DONES DEL CIELO

Veo la prueba del sustituto y la del representante como dones del cielo, dones que nos permiten lograr hacer un trabajo incluso bajo circunstancias duras. Por ejemplo, supón que tienes un niño con un problema de ira y sospechas que una emoción atrapada está involucrada. ¿Cómo practicas la prueba muscular a un niño? Supón que tu marido trabaja en el extranjero y está de duelo por la pérdida reciente de un compañero. ¿Cómo puedes ayudarlo a tanta distancia? Imagina que tu perro se muestra apático después de que uno de tus hijos se haya ido a la universidad. Sospechas que puede haber una emoción atrapada involucrada, pero ¿cómo puedes estar seguro? Tu mascota puede comprender mucho de lo que dices, pero ¿sabrá lo que le preguntas cuando le hagas la prueba muscular? Si lo hace, por favor, ¡escríbeme!

La prueba del sustituto y la del representante te permiten utilizar a alguien más, a una tercera persona o a ti mismo, como sustituto de la persona (o animal) que estás tratando de examinar. La prueba del sustituto se utiliza para examinar a una persona a la que no es posible examinar pero que está físicamente presente, mientras que la del representante te permite examinar a una persona que no está presente y que en realidad puede estar en cualquier lugar del mundo.

LA PRUEBA DEL SUSTITUTO

Como una luz en una habitación oscura, el campo electromagnético de una persona (o animal) es muy potente cuando estás cerca, pero se debilita al alejarte de él. He descubierto que nuestro campo energético se extiende de forma muy poderosa desde nuestro cuerpo hasta una distancia de casi dos metros en todas las direcciones. Cuando la información contenida en la mente subconsciente aflora, es posible detectar cambios que pueden ser medidos en nuestro campo energético inmediato con la prueba muscular. Pero ¿qué pasaría si no fuese posible realizarle la prueba muscular directamente a alguien por alguna razón? Ahí es donde entra la prueba del sustituto. Un sustituto es una persona que puede ser examinada con la prueba muscular en lugar del sujeto con el fin de obtener respuestas de la mente subconsciente de este último.

La prueba del sustituto es la respuesta para cualquier situación en la que una persona está físicamente presente pero no puede ser examinada por algún motivo.

Las razones por las que una persona no puede ser examinada incluyen las siguientes:

1. La edad, como cuando se trata de un bebé, un niño pequeño o una persona mayor.
2. Ciertas limitaciones físicas, como heridas, enfermedades, dolor, debilidad, deshidratación o vértebras desalineadas.
3. La pérdida de la consciencia, como el sueño o el coma.
4. La imposibilidad de razonar, debido a una discapacidad intelectual.
5. Que se trate de un animal (encontrarás más información sobre esto en el siguiente capítulo).

Para poder realizar la prueba del sustituto, el sujeto debe encontrarse en un radio de dos metros del sustituto. Es posible que no se le pueda realizar la prueba al sujeto directamente por las razones enumeradas anteriormente, sin embargo aún podemos obtener respuestas de su mente subconsciente, utilizando cualquiera de estos dos métodos:

1. Realizándote la prueba muscular a ti mismo, en cuyo caso tú serás tanto el sustituto como la persona que realiza el test.
2. Pidiendo a una tercera persona que actúe como sustituto.

No es necesario que el sustituto toque al sujeto en ninguno de estos casos. Hemos descubierto que es posible recibir una señal de cambio energético lo suficientemente fuerte en un radio de dos metros.

Supón que quisieras examinar a un bebé. Cualquier persona que pueda ser examinada ella misma puede actuar como sustituta del bebé. En el caso de un niño, el sustituto podría ser su madre, su padre o cualquier persona con la que el niño se sienta cómodo. Por supuesto, si otra persona que no sea uno de sus padres está examinando al niño debes asegurarte de obtener el permiso de sus padres o tutores antes de intentar ayudarlo.

Cualquier persona que pueda ser examinada puede actuar como sustituta de cualquier otra.

He llegado a considerar la prueba del sustituto como un complemento indispensable de la prueba muscular. Si obtienes una respuesta incoherente mientras examinas a alguien, mi recomendación es que realices la prueba con un sustituto, ya seas tú mismo o una tercera persona. De este modo, aún estarás haciéndole las preguntas al subconsciente del sujeto, pero realizarás la prueba muscular en el sustituto (tú o la tercera persona).

Las respuestas serán las mismas y a menudo encontrarás que la utilización de un sustituto te facilitará la detección de las respuestas que estás buscando.

CÓMO HACER LA PRUEBA DEL SUSTITUTO

A continuación encontrarás dos procedimientos para realizar la prueba del sustituto: uno para cuando tú actúes como sustituto y te realices la prueba a ti mismo, y otro para aquellos casos en los que el sustituto sea una tercera persona.

Si trabajas solo, actuando como sustituto y realizándote la prueba a ti mismo:

1. Siente amor por el sujeto y gratitud por la ayuda que esta práctica le va a brindar, y ofrece una plegaria silenciosa para que se te preste guía divina.
2. Asegúrate de que estás en condiciones de ser examinado. Para ello, obtén un buen punto de referencia, como ya hemos explicado con anterioridad, asegurándote de que obtienes respuestas claras y correctas a tus preguntas.
3. Asegúrate de estar a una distancia de no más de dos metros del sujeto. Si lo deseas, puedes tocar al sujeto, pero no es necesario.
4. Para comprobar que estás trabajando con la energía del sujeto, pídele al sujeto que haga una declaración indi-

cando su nombre: «Me llamo _____». Si el sujeto no puede hablar, tú puedes decir: «Te llamas _____». A continuación, hazte la prueba muscular; tu respuesta debería ser fuerte o congruente.

5. Para cerciorarte pide al sujeto que haga una declaración incongruente, diciendo: «Me llamo _____», añadiendo un nombre que no sea el suyo. Haz la afirmación por él si es necesario, diciendo: «Te llamas _____». La respuesta debería ser débil o incongruente.

6. Si las respuestas no son claras, repite los pasos 4 y 5 hasta que lo sean. Después continúa con el proceso del Código de la Emoción.

Si utilizas a una tercera persona como sustituto y realizas la prueba muscular en esa persona:

1. Siente amor por el sujeto y gratitud por la ayuda que esta práctica le va a brindar, y ofrece una plegaria silenciosa para que se te preste guía divina.

2. Asegúrate de que el sustituto esté en condiciones de ser examinado. Obtén un buen punto de referencia, tal y como se ha explicado con anterioridad, asegurándote de que obtienes respuestas claras para cada pregunta.

3. El sustituto debe sentarse cerca del sujeto, a no más de dos metros. Si lo desean pueden cogerse de las manos, pero no es necesario.

4. Pide al sujeto que haga una afirmación indicando su nombre: «Me llamo _____». Si el sujeto no pudiese hablar, puedes decir: «Te llamas _____». Realiza la prueba muscular en el sustituto, quien debería darte una respuesta fuerte.

5. A continuación, pide al sujeto que haga una declaración incongruente, diciendo: «Me llamo _____», y añadiendo

un nombre que no sea el suyo. También puedes hacer la afirmación por él, por ejemplo: «Te llamas _____». Después realiza la prueba muscular en el sustituto. La respuesta debería ser débil o incongruente.

6. Si las respuestas no son claras, repite los pasos 4 y 5 hasta que lo sean. Después continúa con el proceso del Código de la Emoción.

Recuerda que durante este proceso harás preguntas al sujeto o harás que el sujeto realice las declaraciones apropiadas, pero el músculo que estés examinando le pertenecerá al sustituto, no al sujeto.

Repasa las preguntas descritas en los capítulos anteriores para identificar y ubicar cualquier emoción atrapada. Para liberar una emoción atrapada, pasa el imán por la espalda del sujeto, si es posible. Si por algún motivo esto no fuera posible, también funcionará pasar el imán por la espalda del sustituto.

LA PRUEBA DEL SUSTITUTO EN NIÑOS

A menudo no es posible practicar la prueba muscular a los niños pequeños de manera fiable. La prueba del sustituto proporciona una manera simple y eficiente de obtener las respuestas que necesitas para ayudarlos.

Los niños son muy valiosos. Puedes ayudarlos en muchos casos simplemente utilizando un sustituto. El Código de la Emoción funciona de la misma manera para los niños que para los adultos. Los niños que tienen vidas estresantes y difíciles están predispuestos a tener emociones atrapadas, pero cualquier niño puede desarrollarlas, sin importar cuánto amor reciban o cuán favorable sea el ambiente en su hogar.

A continuación puedes leer una dramática historia sobre lo mucho que le ayudó a una niña muy desfavorecida eliminar sus emociones atrapadas.

LA HISTORIA DE JULIE

Julie era la hija de una adicta al *crack*. Cuando solo tenía un día de vida, fue puesta bajo la custodia de una familia de acogida que tenía la esperanza de adoptarla. Pero sus problemas no habían terminado. Cuando la vi por primera vez, a los dos años y medio de edad, le habían diagnosticado parálisis cerebral, un tipo de discapacidad intelectual, y asma aguda. Además, padecía trastorno de déficit de atención e hiperactividad.

Vivía en un estado de agitación extrema todo el tiempo y daba la impresión de que se habría puesto a trepar por las paredes de mi consulta de haber podido. No podía jugar tranquilamente con juguetes ni con otros niños, y tampoco era capaz de sentarse y quedarse quieta un segundo. Apenas hablaba. Tenía berrinches que duraban horas. La habían ingresado por su asma siete veces ese mes, antes de que la trajeran a mi consulta, y la habían conectado a máquinas para ayudarla a respirar. Su madre adoptiva era muy paciente con ella, lo que me pareció admirable. Al examinar a Julie a través de un sustituto, pude determinar que tenía un muro en su corazón, a la vez que otros desequilibrios. Enumero a continuación las emociones atrapadas que conformaban el muro de su corazón, las cuales pudimos liberar una por una a lo largo de todo un mes:

El amor no recibido heredado de su madre biológica. El amor no recibido es una emoción bastante común que ocurre cuando alguien no se siente amado o cuando su amor por otra persona no es correspondido. La propia madre de Julie sufría de la emoción atrapada de amor no recibido y se la pasó a Julie en el momento en que la concibió. La tendencia natural de nuestra sociedad es juzgar a personas como la madre biológica de Julie por sus adicciones. Observamos el comportamiento y las elecciones equivocadas que toman y tendemos a menospreciarlas. Pero lo que no vemos es lo invisible: la pena, el dolor y la angustia que conforman sus propias emociones atrapadas, sus propios muros del corazón. La madre de Julie portaba semejante carga.

El odio heredado de su padre biológico. Puede ser que nunca sepamos lo que el padre biológico de Julie había atravesado en su vida y originó tanto odio en él. Julie nunca conoció a su padre biológico, pero estaba definitivamente afectada por su emoción atrapada de odio. Cuando las energías emocionales atrapadas pasan de generación en generación, interfieren en la manera en que vivimos y en lo que decidimos. Las emociones nos conducen a hacer las elecciones que hacemos y a tratar a los demás como los tratamos. ¿Es posible que las emociones atrapadas que son transmitidas de una generación a la siguiente sean culpables en parte de ciertos trastornos y abusos?

El dolor y la ira de su madre biológica. Tanto el dolor como la ira habían quedado atrapados durante el primer trimestre de Julie en el útero. Estas dos emociones fueron la reacción de su madre biológica a estar embarazada y habían quedado atrapadas en el feto. Estas eran las respuestas que recibí mientras le realizaba la prueba del sustituto a Julie.

La angustia, la desesperanza y el pesar en el tercer trimestre. No es raro que un niño desarrolle emociones atrapadas de los sentimientos profundos que su madre experimenta cuando está embarazada. Encontré emociones atrapadas de angustia, desesperanza y pesar, todas las emociones que su madre sentía durante el tercer trimestre. Las emociones atrapadas se producen comúnmente en el tercer trimestre, pero pueden crearse en cualquier momento durante el embarazo.

La desilusión (absorbida) de su madre en el parto. La madre de Julie sintió desilusión mientras estaba de parto. En ese momento, Julie todavía estaba dentro del cuerpo de su madre y en el radio de su campo de energía. Cuando el cuerpo de su madre vibraba a la frecuencia de la desilusión, la niña empezó a resonar a la misma frecuencia y nació con esta emoción atrapada.

La indignidad y autolesión al año de vida. Julie creó un sentimiento de indignidad y humillación debido a un bagaje emocional agravado por la toxicidad del consumo de drogas de su madre biológica. Su madre adoptiva me contó que cuando la niña tenía alrededor de un año se solía golpear la cabeza contra el suelo y las paredes.

Los resultados. Después de su tercera sesión, Julie dormía toda la noche y su respiración ya no era agitada. En la cuarta sesión los síntomas del asma desaparecieron.

Poco tiempo después de que su asma desapareciera, la madre adoptiva de Julie recibió la visita de la asistenta social. Esta pasó alrededor de dos horas conversando con ella y completando el papeleo de la adopción. Durante todo este tiempo, Julie permaneció sentadita en el suelo jugando tranquilamente con sus juguetes, algo que nunca había hecho antes. La trabajadora social, asombrada, preguntó: «¿Qué medicación le estás dando?». Betty respondió: «Bueno, actualmente no está tomando ninguna medicación».

Betty cuenta aquí su experiencia con sus propias palabras:

> Nos hicimos cargo de Julie cuando tenía un día de vida; era un bebé expuesto a las drogas y planeamos adoptarla. Estaba enferma de asma aguda y la llevábamos y traíamos del hospital por lo menos tres o cuatro veces al mes; allí la conectaban a una máquina para ayudarla a respirar y le suministraban medicamentos. Tenía también hiperactividad y parálisis cerebral y su comportamiento era simplemente terrible.
>
> Dimos con el Dr. Nelson gracias a mi madre, que no se sentía bien; después de ver lo mucho que había mejorado, decidimos llevarle a Julie. El doctor la trató durante trece sesiones, después de haber estado ingresada en el hospital siete veces y conectada a una máquina en el mes de diciembre. Hace ya tres semanas que no toma medicamentos para el asma ni necesita ningún aparato para respirar. Está realmente bien. Camina mucho mejor y su mal comportamiento casi ha desaparecido.
>
> Ahora también habla con fluidez. Cuando empezamos a tratarla, apenas lo hacía. Habla, cuenta y ha mejorado muchísimo. Estamos muy satisfechos y felices con los resultados hasta ahora. Es sencillamente una niña diferente. Habíamos llega-

do a un punto en que no sabíamos si íbamos a poder terminar el día con ella o no, entre su asma y sus berrinches; a veces tenía rabietas que le duraban casi tres horas. Ahora puede irritarse, pero no tener ataques; puede llegar a llorar un poco, pero eso es todo. Estamos muy felices y nos sentimos muy bien.

BETTY R.

Resultados satisfactorios. Julie siguió mejorando y, no mucho después, sus médicos informaron a Betty de que iban a retirar el diagnóstico de parálisis cerebral y discapacidad intelectual. Su comportamiento errático e incontrolable había desaparecido y Julie era como una niña nueva.

Mi experiencia me dice que muchos problemas de comportamiento y salud que tienen los niños pueden ser mejorados en gran parte o aliviados cuando se emplea el Código de la Emoción con ellos.

En el caso de Julie, su desarrollo mental y físico también se vio muy afectado. No puedo expresar lo gratificante que es liberar a niños pequeños de la mala influencia de energías negativas atrapadas que tienen el potencial de hacer estragos en sus jóvenes vidas.

ELIZA YA NO TIENE MIEDO

Tuve mi primera experiencia con el Código de la Emoción tras leer el libro. Probé a hacer una sesión con sustituto en mi sobrina de cinco años, Eliza. Tres horas después de la sesión, vino corriendo hacia mí muy emocionada y comenzó a explicarme que ya no le daba miedo el agua. Cuando estaba en la bañera, se metía en el agua de cabeza y lo disfrutaba. Antes de la sesión tenía un miedo terrible a mojarse el pelo y la cara.

NATHAN A.

EL BEBÉ POR FIN PUEDE DORMIR Y COMER SIN DOLOR

Una madre joven vino a mi consulta con su hijo de seis meses. Alguien le había hablado de mí, tras saber que los médicos le habían dicho que no podían hacer nada por el pequeño. La madre me contó que el niño no dormía bien y que sentía dolores al comer y al hacer la digestión. Utilicé a la madre como sustituta y liberé cuatro o cinco emociones atrapadas. Al parecer el pequeño estaba absorbiendo el estrés de sus padres. Dos semanas después hablé con la madre y me contó que la primera noche tras la sesión el bebé durmió del tirón y al día siguiente hizo la digestión con normalidad, y no ha vuelto a tener problemas desde entonces.

Jimmy A.

LA PRUEBA DEL SUSTITUTO EN ANIMALES

Cuando examino a un animal, siempre le hablo como si fuese un ser humano. Puede que los animales no entiendan las palabras, pero parecen conectarse con la intención emocional que transmiten nuestros pensamientos. El subconsciente de los animales funciona de forma muy similar a la nuestra.

Créeme, los animales entienden lo que estamos tratando de hacer por ellos. Su capacidad de comprender la intención humana puede a veces incluso exceder la nuestra.

Cuando trabajes con un animal, haz las preguntas al animal y examina al sustituto (ya seas tú mismo u otra persona) para obtener las respuestas.

La prueba del sustituto funciona con gatos, perros y todo tipo de animales. Hay tantas historias sorprendentes sobre el uso del Código de la Emoción en animales que he dedicado el próximo capítulo al tema.

CÓMO EXAMINAR A PERSONAS QUE ESTÁN INCONSCIENTES

La prueba del sustituto también hace posible examinar a alguien que está durmiendo, inconsciente o en coma. Incluso si la persona no puede dar una respuesta o no es capaz de establecer contacto verbal, su subconsciente aún funciona; nunca duerme. Las constantes del cuerpo de una persona inconsciente siguen activas. Sigue respirando. Su corazón sigue latiendo. El subconsciente continúa alerta. Cuando le haces una pregunta a su cuerpo, el subconsciente sabrá la respuesta; pero si la persona está inconsciente, no podrá participar activamente en la prueba. Por consiguiente, examinar a través de un sustituto es la solución perfecta.

No obstante, la prueba muscular no debe usarse nunca en una situación de emergencia; la RCP (reanimación cardiopulmonar) sería una respuesta más apropiada.

Hace unos años mi padre sufrió un aneurisma cerebral masivo y se quedó en coma. Estaba profundamente preocupado y quería ayudarlo de cualquier manera posible. Cuando Jean y yo fuimos al hospital a verlo, descubrimos que era imposible acercarse lo suficiente para trabajar sobre él directamente, debido a todos los tubos y cables que lo rodeaban. Le pedí entonces a Jean que actuara de sustituta de mi padre. A pesar de que estaba en coma, pudimos acceder inmediatamente a su subconsciente y determinar qué podíamos hacer para ayudarlo todo lo posible, aparte de lo que ya estaba haciendo por él el personal del hospital. No solo despertó sino que tuvimos la oportunidad de disfrutar de un año más a su lado antes de que finalmente falleciese. Ser capaz de ayudarle mientras estaba en coma fue una experiencia inolvidable que me hizo estar verdaderamente agradecido por el don de la prueba del sustituto.

OBTENCIÓN DE PERMISO

Recuerda que siempre necesitas obtener permiso antes de atender a alguien, ya le estés tratando directamente o mediante la prueba del sustituto o del representante. Aquí tienes algunas pautas de sentido común para saber de quién obtener permiso en los diferentes casos:

Sujeto que va a ser examinado	De quién obtener permiso
Adulto consciente	Propio sujeto
Adulto inconsciente	Persona a cargo de las decisiones médicas
Menor	Padre o tutor del menor
Mascota	Dueño de la mascota

La prueba del sustituto es una herramienta tan útil que me ha resultado indispensable para alcanzar el máximo potencial de este trabajo. Hace que trabajar con mascotas, bebés, niños pequeños, personas inconscientes o aquellas que se encuentran muy débiles o incapacitadas para ser examinadas sea simple y fácil.

LA PRUEBA DEL REPRESENTANTE

Cuando se le otorga a alguien autoridad para actuar por el sujeto, nos referimos a la persona autorizada como *representante*. Un representante es alguien que actúa como un sustituto. En la prueba del representante, este «se convierte» de manera temporal en la persona que está siendo examinada. Al ponerse él mismo de manera voluntaria en el lugar de otra persona, el representante puede ser examinado como si fuese el sujeto de la prueba y permitir que su cuerpo sea utilizado para beneficiar al sujeto.

La prueba del representante es más útil cuando quieres ayudar a alguien que no está cerca (a dos metros o menos) o que se encuentra inaccesible por algún motivo. Cuando liberas las emociones atrapadas de alguien que se halla en otro lugar, realizas una forma de sanación remota o a distancia. A pesar de que la sanación remota no ha sido incorporada en la medicina occidental, la han practicado tanto en la antigüedad como en los tiempos modernos los expertos en qigong, gung fu, reiki y otras técnicas igualmente conocidas y respetadas.

SANAR A ALLISON EN JAPÓN

En cierta ocasión trabajé con las bailarinas de una escuela local de danza cerca de mi consulta. A Allison, una de las bailarinas a las que había estado tratando, le salió un contrato para bailar en Japón con un grupo de Disneyland. Una noche recibí una llamada de la madre de Allison, que estaba preocupada. «Dr. Nelson, tenemos un gran problema —me dijo—. Allison se ha dañado la cadera y no puede bailar. Se supone que debe actuar en un gran espectáculo mañana. ¿Hay algo que usted pueda hacer?». Le dije que quería hablar con Allison, así que me dio el número de su hotel en Japón. Cuando me comuniqué con ella, Allison describió el dolor de su cadera y dijo que le había empezado a molestar ese día sin ningún motivo aparente y que tenía dificultad para caminar. Bailar al día siguiente estaba fuera de cualquier posibilidad.

Después de solicitar permiso a la madre de Allison y a la propia Allison para examinarla, le pedí a Jean que actuara de representante. A pesar de que Allison estaba literalmente en el otro extremo del mundo, no tuvimos problema para establecer la conexión.

En este caso decidimos llamar a Allison por teléfono para tener su apoyo, pero es importante saber que la prueba del representante se puede realizar sin tener al sujeto en el teléfono mientras lo examinas. La conexión energética entre el representante y el sujeto es suficiente. La distancia no es una barrera para la energía. Podemos realizar una sanación a distancia porque, a diferencia de nuestros cuerpos, la energía no tiene fronteras.

La energía está en todas partes; llena el mundo y la inmensidad del espacio. Hay tanta energía en el aire, entre los objetos, como en los objetos mismos. Dado que la energía es continua y está presente en todas partes, atender a Allison no supuso ninguna dificultad.

Descubrimos que Allison tenía dos emociones atrapadas alojadas en los tejidos de la cadera. Las emociones atrapadas estaban relacionadas con su soledad y su dolor profundo por el viaje a Japón. «¿Sientes que no quieres estar en Japón?», le pregunté a Allison por teléfono. A regañadientes, admitió que así era. «Es fascinante estar aquí y todo eso —dijo—, pero echo mucho de menos a mi familia. Extraño a mi madre y a mis amigos. Simplemente no quiero estar aquí y ojalá me pudiera ir a casa». Al pasar un imán por la espalda de Jean, liberamos las dos emociones atrapadas de Allison.

A pesar de que Alison se encontraba en Japón, a medio mundo de distancia, los resultados fueron instantáneos.

Antes de cortar la comunicación con Allison, su dolor de cadera había desaparecido por completo. Subió al escenario al día siguiente y bailó sin ningún problema.

LA EXPERIENCIA REMOTA DE DORENE

Una paciente llamada Dorene quiso compartir esta historia sobre cómo la sanación remota resultó tan efectiva para ella como si hubiese estado en persona.

He visto al Dr. Nelson de manera intermitente en los últimos diez años por varios problemas. Durante días había estado padeciendo síntomas de una hernia de hiato, como digestión pesada y dolor. Estaba muy deprimida, porque no lograba mejorar.

Mi marido, Rick, decidió llamar al Dr. Nelson para ver si había algo que pudiera hacer para ayudarme. Encontró a través de la prueba muscular que mis síntomas estaban siendo causados por una emoción atrapada y la liberó. Puedo decir honestamente que el alivio fue instantáneo mientras estábamos sentados en nuestro salón y los síntomas desaparecían antes de que la conversación telefónica terminara. Recomiendo vivamente que la gente se abra a este tipo de tratamiento. En la actualidad hay a nuestra disposición maravillosos descubrimientos que los expertos en la materia pueden aplicar a través de tratamientos remotos.

DORENE N.

CÓMO HACER LA PRUEBA DEL REPRESENTANTE

Hablemos de los pasos concretos para hacer la prueba del representante.

Antes que nada, debes obtener el permiso del sujeto al que le vas a realizar la prueba. Es una invasión de la privacidad y no es ético realizársela a alguien sin su permiso.

Puedes realizar la prueba del representante solo, actuando como representante y examinador al mismo tiempo. Este método es sin duda el más conveniente ya que puedes examinarte a ti mismo y no necesitas la ayuda de un tercero. También puedes utilizar a otra persona como representante.

A continuación describo ambos procedimientos.

Si trabajas solo, actuando como representante y realizándote la prueba a ti mismo:

En este ejemplo, Emily Jones desea recibir una sesión del Código de la Emoción. Te da permiso para examinarla con la ayuda de un representante, ya que está fuera de la ciudad. En este caso tú harás de representante para Emily y te harás la prueba muscular a ti mismo.

También llevarás a cabo el proceso de liberación de emociones atrapadas en tu cuerpo, lo cual liberará las emociones del cuerpo de Emily al mismo tiempo, aunque esté lejos.

1. Siente amor por el sujeto y gratitud por la ayuda que esta práctica le va a brindar, y ofrece una plegaria silenciosa para que se te preste guía divina.
2. Comprueba que estás en condiciones de ser examinado. Para ello, obtén un buen punto de referencia, como ya hemos explicado con anterioridad, asegurándote de que obtienes respuestas claras para tus preguntas.
3. Para establecer una conexión energética entre Emily y tú, tu intención debe ser clara. Di en voz alta: «Me llamo Emily Jones», y, a continuación, haz una prueba muscu-

lar. Es muy posible que al principio esta declaración provoque una respuesta débil. Repite la afirmación tantas veces como sea necesario hasta que obtengas una respuesta fuerte. Si eres nuevo, quizá necesites varios intentos, pero la conexión se establecerá más rápidamente con la práctica.

4. Para comprobar que las respuestas que estás obteniendo son definitivamente las de Emily, di: «Me llamo _____», y completa la afirmación con tu nombre. Si la conexión como representante de Emily se ha establecido correctamente, tu respuesta debería ser débil o incongruente. A partir de ahora todas las respuestas que obtengas serán en realidad las respuestas del subconsciente de Emily, no importa lo lejos que se encuentre. Ahora puedes continuar con el proceso y liberar las emociones atrapadas que encuentres deslizando un imán o la punta de los dedos por tu meridiano gobernante.

5. Cuando la sesión termine, rompe la conexión (continúa leyendo para saber cómo).

Si trabajas con una tercera persona en el papel de representante:

Supongamos que Emily Jones desea recibir una sesión del Código de la Emoción. Os ha dado permiso a ti y a tu amiga Jamie para examinarla mediante representación, ya que ella está fuera de la ciudad. Jamie se ha ofrecido voluntaria para actuar en nombre de Emily, por lo que estarás realizando la prueba y liberando las emociones en Jamie.

1. Siente amor por el sujeto y gratitud por la ayuda que esta práctica le va a brindar, y ofrece una plegaria silenciosa para que se te preste guía divina.

2. Comprueba que Jamie está en condiciones de ser examinada. Para ello, obtén un buen punto de referencia, como ya hemos explicado con anterioridad, asegurándote de que obtienes respuestas claras para tus preguntas.

3. Para establecer una conexión energética entre Emily y Jamie, pídele a Jamie que diga: «Me llamo Emily Jones», y, a continuación, haz una prueba muscular. Es muy posible que al principio esta declaración provoque una respuesta débil. Repite la afirmación tantas veces como sea necesario hasta que obtengas una respuesta fuerte.

4. Para comprobar que Jamie está conectada a Emily y que las respuestas que estás obteniendo son definitivamente las de Emily, pídele a Jamie que diga: «Me llamo Jamie», y realiza una prueba muscular. Si se ha establecido una conexión de representación fuerte y Jamie está actuando en representación de Emily, la respuesta debería ser débil o incongruente. A partir de ahora todas las respuestas que obtengas en el cuerpo de Jamie serán en realidad las respuestas del subconsciente de Emily, no importa lo lejos que se encuentre. Ahora puedes continuar con el proceso y liberar las emociones atrapadas que encuentres deslizando un imán o la punta de los dedos por el meridiano gobernante de Jamie.

5. Cuando la sesión termine, rompe la conexión (continúa leyendo para saber cómo).

Es importante entender que cuando se establezca la conexión energética entre el representante y el sujeto, esta será muy real y las necesidades del representante se dejarán de lado temporalmente con el fin de ayudar al sujeto.

Cualquier pregunta que le hagas al representante se la estás formulando ahora al sujeto. Cualquier emoción atrapada que encuentres al realizarle la prueba al representante la estás encontrando en realidad en el cuerpo del sujeto.

Hasta que se rompa la conexión, cualquier cosa que desees examinar en el sujeto la estarás examinando sobre el representante; las respuestas serán las mismas. De igual modo, cualquier corrección que quieras hacer sobre el sujeto o cualquier emoción atrapada que desees liberar del sujeto la estarás realizando simplemente sobre el representante.

Como puedes imaginar, se trata de una herramienta muy útil. No solo te permite descubrir las emociones atrapadas en el interior del cuerpo de una persona a distancia, sino también liberar aquellas emociones desde lejos. Este método es tan efectivo como una sesión del Código de la Emoción llevada a cabo en persona, y el malestar de la persona tratada suele mitigarse de inmediato.

Después de que se haga la conexión, puedes utilizar el Código de la Emoción del mismo modo que hemos expuesto anteriormente. Haz preguntas e identifica cualquier emoción atrapada en el sujeto realizándole la prueba al representante.

Cuando identifiques una emoción atrapada realizándole la prueba al representante, la podrás liberar como si se lo estuvieses haciendo al sujeto. Simplemente utiliza un imán sobre el representante. Recuerda que la energía no conoce las barreras de la distancia. Tu intención de sanar y la creencia de que puedes conseguirlo harán que así sea.

¡LOS «ROLLOS ENERGÉTICOS» DE MAMÁ FUNCIONAN!

He estado utilizando el Código de la Emoción con bastante asiduidad en mis dos hijos y he notado un cambio significativo en su relación y en su nivel general de alegría y felicidad. Suelo tratarlos para asegurarme de que están emocionalmente equilibrados y alineados antes de acontecimientos importantes como los concursos de discurso y debate de mi hijo mayor o cuando mi hijo menor decide probar cosas nuevas. La diferencia que noto en la seguridad que tienen en ellos mismos y su franqueza es notable. Los dos son adolescentes y no suelen querer probar mis «rollos energéticos», pero el Código de la Emoción me permite ayudarles utilizando un representante y los resultados son igual de beneficiosos.

KAREN M.

LA TRANSFORMACIÓN DEL CONEJO BILLIE

Me senté en el jardín cerca de mi delicado y asustadizo conejo Billie, que levantó las orejas como un perro y se preparó para salir corriendo. Decidí tratarle con el Código de la Emoción y, actuando como representante, liberé una emoción atrapada de miedo, entre otras. Entonces, con una mezcla de confianza en mí misma y miedo, me acerqué a él esperando un cambio. Me dejó cogerle, acariciarle, llevarle en brazos, totalmente tranquilo. Casi se me olvida a quién estaba sujetando. Fue toda una transformación; ¡nunca me había permitido hacer eso!

KENDRA M.

CÓMO ROMPER LA CONEXIÓN

Una vez que hayas actuado como representante y completado este proceso varias veces, tu cuerpo y tu mente subconsciente deberían romper la conexión establecida con el sujeto automáticamente y no tendrás que preocuparte de hacerlo conscientemente al terminar una sesión. Sin embargo, al principio, mientras aún estés aprendiendo, asegúrate de dedicar unos segundos a este cometido. Para ello solo necesitas poner tu intención en romper la conexión entre el sujeto y el representante, ya seas tú u otra persona.

Si no se rompe la conexión, a la larga el representante podría empezar a experimentar el estado emocional de la persona a la que estaba representando.

Sí, esto significa que podrías seguir conectado a la energía de otra persona durante más tiempo del que quisieras.

En una ocasión utilicé el Código de la Emoción para ayudar a una mujer que vivía en Cleveland. Su hermana había sido mi paciente durante un tiempo en mi clínica de California y de vez en cuando actuaba como representante de aquella. En una de las sesiones cometí el error de no romper la conexión entre las dos al finalizar el tratamiento. Al día siguiente mi paciente regresó a mi oficina y dijo: «Algo anda mal. Siento que me estoy convirtiendo en mi hermana. Creo que estoy sintiendo sus emociones. Es raro. ¿Podría todavía estar conectada a ella?». Inmediatamente me di cuenta de mi error, rompí la conexión y se sintió como ella misma de nuevo.

Cuando hayas terminado, da las gracias a la persona que haya actuado como representante. Para romper la conexión, simplemente haz que el representante diga su propio nombre y realízale el test muscular hasta que el resultado sea fuerte.

Por ejemplo, si el nombre del representante es Jamie, haz que diga: «Me llamo Jamie». Si el resultado de la prueba es débil, ella todavía estará conectada al sujeto. En ese caso, simplemente pídele que repita la afirmación con su propio nombre hasta que el resultado sea fuerte. Si el representante eras tú, sigue este mismo procedimiento utilizando tu nombre hasta que obtengas una respuesta fuerte. De esa manera es como sabes si se rompió la conexión. Es así de sencillo y normalmente te llevará menos de diez segundos.

ALGO ESPECIAL

Siento que hay algo de verdad sagrado y especial en la curación mediante un representante. Es sorprendente la manera en la que la mente subconsciente del representante subordina su yo en favor del sujeto representado. El conocimiento para realizar la conexión a cualquier distancia está integrado en todos nosotros.

Siempre me ha emocionado trabajar con alguien a distancia por medio de un representante y que el sujeto experimente una mejoría inmediata o libere sus síntomas. Espero que practiques tanto la prueba del sustituto como la del representante. Cualquier persona puede hacerlo, incluso tú mismo.

Aunque estoy seguro de que puedes aprender a realizar la prueba del representante con la práctica, sé que algunos de mis lectores desean recibir ayuda.

Si deseas que un profesional certificado te ayude de forma remota con la ayuda de un representante, por favor, visita discoveryhealing.com/es/mapa-de-profesionales/.

Un número creciente de profesionales en el mundo se dedica a liberar emociones atrapadas de sus clientes con la prueba del representante, lo cual significa que también te pueden ayudar a ti sin importar en qué lugar del planeta te encuentres. Si deseas más información sobre este tema, ve a la página 426.

La prueba del sustituto es particularmente poderosa para ayudar a tus mascotas. En el próximo capítulo podrás leer mucho más sobre lo impresionante que puede ser el Código de la Emoción cuando se utiliza en animales.

10

EL CÓDIGO DE LA EMOCIÓN Y LOS ANIMALES

> «Los animales pueden comunicarse bastante bien, pero, aunque lo hacen, en términos generales son ignorados».
>
> ALICE WALKER

COMO CUALQUIER AMANTE de los animales podría decirte, ellos también tienen sentimientos. Es posible que no puedan expresarlos verbalmente, pero si observas su comportamiento y llegas a conocerlos, enseguida serás capaz de reconocer sus sutiles cambios de emociones. Aun sin palabras, los animales comunican sus emociones claramente. Cuando ocurren acontecimientos terribles, los animales pueden sufrir de emociones atrapadas tanto como las personas.

UN CABALLO ES UN CABALLO, POR SUPUESTO...

Mi primera experiencia tratando emociones atrapadas en animales ocurrió por casualidad. Un día recibí una llamada telefónica de una paciente llamada Linda, entrenadora en San Juan Capistrano, California. Había venido a verme hacía un año por un caso de asma bastante grave con el que la ayudé; pero esta llamada estaba motivada por algo completamente diferente.

«Tengo una petición un poco extraña y me pregunto si usted me podría ayudar —dijo—. Uno de mis caballos, Ranger, tiene incontinencia urinaria. Lo han examinado tres veterinarios distintos, pero ninguno de ellos puede descubrir qué es lo que le pasa. Por lo que han visto, parece que está bien de salud, pero está causando muchas molestias, no solo a mí, sino también a los propietarios de los establos adyacentes y a los propios caballos. Sé que a veces usted trabaja con animales y le agradecería mucho que viniera a mis establos a ver qué puede hacer».

Cuando Linda vino a verme a mi consulta para su propio tratamiento, habíamos hablado de nuestro amor por los caballos. Yo había crecido rodeado de estos animales en Montana y nunca me perdía la oportunidad de montar. Linda me había enseñado fotos de cuatro o cinco hermosos caballos que tenía en sus establos, pero nunca había ido a verlos.

Al día siguiente viajé con Jean a los establos de Linda. Entramos a un gran edificio rectangular con un techo muy alto que cubría alrededor de cuarenta compartimentos de caballos en dos filas. Cuando llegamos al de Ranger pudimos ver inmediatamente por qué Linda estaba tan preocupada por él. A diferencia de los otros compartimentos, ordenados y limpios, que habíamos visto en el edificio, el de este caballo era un caos por sus problemas al orinar.

Linda sacó a Ranger para que pudiéramos tratarlo sobre el suelo seco. Jean se ofreció a actuar como sustituta y puso una mano sobre el lomo del animal, manteniendo su otro brazo extendido para que le pudiera hacer la prueba muscular. Determinamos que había algo que le estaba causando un desequilibrio en los riñones, pero después de realizarle la prueba durante unos minutos no tenía idea de cuál podía ser la fuente del desequilibrio. «¿Por qué no compruebas si hay una emoción atrapada?», dijo Jean. Me reí con ganas. «¿Realizarle la prueba a un caballo para ver si tiene emociones atrapadas? Eso sí que es gracioso».

Durante mi juventud tuve dos caballos diferentes. Si bien los quería mucho y los cuidaba muy bien, nunca imaginé que podían llegar a sufrir de emociones atrapadas. Jean me miró con calma y repitió: «Solo realízale la prueba y fíjate». Jean es muy intuitiva y probablemente estaba sintiendo lo que le estaba sucediendo a Ranger. De modo que le pregunté en voz alta: «¿Este desequilibrio se debe a una emoción atrapada?», y presioné sobre el brazo de Jean. La respuesta fue «sí».

Mientras hacía un recorrido por el cuadro de emociones, nos sorprendimos al descubrir que la emoción atrapada era «conflicto». Mediante un proceso de eliminación, determinamos que Ranger se sentía en conflicto por su relación con otro caballo. Linda pudo confirmar que en los últimos meses había llegado a los establos un caballo nuevo. Ranger y él estaban enfrentados desde el primer día que se conocieron y, en ocasiones, tenían que ser separados para evitar que se hicieran daño el uno al otro. Habían trasladado al caballo nuevo lejos del box de Ranger, pero los dos animales aún entraban en contacto entre sí casi diariamente, aunque solo fuera de pasada.

La realización de más pruebas mostró que esta emoción atrapada se había alojado en el riñón derecho y realmente era la causa subyacente del desequilibrio urinario de Ranger. Una vez que hubimos verificado la emoción atrapada, la liberé haciendo rodar un imán por la parte inferior de la espalda del animal. Cuando le realicé la prueba nuevamente a través de Jean era evidente que la emoción atrapada había sido liberada.

Cuando hablé con Linda por teléfono unos días después, me dijo que su compartimento estaba seco por primera vez en meses. El problema nunca se volvió a repetir.

Aunque rara vez trabajé con animales, esta experiencia me ayudó a darme cuenta de que los animales necesitan el Código de la Emoción tanto como nosotros.

EL TRATAMIENTO DE ANIMALES

Liberar emociones atrapadas de un animal es prácticamente igual que liberar emociones atrapadas de un ser humano. Utilizarás el mismo cuadro de emociones con el que ya estás familiarizado. El único obstáculo psicológico que podrías tener que superar es que le estarás hablando directamente al animal, o más bien al subconsciente del animal, en lugar de al subconsciente de una persona. Todo lo demás es lo mismo. Puedes examinar a animales utilizando tanto un sustituto como un representante, dependiendo de dónde se encuentre el animal con respecto a ti. Te recomiendo que utilices un representante si el animal es salvaje o crees que puede ponerse agresivo.

Si estás a menos de dos metros del animal, realizarás la prueba del sustituto para examinarle.

Si realizas la prueba y actúas como sustituto, examinándote a ti mismo:

1. Siente amor por el sujeto y gratitud por la ayuda que esta práctica le va a brindar, y ofrece una plegaria silenciosa para que se te preste guía divina.
2. Asegúrate de que estás en condiciones de ser examinado. Para ello, obtén un buen punto de referencia, como ya hemos explicado con anterioridad, asegurándote de que obtienes respuestas claras y correctas a tus preguntas.
3. Colócate o siéntate a una distancia de no más de dos metros del animal (el sujeto). Si lo deseas, puedes tocarle, pero no es necesario.
4. Para comprobar que estás trabajando con la energía del sujeto, pregunta: «¿Te llamas ____?», completando la frase con el nombre del animal, y realízate la prueba muscular a ti mismo. La respuesta debería ser fuerte o con-

gruente. Si estás examinando a un animal salvaje o si no estás totalmente seguro del nombre del animal, puedes preguntar: «¿Te estoy examinando a ti?», mientras te concentras en el animal; la respuesta debería ser fuerte o congruente.

5. Si las respuestas no son claras, repite el paso 4. Cuando obtengas una respuesta clara, continúa con el proceso del Código de la Emoción.

6. Libera las emociones atrapadas deslizando suavemente un imán (o las puntas de los dedos) sobre el lomo del animal (si es posible y seguro) o sobre tu meridiano gobernante.

Si utilizas a una tercera persona como sustituto y realizas la prueba muscular en esa persona:

1. Siente amor por el sujeto y gratitud por la ayuda que esta práctica le va a brindar, y ofrece una plegaria silenciosa para que se te preste guía divina.

2. Asegúrate de que el sustituto esté en condiciones de ser examinado. Obtén un buen punto de referencia, tal y como se ha explicado con anterioridad, asegurándote de que obtienes respuestas claras para cada pregunta.

3. El sustituto debe estar a una distancia de no más de dos metros del sujeto (el animal). No es necesario que se toquen, pero si así lo desean pueden hacerlo.

4. Para corroborar que estás trabajando con la energía del sujeto, pregunta: «¿Te llamas ____?», completando la frase con el nombre del animal, y realiza la prueba muscular en el sustituto. La respuesta debería ser fuerte o congruente. Si estás examinando a un animal salvaje o si no estás totalmente seguro del nombre del animal, puedes preguntar: «¿Te estoy examinando a ti?», mientras te

concentras en el animal, y realiza la prueba muscular al sustituto; la respuesta debería ser fuerte o congruente.

5. Si las respuestas no son claras, repite el paso 4. Cuando obtengas una respuesta clara, continúa con el proceso del Código de la Emoción.

6. Libera las emociones atrapadas deslizando suavemente un imán (o las puntas de los dedos) sobre el lomo del animal (si es posible y seguro) o sobre el meridiano gobernante del sustituto.

Si te encuentras a más de dos metros de distancia del animal, le examinarás con ayuda de un representante.

Si vas a trabajar solo, actuando como representante y realizándote la prueba a ti mismo:

En este caso tú harás de representante para el animal y te harás la prueba muscular a ti mismo. También llevarás a cabo el proceso de liberación de emociones atrapadas en tu cuerpo, lo cual liberará las emociones del cuerpo del animal al mismo tiempo, aunque esté lejos

1. Siente amor por el sujeto y gratitud por la ayuda que esta práctica le va a brindar, y ofrece una plegaria silenciosa para que se te preste guía divina.

2. Asegúrate de que estás en condiciones de ser examinado. Para ello, obtén un buen punto de referencia, como ya hemos explicado con anterioridad, asegurándote de que obtienes respuestas claras para tus preguntas.

3. Para establecer una conexión energética entre el animal y tú, tu intención debe ser clara. Di en voz alta: «Me llamo _____», completando la frase con el nombre del animal, y a continuación haz una prueba muscular. Es

muy posible que al principio esta declaración provoque una respuesta débil. Repite la afirmación tantas veces como sea necesario hasta que obtengas una respuesta fuerte. Si eres nuevo, quizá necesites varios intentos, pero la conexión se establecerá más rápidamente cuando hayas repetido este proceso varias veces. Si estás trabajando con un animal salvaje o no estás completamente seguro del nombre del animal, puedes preguntar: «¿Estoy examinando a este perro/gato/ciervo?», mientras te concentras en el animal, y tu respuesta debería ser fuerte o congruente.

4. Para comprobar que las respuestas que estás obteniendo son definitivamente las del animal que estás examinando, di: «Me llamo ____», y completa la afirmación con tu nombre. Si la conexión como representante del animal se ha establecido correctamente, tu respuesta debería ser

débil o incongruente. A partir de ahora todas las respuestas que obtengas serán en realidad las respuestas del
subconsciente del animal, sin importar lo lejos que se
encuentre. Ahora puedes continuar con el proceso y liberar las emociones atrapadas que encuentres deslizando un imán o la punta de los dedos por tu meridiano
gobernante.

5. Cuando la sesión termine, rompe la conexión. Di: «Me
   llamo ____», completando la frase con tu nombre, y realiza la prueba muscular hasta que obtengas una respuesta fuerte o afirmativa.

**Si trabajas con otra persona que haga el papel de
representante y realizas la prueba muscular en su cuerpo:**

1. Siente amor por el sujeto y gratitud por la ayuda que
   esta práctica le va a brindar, y ofrece una plegaria silenciosa para que se te preste guía divina.
2. Comprueba que el representante está en condiciones de
   ser examinado. Para ello, obtén un buen punto de referencia, como ya hemos explicado con anterioridad, asegurándote de que obtienes respuestas claras para tus
   preguntas.

3. Para establecer una conexión energética entre el representante y el animal, pide al representante que diga: «Me llamo ____», terminando la afirmación con el nombre del animal, y a continuación haz una prueba muscular. Es muy posible que al principio esta declaración provoque una respuesta débil. Repite la afirmación tantas veces como sea necesario hasta que obtengas una respuesta fuerte. Si estás trabajando con un animal salvaje o no estás completamente seguro del nombre del animal, tú o el representante podéis preguntar: «¿Estoy examinando a este perro/gato/ciervo?», mientras os concentráis en el animal, y la respuesta que obtengas debería ser fuerte o congruente.

4. Si la respuesta no es clara, repite el paso 3. Cuando obtengas una respuesta clara, continúa con el proceso del Código de la Emoción y libera las emociones atrapadas que encuentres deslizando un imán o la punta de los dedos por el meridiano gobernante del representante en nombre del animal.

5. Cuando la sesión termine, rompe la conexión. Pide al representante que diga: «Me llamo ____», completando la frase con su nombre, y realiza la prueba muscular hasta que obtengas una respuesta fuerte o afirmativa.

Tu primera experiencia realizándole la prueba a un animal podría sorprenderte. Abrir de repente una línea de comunicación con un animal es una experiencia fascinante que con frecuencia resulta conmovedora.

SANAR A UN PERRO QUE VOMITA

Mientras visitaba a una amiga, su perro entró en la cocina y vomitó cerca de donde estábamos sentadas. Mi amiga se disculpó y, mientras limpiaba, me confesó que su perro vomitaba todos los días. Eso NO es normal. Ella no sabía que era posible liberar emociones atrapadas en animales con la misma facilidad que se puede hacer en humanos. Me permitió examinar a su perro y liberamos varias emociones atrapadas que databan del día en el que recogieron al perro y lo llevaron a casa con ellos. Fue una experiencia traumática para el cachorrito, pues lo habían separado de su madre. También realizamos la prueba muscular para determinar qué cambios debían llevarse a cabo en la dieta del animal para ayudarle a digerir. Desde entonces, el perro solo vomita si come algo que no debería. Ya no es un suceso diario. ¡Genial!

HEATHER H.

LA CAPTURA DE TWIGGS

Un perrito de raza lhasa apso llamado Twiggs es el ejemplo perfecto de cómo un animal puede beneficiarse con el Código de la Emoción. Sus dueños, Brett y Cathy, me contaron su historia cuando lo trajeron.

Unos meses antes habían estado paseando por las colinas cercanas a San Juan Capistrano. El pequeño Twiggs, que era muy inquieto y le encantaba explorar, se había salido del sendero corriendo por delante de sus dueños. De repente, estos escucharon un ruido de arbustos y un coyote salió de la maleza y se plantó en el camino. En un abrir y cerrar de ojos tenía a Twiggs en sus mandíbulas y echó a correr. Brett y Cathy casi no tuvieron tiempo de moverse antes de que se lo llevara. Persiguieron al coyote por entre los árboles, pero no pudieron hacer nada.

De regreso a su hogar, con sus corazones destrozados, se resignaron a la pérdida de su perro. Todavía estaban de duelo cuando, cuatro días más tarde, Twiggs apareció en la puerta de

su hogar. Se encontraba allí, tembloroso, con su pelo enmaraña-
do y sangriento, pero encantado de estar de nuevo en casa. Lo
llevaron al veterinario de inmediato, donde le cosieron las heridas y le dieron antibióticos.

«Fue como un milagro —decía Cathy, acariciando a Twiggs,
mientras lo sostenía entre sus brazos—. Nos sentimos muy aliviados». «¿Entonces cuál es el problema?», pregunté. «Que ya no
es el mismo perro —explicó Brett—. Nunca ladra ni persigue
nada. Parece haber perdido su interés por la vida». «Y tiembla
todo el tiempo», añadió Cathy, alzando a Twiggs para que yo
pudiera ver que era cierto. «El veterinario dice que le podría
haber quedado algún daño neurológico —agregó Brett—. Y que
no hay nada que pueda hacer. Probablemente sea permanente».
Cathy colocó al perrito sobre la camilla para que lo pudiera examinar. Revisé si había desajustes en su columna. Encontré algunos, como yo esperaba, y los corregí.

«El problema es que nos estamos preguntando si lo deberíamos sacrificar», admitió Cathy. «Su calidad de vida ya no es buena —dijo Brett—. Nunca ladra ni corre como solía hacerlo. Lo
tenemos que llevar a todos lados. Su curiosidad innata ha desaparecido y parece como si sufriera todo el rato». Todos miramos
a Twiggs, sentado en la camilla, temblando, con una mirada triste y asustada en los ojos. Me pude imaginar el terror que debía
haber experimentado cuando fue atacado y pensé que era probable que estuviese sufriendo de una emoción atrapada.

Expliqué a Brett y a Cathy en qué consistía la prueba del
sustituto y les pedí que alguno de ellos actuara como sustituto
para Twiggs.

Cuando pregunté si tenía una emoción atrapada, la respuesta fue «sí». Asumí que la emoción sería miedo o terror. Mientras
reduje el listado de emociones, lo que surgió fue sorprendente.
La emoción que llenó el corazón y el alma de este pequeño perro en el momento en que el coyote se lo estaba llevando no era

terror ni nada de eso, era tristeza. Mientras estaba en las mandíbulas del coyote, en todo lo que Twiggs pensaba era en que nunca iba a volver a ver a Brett y a Cathy, y el pensamiento lo llenó de tristeza. Una vez que identifiqué la emoción atrapada, la liberé rápidamente con un imán y terminó el tratamiento.

Cuando puse a Twiggs en el suelo, salió disparado como una bala, corrió por el pasillo y entró en la sala de espera. Minutos antes, cuando había estado por primera vez en esa sala en los brazos de Cathy, temblaba tanto que parecía que no había visto a ninguna de las personas que estaban allí. Ahora saludaba a cada paciente con ladridos retozones y alegres. Después correteó por el pasillo y metió la cabeza en cada habitación, ladrando al menos una vez, antes de terminar frente a Brett y Cathy moviendo la cola felizmente.

Fue una transformación sorprendente e instantánea. Estábamos todos anonadados y conmovidos por esta sanación milagrosa. Según sus dueños, Twiggs dejó de temblar desde ese momento y su personalidad encantadora e inquisitiva regresó.

Lo maravilloso de realizarles esta prueba a los animales en busca de emociones atrapadas es que lo que ves es lo que hay. Los animales nunca mienten ni van a fingir encontrarse mejor solo para que tú te sientas satisfecho. A menudo el efecto es inmediato y profundo. Twiggs sabía que estábamos tratando de ayudarlo. Y cuando de repente se sintió mejor, el cambio resultó evidente para todos.

EL COMPORTAMIENTO TRAVIESO DE BRANDY

Una noche nos pasamos a saludar a unos amigos por sorpresa. Su perro Brandy me saludó de una manera muy entusiasta pero bastante obscena. «¡Cuánto lo siento! —se disculpó Skip—. Cada vez que tenemos invitados corre a montarles las piernas. Es realmente vergonzoso y no hay nada que podamos hacer para evitarlo, así que hemos decidido dejarlo en el jardín cuando recibimos visitas. No sabíamos que ibais a venir, de lo contrario lo habríamos dejado fuera».

Cuando nos sentamos con ellos, nuestra conversación cambió rápidamente a otros temas, pero desde donde estaba sentado podía ver al pobre Brandy con una mirada triste al otro lado del cristal corredizo. Cambié de tema para centrarme en él y les comenté a mis amigos que una emoción atrapada podía ser la causa de su extraño comportamiento. Nunca habían oído hablar de nada semejante, pero confiaban en mí y estaban dispuestos a permitirme examinar a Brandy.

No llevó mucho tiempo determinar que mi corazonada era cierta. La emoción atrapada de Brandy era una pena muy profunda. ¿Cómo se creó? La familia había comprado recientemente una cabaña en las montañas. En un primer momento llevaban a Brandy con ellos en el asiento trasero del coche, pero no podía soportar el largo viaje: se mareaba y vomitaba continuamente. Pronto comenzaron a dejarlo en casa. Brandy se entusiasmaba mirando a sus dueños hacer las maletas y después, cuando se marchaban sin él, se angustiaba y no podía entender por qué lo dejaban allí solo cuando deseaba tanto acompañarles.

Ahí fue cuando comenzó el problema. Brandy nunca antes les había causado ninguna molestia, pero de repente se comportaba de manera diferente y, cuando un invitado llegaba a su hogar, le montaba la pierna para disgusto de todos. Parece ser que no podía expresar su dolor de otra manera. Una vez que liberamos su emoción atrapada, ese comportamiento se detuvo por completo.

BOOFY, EL GATO PARANOICO

Después de que mi amiga Cyrena y yo finalizáramos el seminario del Dr. Nelson sobre el Código de la Emoción, estábamos deseando poner a prueba nuestros nuevos conocimientos. Cuando regresamos a mi casa encontramos a mi gato durmiendo sobre el sofá y pensamos: «¡Ajá!, nuestra primera víctima».

Boofy era un gato callejero que nuestra familia adoptó cuando tenía aproximadamente un año. Lo cuidábamos muy bien e incluso le habíamos puesto un collar con un cascabel para que así no se volviera a perder. Durante un mes tratamos de encontrar a sus dueños, pero como no pudimos decidimos quedárnoslo, porque era muy bueno. Aunque siempre era cariñoso con nosotros, Boofy tenía un miedo terrible a los extraños. En lugar de frotarse contra sus piernas buscando atención, como hacen la mayoría de los gatos, parecía que Boofy veía a todos los desconocidos como una amenaza. Si alguien a quien no conocía entraba en la habitación, se ponía rígido y salía corriendo.

Usándome a mí misma como sustituto, le realicé la prueba buscando emociones atrapadas.

Como sospechábamos, la emoción atrapada era el miedo. Una vez que eliminamos la emoción atrapada, Boofy se dio la vuelta para que le rascáramos la barriga, pero no ocurrió nada más en particular.

Unos días más tarde, cuando un amigo vino a visitarnos, notamos que no había salido corriendo. De hecho, cuando cualquier persona entraba ahora en nuestra casa, Boofy se comportaba como cualquier otro gato, a veces acercándose a ella y ronroneando en busca de mimos.

Gracias a la sabiduría del Dr. Nelson, he descubierto que disfruto trabajando con animales, incluso que tengo una capacidad especial para tratarlos. Utilizando el autoexamen puedo identificar sus emociones atrapadas rápidamente y eliminarlas.

Ahora tengo mi propio negocio de terapia para mascotas y yo misma he visto los notables cambios que se producen en los animales utilizando el Código de la Emoción.

KATRINA B.

CACHORROS ABANDONADOS

Recibí otra carta conmovedora de Katrina, quien se ha vuelto muy competente en el uso del Código de la Emoción en animales:

> El año pasado recibí una llamada telefónica de uno de mis amigos para preguntarme si le podía prestar mi canoa. Un día antes había estado paseando a orillas del río Stillaguamish cuando escuchó el llanto de unos cachorros. Después de mirar alrededor, los vio cerca del acantilado del otro lado del río, abandonados en un pequeño banco de arena. Mi amigo temía que las próximas lluvias hicieran crecer el río y los cachorros se ahogaran, de modo que necesitaba mi canoa para rescatarlos.
>
> Mi hermano Ben y yo fuimos con nuestra canoa al río y rescatamos a los cachorros. Uno ya había muerto, pero nos llevamos a los otros cuatro a casa. Eran unos hermosos cachorritos negros con manchas blancas, mezcla de pitbull y pastor alemán. Uno de ellos no podía dejar de temblar, incluso cuando lo arropé con una manta y lo apreté contra mí. Sabía que no tenía frío, temblaba porque estaba en *shock*. Empecé a realizarle la prueba buscando emociones atrapadas, utilizándome a mí misma como sustituto. Las emociones atrapadas principales del perrito eran terror, desamparo, estrés, traición y abandono. Mientras trabajaba con él preguntando qué le había pasado y examinándome para obtener las respuestas, descubrí que los cachorros habían sido abandonados allí deliberadamente para que se ahogaran. Es fácil comprender lo terrible que fue eso en

sus pequeñas vidas. Con cuidado eliminé todas las emociones atrapadas del cachorro y confirmé que se habían ido. Menos de media hora después, el animal dejó de temblar y se calmó. Aunque yo estaba feliz de tenerlo acurrucado en la manta, quiso levantarse y jugar.

Sabiendo el trauma que habían atravesado estos cachorros, también eliminé las emociones atrapadas de los demás. Quería asegurarme de darles un mejor comienzo con las familias que los adoptarían cuando los lleváramos al refugio de animales. La perrera no tuvo ningún problema para encontrarles buenos hogares.

KATRINA B.

LAS GALLINAS ACOSADORAS

Hace tiempo compramos unas gallinas para poder disfrutar de huevos frescos cada día. Sin embargo, cuando compramos nuevas gallinas este año, era muy triste ver cómo cada día las gallinas más mayores acosaban a las jóvenes... hasta hacerles daño en algunos casos. No las dejaban comer, sentarse, beber, poner huevos, ni siquiera descansar en el patio ni en el gallinero. Cuando preguntábamos a profesionales o buscábamos soluciones *online*, TODO EL MUNDO decía en broma: «Comeos a las gallinas acosadoras». No queríamos hacer eso. Las considerábamos nuestras mascotas y queríamos sus huevos, no su carne. He obtenido resultados maravillosos con el Código de la Emoción para aliviar mi dolor de espalda, así que pregunté a la persona que me trata si estaba dispuesto a tratar a mis gallinas. Él ya había trabajado con perros y caballos con resultados maravillosos, así que accedió y llevó a cabo el tratamiento por teléfono una noche cuando las gallinas ya estaban posadas. Lo que sucedió a la mañana siguiente fue sorprendente. Todas las gallinas comieron juntas, las gallinas adultas dejaban a las otras beber, descansar y, lo que es mejor, poner huevos en sus nidos en lugar de sobre los excrementos (mucho mejor para nosotros). Desde entonces, miramos a las gallinas cada día sin poder creer el cambio que han dado de un día para otro.

MICHELLE T.

JAZZY, EL LABRADOR CHOCOLATE

Los animales siempre han sido tratados como productos y rara vez se tienen en cuenta sus sentimientos. Esta historia nos habla de un criadero de perros.

Jazzy, el labrador chocolate, había vivido gran parte de su vida en un criadero de perros, donde se quedaba embarazada solo para que le quitasen los cachorros al nacer. Incluso tras ser acogida en un hogar lleno de amor, Jazzy aún necesitaba tomar medicamentos para la ansiedad. Era el perro más temeroso que he visto. Todo le daba miedo, hasta entrar en la casa para la sesión. Daba mucha pena. Durante la sesión, liberamos emociones de nostalgia, fracaso, baja autoestima y dolor profundo, todas relacionadas con sus cachorros.

Dos días después de la sesión, la familia que la estaba acogiendo me contó que Jazzy les había mirado a los ojos por primera vez. Estaban muy impresionados. También notaron que el perro hacía cosas que no había hecho nunca. Me pidieron que volviese para darle otra sesión, en la que liberamos más emociones relacionadas con su experiencia.

Desde entonces, Jazzy ha experimentado una mejoría impresionante y ya no toma medicación. Entra en casa sin miedo y busca a sus dueños de acogida (antes tenían que buscarla ellos). El giro que ha dado Jazzy ha sido notable.

DIANA P.

LA TRISTEZA DE UN CABALLO

Después de haber tratado a Ranger, se corrió la voz acerca de mi inusual enfoque para tratar animales. Una mujer llamada Karla me preguntó si podía ir a ver a su caballo, Valiant, que estaba teniendo dificultades para caminar.

Valiant era un elegante ejemplar utilizado en doma, un tipo de entrenamiento particular en el que el caballo aprende a seguir movimientos específicos a las órdenes del jinete. Con un andar anómalo es imposible que un caballo pueda trabajar bien, de modo que el entrenamiento de Valiant se había interrumpido. Un veterinario había visto al caballo, pero no pudo encontrar nada físicamente extraño. Fue cuando Karla, la dueña, recurrió a mí en busca de ayuda.

Mi llegada a los establos causó un poco de revuelo. Los propietarios, los entrenadores de caballos y los ayudantes del establo se mostraban curiosos por ver esta nueva técnica que supuestamente liberaba a los caballos de su bagaje emocional. Una pequeña multitud se reunió alrededor del box mientras trabajaba. Pedí que alguien hiciera de sustituto y una jinete llamada Melissa se ofreció de voluntaria.

Mientras le realizaba la prueba a Valiant a través de Melissa encontré la causa del problema en su forma de caminar. Había una emoción atrapada que estaba desequilibrando sus cuartos traseros. Más respuestas revelaron que la emoción atrapada era la tristeza. «¿Esta tristeza es por otro caballo?», pregunté. El brazo de Melissa se puso débil, lo que significaba que no. «¿Esta tristeza es por un ser humano?». Su brazo se puso débil de nuevo. «No». «¿Esta tristeza es por un perro?». «No». «¿Por un gato?». «No».

Aunque me estaba quedando sin posibilidades, seguí insistiendo, porque ese era el camino para averiguar la razón de su tristeza. Al ver una ardilla cerca, pregunté: «¿Esta tristeza es por una ardilla?». «No».

De repente un pájaro sobrevoló nuestras cabezas, así que pregunté: «¿Esta tristeza es por un pájaro?». En ese momento, el brazo de Melissa dio un resultado fuerte, dando a entender que sí. ¿Un caballo sintiendo tristeza por un pájaro? Todos soltamos una risita, perplejos.

De repente, Karla, la dueña del caballo, dijo: «Esperad un minuto. Creo saber de qué se trata». Pude ver a través de la expresión de su cara que estaba hablando en serio. «La semana pasada un gorrión se cayó de su nido, justo enfrente del box de Valiant. El pequeño pájaro luchó por su vida durante un tiempo, pero finalmente murió». «¿Esta tristeza es por el gorrión que murió?», le pregunté a Valiant a través de Melissa. La respuesta fue «sí».

Valiant debió de verlo todo. Mientras el pequeño gorrión luchaba en vano por su vida hasta que finalmente murió, Valiant sentía una tristeza tan incontenible que se formó una emoción atrapada que estaba desequilibrando sus cuartos traseros y afectando a sus andares. Deslizando un imán por su lomo liberé la emoción atrapada. Karla lo condujo fuera del establo y lo hizo caminar. Y quién lo iba a decir, el problema de Valiant de repente había desaparecido, junto con su emoción atrapada de tristeza por el gorrión.

HISTORIAS ASOMBROSAS DE CABALLOS

Mientras nuestros hijos tomaban clases de equitación en una escuela ecuestre local, nosotros terminamos tratando a los caballos del dueño en busca de emociones atrapadas. Él mismo nos cuenta la historia:

He entrenado y montado caballos desde que tenía catorce años. Ahora soy propietario de una instalación ecuestre en la que trabajo. Regularmente compito con mis animales en los eventos que organiza la National Reining Horse Association por todo el país.

Conocí al Dr. Nelson y a su esposa Jean hace más o menos un año y he tenido el privilegio de que ambos tratasen a algunos de mis caballos con resultados sorprendentes; por ello me gustaría compartir con todo el mundo mi experiencia.

Todos mis caballos son de la raza cuarto de milla o *quarter horse*, una raza para trabajar con ganado, y uno de mis favoritos se llama Newt. Ahora tiene catorce años y ha estado retirado desde hace cinco, lo cual es bastante inusual para un caballo, pero se debe a que Newt tiene algunos problemas. Hace unos diez años, se durmió sobre un hormiguero y le mordieron muchas hormigas en una zona amplia de su cuarto trasero izquierdo. Al cabo de unos cuantos días se le cayó todo el pelo de esa zona y nunca se recuperó del todo. Aunque el pelo le creció nuevamente, dejé de exhibirlo hace alrededor de seis o siete años, pues ya no podía actuar y me resultaba evidente que estaba dolorido. Su energía era escasa y parecía haber envejecido antes de tiempo. Pese a estar retirado de las competiciones, lo saco aproximadamente dos veces al año para mantenerlo activo y darle algo en lo que entretenerse.

Durante estos años lo han visto varios veterinarios y quiroprácticos, e incluso probamos con la terapia de choque, pero nada funcionó. Newt es un caballo muy valioso cuyo linaje se enmarca entre las cinco mejores genealogías ecuestres del país. Sus abuelos, tanto los maternos como los paternos, eran descendientes de Doc Bar, un famoso *quarter horse*.

Mientras el Dr. Nelson y Jean trabajaban con él, me revelaron que estaba sufriendo de emociones atrapadas. En concreto, tenía falta de control y nerviosismo desde aproximadamente los dos años de edad. Esto se remontaba a antes de que yo lo tuviera, cuando su dueño anterior le había hecho trabajar duro y le había tratado con agresividad.

Desde que el Dr. Nelson y su esposa lo trataron (el examen duró alrededor de treinta minutos), Newt es un caballo nuevo. De hecho, es como si hubiese regresado de repente al punto en que se encontraba cuando tenía cuatro años. Ahora lo puedo utilizar para reunir el ganado, lo cual pone mucha presión en la espalda del caballo, sin ningún problema.

Puedo frenarlo y ejercitarlo bien, y responde siempre de la mejor manera. Me sorprende ver cómo actúa ahora. Está lleno de energía y quiere jugar todo el tiempo. Después de llevar muchos años retirado y mostrarse incapaz de hacer ciertos movimientos, hoy su aspecto es flamante.

Otro de mis caballos se llama Buck. Probablemente este pequeño y hermoso ejemplar de la raza *buckskin* es el mejor caballo que tengo. Desde que lo adquirí hace tres meses, sufría de una severa falta de energía y confianza en sí mismo, y no demostraba interés en hacer nada. No quería trabajar. Me enteré de que había sido entrenado de una manera muy agresiva. Mi experiencia me dice que con un entrenamiento duro puedes conseguir que un caballo actúe con mucha energía durante un año aproximadamente, pero después el caballo se viene abajo, como diciendo: «Puedes insistir todo lo que quieras, ya no me importa. Estoy agotado».

Buck había llegado a ese punto, estaba agotado. Odiaba su vida, odiaba su trabajo y odiaba a la gente, porque le habían maltratado. El Dr. Nelson y su esposa lo examinaron y encontraron emociones atrapadas de odio, que había absorbido de su entrenador a los tres años, depresión y otras emociones como agobio, pánico y no sentirse valorado.

Desde entonces, Buck ha cambiado de una manera asombrosa. Su cadencia al caminar es distinta, es mucho más suave de llevar y al montarlo se le nota más relajado. Además, ya no teme a las personas ni parece desconfiar de ellas. Ahora es un caballo normal en todos los aspectos; disfruta al trabajar y está lleno de energía. Es realmente sorprendente. Es como un caballo nuevo.

El mes pasado llevé a Buck a una exhibición de la NHRA, donde quedó tercero de treinta en la categoría de semental y tercero en la clasificación de entrenadores de caballos. Estoy feliz de decir que superó en cinco puntos el resultado del mejor caballo de su antiguo entrenador. Domar infundiendo miedo puede que funcione por un tiempo, pero la confianza se destruye para siempre.

No estoy seguro de cómo funciona el método del Dr. Nelson, pero estoy absolutamente convencido de que las emociones atrapadas son reales. Es verdaderamente sorprendente presenciar cómo se realiza el tratamiento y ver los resultados que se obtienen. Sin que el Dr. Nelson supiera nada de la historia de mis caballos, liberó las emociones correspondientes a sus traumas. He comprobado la eficacia de este método y puedo ver y sentir los resultados en mis caballos. Cuando trato de describirlos, la gente me dice que suena como si fuera magia. Solo sé que funciona y eso es lo único que me importa.

BOYD R.

CABALLOS COJOS QUE VUELVEN A CAMINAR

Tengo una certificación como profesional de doma clásica y he trabajado en Alemania con entrenadores olímpicos. Después de ser dueña de una instalación de entrenamiento en San Juan Capistrano, California, durante diecisiete años, con un total de veintitrés caballos, desde el nivel básico al intermedio, ahora estoy retirada en Oregón con mi semental *holsteiner* llamado Revelation; pero sigo enseñando doma clásica en Oregón, Colorado y California y ejerciendo de juez en eventos y exhibiciones.

Asistí al primer seminario sobre terapia con imanes que dio el Dr. Nelson en San Diego, California, en julio de 1998. Desde entonces he utilizado sus métodos de eliminación de emociones atrapadas y los he encontrado muy valiosos para trabajar tanto con caballos como con personas. Aunque podría compartir muchas historias sorprendentes, las dos siguientes son particularmente increíbles.

Uno de los caballos que estaba entrenando desde hacía varios años cojeaba de vez en cuando. Lo llevamos a que lo examinaran tres veterinarios distintos; le hicieron radiografías, quiropráctica y acupuntura, pero nada parecía funcionar. Era muy frustrante, ya que competíamos con él y nunca sabíamos cuándo saldría a relucir esa cojera misteriosa. Cuando aprendí a usar el Código de la Emoción, ya que había sido paciente del Dr. Nelson durante diez años y también había asistido a sus seminarios, comencé a aplicar el equilibrio energético sobre los caballos a los que entrenaba.

Highlander renqueaba en el área de su corvejón derecho. Empecé a limpiar su bagaje emocional. Tenía un muro del corazón bastante espeso. Fui capaz de eliminar todas las emociones atrapadas que lo formaban, entre las cuales había abandono, ira y resentimiento hacia su dueña, además de una gran pena. Pude remontarlas a cuando tenía cinco años y estaba siendo trasladado. Se había caído en el camión. La dueña nunca se detuvo a socorrerlo y tuvo que yacer de mala manera durante todo el viaje. Le pregunté a la dueña si esto había ocurrido y, avergonzada, admitió que era cierto. Simplemente no sabía qué hacer, de modo que condujo el camión hasta llegar a su destino. Highlander sabía que su dueña podía haberle ayudado y no lo hizo, y por ello guardaba mucho resentimiento hacia ella. También sentía que ella le había abandonado a su suerte.

Después de eliminar todas esas emociones negativas, mi caballo dejó de cojear en diez minutos. Permaneció sano los tres años siguientes mientras lo entrenaba. Solo lo tuve que volver a tratar dos veces, cuando vio caballos que no querían ser cargados en un camión y ese suceso le recordó su dolor. Sin embargo, siguió adelante y ganó varios campeonatos.

Otro caballo que estaba entrenando en una clínica llegó cojo. Nunca antes le había enseñado. Le pregunté a su dueño si le podía realizar la prueba muscular para ver si se trataba de una cojera física o emocional. Era de esta última clase, dicho de otro modo, el origen era emocional. Fui capaz de limpiar el bagaje de pena con el que cargaba tras la pérdida de otro caballo que había tenido que ser sacrificado; estaba muy triste por su compañero y esta emoción le causó cortocircuitos en muchos de sus órganos vitales, incluyendo el corazón. Me llevó alrededor de diez minutos limpiarlo, después de los cuales salió corriendo alegremente. Continuó sano durante mucho tiempo hasta que fue vendido a otro dueño.

He utilizado el Código de la Emoción en caballos que planeo adquirir para comprobar si tienen cortocircuitos emocionales y si realmente pueden ser entrenados. Me ha ayudado enormemente en la elección de buenos caballos. Siempre les estoy realizando la prueba muscular a mis caballos para hacerles controles de su estado de salud. Creo que se encuentran físicamente más saludables y más felices debido a los métodos del Dr. Nelson.

DEBBIE S.

EL DORSO HUNDIDO DE ARIANNA

Tengo muchas historias sobre mi trabajo con caballos, pero hay una en concreto en la que los resultados físicos fueron notables e inmediatos: una yegua Paso Fino llamada Arianna de la que habían abusado. Arianna casi muere de hambre y quién sabe qué otras atrocidades tuvo que experimentar durante su vida. El organismo encargado del salvamento de animales pudo hacerse cargo de la situación y salvarla de una muerte segura. La granja para la que trabajo la trajo a Carolina del Norte, su nuevo hogar. Arianna tenía miedo hasta de su propia sombra y la gente en su nuevo hogar tuvo que trabajar con ella muchas horas para que volviese a confiar en los humanos. A sus doce años, el dorso de Arianna estaba hundido, atribuido a llevar montura desde una edad temprana. Antes de comenzar con su sesión para liberar tensiones, utilicé el Código de la Emoción con ayuda de un péndulo, en lugar de con la prueba muscular. Liberé las emociones de abandono, miedo e impotencia y para mi sorpresa la espalda de arianna se irguió casi 8 cm. Esto ocurrió delante de mis narices. Arianna es un testimonio real de los cambios físicos que se pueden conseguir al liberar emociones atrapadas.

CAROLYN W.

LA INFECCIÓN DE FRANKY DESAPARECE

El caballo de mi amigo, Franky, tenía una infección en el corvejón. Trabajé con él haciendo de sustituta. Liberamos un muro del corazón y otras emociones atrapadas. El corvejón empezó a curarse inmediatamente y entrenarlo se volvió una tarea mucho más sencilla. Absolutamente increíble.

ANDREA F.

UNA HISTORIA TRISTE CON FINAL FELIZ

Traté a un perro de dos años que había sido rescatado por una asociación. Se trataba de un perro mestizo de unos 14 kg, que había llegado con heridas abiertas en el pecho. Había sido abandonado y había pasado tres días en una jaula a la entrada de una casa. No confiaba en la gente. Sus niveles de ansiedad estaban por las nubes. Estaba claro que sus heridas físicas eran tratables, pero era obvio que lo habían maltratado tremendamente. No estábamos seguros de si el perro se repondría emocionalmente como para ser adoptado. Tras seis semanas trabajando con él utilizando el Código de la Emoción por medio de un representante, ¡lo lleva muy bien en su hogar de acogida! El siguiente paso es la adopción.

MEREDITH B.

CONCLUSIÓN

Poblamos este mundo junto con los animales y muchas veces terminamos siendo sus cuidadores de una forma muy personal. Es decir, además de nuestras mascotas son nuestros compañeros y nuestros amigos, y a veces llegamos a amarlos como si fueran un miembro más de nuestra familia, y así es como debe ser.

Como miembros que son de nuestras familias, nos corresponde asegurarnos de que los animales que están bajo nuestro cuidado y responsabilidad estén alimentados y protegidos, y hacer siempre todo lo posible para que gocen de buena salud.

No pierdas de vista a los animales que están a tu cuidado. Si sucede algo que pueda perturbarles, como la muerte del gorrión que presenció Valiant, piensa en cómo se podría sentir tu mascota. Cuando un animal desarrolla síntomas de cualquier tipo, ya sean físicos o de comportamiento, estos podrían ser el reflejo de una emoción atrapada. Ahora tienes las herramientas para ayudarlos tú mismo.

No tengas miedo de intentarlo. Solo deja que tu corazón se llene de amor por ese animal, ofrece una oración en silencio, mantén una intención clara de ayudarlos, confía en que puedes hacerlo y tendrás éxito.

CUARTA PARTE

Un futuro más brillante

11

LA VIDA SIN EMOCIONES ATRAPADAS

«No le tengo miedo al mañana, porque he visto el ayer y amo el hoy».

WILLIAM ALLEN WHITE

SENTIR EMOCIONES NEGATIVAS es parte de la experiencia humana, como también lo es tener que lidiar con el bagaje emocional. Sin embargo, estoy convencido de que puedes vivir libre del daño causado por las emociones atrapadas durante el resto de tu vida. En otras palabras, puedes aprender a eliminar antiguas emociones atrapadas y prevenir que se formen nuevas.

La vida es un cofre lleno de dones mezclados: bendiciones por las cuales estar agradecido, dificultades que sobrellevar, oportunidades que explorar, decisiones que tomar y momentos de angustia y sufrimiento. Todas estas cosas nos proporcionan experiencia y maneras para ejercitar la fe, ganar conocimiento y desarrollar nuestra capacidad de amar. Toda la familia humana está energéticamente conectada, y lo que le ocurre a uno de nosotros nos afecta a todos en mayor o menor grado. A través de nuestras experiencias, tenemos la oportunidad de reforzar nuestra conexión por medio del desarrollo de la comprensión y la compasión por los demás.

Los altibajos de la vida nos proporcionan las oportunidades suficientes para que desarrollemos nuestras habilidades emocionales o aumentemos nuestra inteligencia emocional.

Podría parecer que, en este momento, nuestras reacciones emocionales son automáticas y que apenas tenemos control sobre ellas; en otras palabras, que nuestras emociones controlan lo que nos sucede. Sin embargo, gran parte de este comportamiento en «piloto automático» está causado por las emociones atrapadas; por lo tanto, cuantas más emociones atrapadas liberes, más libre serás para decidir cómo te quieres sentir y cómo vas a reaccionar.

Decidir cómo vas a sentirte cada día acerca de las cosas a las que te enfrentas determinará cómo va a fluir tu vida.

¿ESTÁS INTERRUMPIENDO TU EXPERIENCIA EMOCIONAL?

Recuerda los tres pasos que tienen lugar en una experiencia emocional: generamos la vibración emocional; después, por lo general, comenzamos a sentir la emoción inmediatamente y, por último, deberíamos ser capaces de soltar la emoción, completando así la experiencia.

Cuando interrumpimos esta experiencia en algún momento del proceso, la energía emocional queda atrapada en nuestro cuerpo.

Es posible que ahora te resulte más fácil entender por qué sentir una emoción con mucha intensidad puede crear una emoción atrapada. Esto significa que la emoción ha quedado atrapada durante el segundo paso de la experiencia emocional.

Pero ¿qué pasaría si interrumpiésemos la experiencia emocional tras haber creado la vibración emocional pero antes de llegar a sentirla?

Quizá hayas escuchado los términos «reprimir» o «sepultar» relacionados con las emociones. Es posible incluso que tú o alguien cercano a ti lo hagáis con frecuencia y que se haya vuelto algo tan automático que no sois conscientes de que es un problema. Puesto que se trata de reprimir una experiencia emocional en lugar de honrarla, llamo a este fenómeno «represión emocional». A continuación puedes leer la historia de Marissa, un buen ejemplo acerca de cómo funciona este fenómeno tan dañino.

> Llevo bastante tiempo utilizando el Código de la Emoción y el Código del Cuerpo y he liberado muchas emociones atrapadas de ira y sentimientos similares, que se habían originado tanto durante mi niñez como durante mi vida adulta. Lo curioso es que yo casi nunca me enfado. Todavía recuerdo algún episodio de ira del pasado porque eran bastante raros y, sinceramente, me daban miedo.
>
> Cuando me di cuenta de esto, empecé a ser consciente de que había un patrón. Cada vez que empezaba a estar un poco molesta, me reprimía casi inmediatamente, como si mi cerebro cambiase de tema. Intentaba seguir adelante pero solía acabar confundida, desesperanzada o deprimida. El dolor físico y el autosabotaje solían acompañar a estos sucesos y me di cuenta de que, la mitad de las veces, aún estaba atrapando emociones de ira, resentimiento, amargura y cosas parecidas. ¡Incluso cuando no sentía esas emociones!
>
> En algunas ocasiones intenté enfadarme, para ver si podía, pero fue casi imposible.
>
> Cuando era niña, me enseñaron de diferentes maneras que la ira era mala, que me iba a hacer daño y que me haría herir a los demás. Creo que a mi subconsciente le entró miedo de que pudiese perder el control de mi ira, así que la reprimió completamente. Mi cuerpo aún producía la vibración emocional, pero no me permitía sentirla.
>
> Me di cuenta de que esto estaba causando un problema grave en mi vida: había permitido que la gente abusase y se

aprovechase de mí durante años. Cuanto más aprendía, más me daba cuenta de cuánto necesitaba reexaminar mis creencias sobre la ira. Ahora sé que todas nuestras emociones están ahí para mostrarnos el camino y que la ira me hubiese ayudado a protegerme y abogar por mí misma.

He trabajado mucho en liberar emociones como esta y esto ha ayudado a que mi subconsciente deje de reprimir ese tipo de experiencias emocionales. Ahora soy capaz de defenderme cuando es necesario, pedir lo que deseo y establecer límites saludables, y ¡es maravilloso y empoderante!

Marissa R.

LA REPRESIÓN DE NUESTRAS EMOCIONES

Si eres como la mayor parte de las personas, no fuiste criado con la habilidad para entender o gestionar tus emociones negativas de la manera adecuada. En parte eso se debe a que no se sabía que nuestros sentimientos tienen un propósito ni que tenemos bastante control sobre ellos.

Como resultado, tus antiguos hábitos y falta de habilidades emocionales podrían causar que te agobies con cualquier emoción negativa o que la reprimas, incluso antes de sentirla. En el caso de Marissa, sus emociones negativas de ira eran interrumpidas por su subconsciente incluso antes de que ella supiese que estaban ahí. Otras veces, es posible que empieces a sentir una emoción, pero que interrumpas la experiencia *sin honrar la emoción*. Esto puede ocurrir cuando te automedicas, cuando decides sentir algo diferente, cuando te insensibilizas o cuando cambias de tema completamente porque no te gusta cómo te sientes y quieres detener esa sensación. Esto se convierte en un problema si aún no posees la suficiente inteligencia emocional o la capacidad para desviar tu experiencia emocional (hablaremos de ello más adelante). El resultado es la represión emocional y a menudo conduce a la creación de una emoción atrapada. Este es el equivalente emocional de esconder el polvo bajo la alfombra. Normalmente ocurre de forma automática porque ya has repetido el proceso muchas veces, pero puede resolverse con un poco de trabajo.

Este tipo de dinámica es peligrosa, ya que es posible que pienses que estás «eligiendo» sentir otra cosa, pero es posible que simplemente estés reprimiendo un mensaje importante de tu mente subconsciente.

La represión emocional es dañina en muchos sentidos. Te da un empujón de ego, pues te hace pensar que tienes las emociones bajo control, pero recuerda que las emociones suelen ser mensajeros enviados para comunicarte cosas importantes sobre tu salud y tus emociones. Aunque reprimas completamente tus sentimientos, tus órganos y glándulas aún crean las vibraciones emocionales. Si continúas rechazándolos (aunque no tengas la intención de hacerlo), tu cuerpo y tu subconsciente seguirán intentando llamar tu atención de otra manera. Ya ves que la represión emocional genera un tremendo dolor y sufrimiento.

Si crees que has podido estar actuando de esta manera, debes tener en cuenta que cuando liberes emociones atrapadas podrías experimentar síntomas de procesamiento particularmente fuertes. La mayor parte del tiempo no revivirás las experiencias emocionales cuando utilices el Código de la Emoción, pero si has interrumpido la experiencia emocional antes de sentir la emoción, es posible que te afecte ligeramente durante el periodo de procesamiento. Podría ser intenso, pero te animo a que te permitas sentir la emoción completamente y honres la comunicación vital que estás recibiendo de tu cuerpo y tu mente subconsciente.

DESAFÍA TUS CREENCIAS SOBRE LAS EMOCIONES NEGATIVAS

Las ideas y creencias que tenemos sobre ciertas emociones pueden llegar a estropear nuestras experiencias emocionales. ¿Tienes creencias arraigadas sobre una emoción en particular? ¿O quizá sobre las emociones negativas en general?

Las emociones negativas nunca serán agradables, pero pueden ser muy útiles, ¡todo depende de cómo las percibamos! Lo que deberías intentar hacer es utilizar el Código de la Emoción para desarrollar sentimientos neutrales sobre las emociones negativas, para que así puedas ver el mensaje oculto en cada una de ellas, en lugar de asustarte, agobiarte o cerrarte en banda.

Quizá llorar es algo que no se te permitía hacer en casa cuando eras pequeño o es posible que te dejasen en ridículo si llorabas durante un partido de fútbol. Ahora, durante tu edad adulta, es posible que no puedas llorar cuando deseas hacerlo o que llores todo el tiempo o en situaciones poco apropiadas. Esto es lo que sucede cuando estamos experimentando represión emocional o tenemos emociones atrapadas, o ambas. Empieza a ahondar en este tipo de problemas, cada vez con una emoción, y verás cómo el problema disminuye o desaparece.

TÚ ELIGES TUS EMOCIONES

Existen muchas ideas equivocadas acerca de las emociones y una de ellas es que los demás tienen el poder de hacerte sentir de cierta manera.

¿Has hecho alguna vez alguna afirmación como «Mi novio/a me vuelve loco/a», «Eso me deprimió mucho» o «Eso me puso de muy mal humor»? Afirmaciones como estas son muy comunes. Si te escuchas a ti mismo atentamente podrías encontrarte diciendo algo parecido en cualquier momento, pero si te paras y piensas en afirmaciones como estas, te darás cuenta de que en realidad son bastante ridículas. El hecho es que nada ni nadie puede *hacerte sentir* ninguna emoción que tú no hayas *elegido*.

Las cosas que te pasan no determinan las emociones que sientes. Puede que no tengas control consciente sobre todos los acontecimientos que afectan a tu vida, pero sí tienes la capacidad de elegir cómo pensar, sentir y actuar al respecto. No importa lo que ocurra, al final eres tú quien eliges las emociones que sientes cuando algo sucede.

Muchos de nosotros, de manera involuntaria, a veces nos volvemos víctimas de nuestras emociones. Puede que no creas que tienes el control de cómo te sientes porque tus respuestas emocionales parecen automáticas. La realidad es que tu subconsciente es como una máquina muy eficiente que simplemente hace lo que se le ha dicho que haga: repite los patrones que has creado. Las emociones negativas surgen tan rápido que puede parecer que no hay tiempo de elegir una emoción diferente de la natural, que aparentemente brota de la nada. Si estás llegando tarde a una cita, quizá sientas ansiedad. Si alguien te trata de manera grosera, puedes sentirte ofendido automáticamente. Cuando te insultan o te agreden, puede ser que en respuesta te sientas de inmediato resentido o enojado.

Si eres como la mayoría de las personas, habrás vivido experiencias desagradables de vez en cuando. Debes decidir calmarte y empezar a controlar tus emociones por adelantado o seguir reaccionando de la misma manera. Cuando te permites reaccionar como siempre lo has hecho, tu mente subconsciente podría ofrecerte una emoción negativa basada en las emociones que has elegido bajo circunstancias similares en el pasado. Los primeros dos pasos de cualquier experiencia emocional (crear la emoción y empezar a sentirla) ocurren en segundos, así que obrar un cambio llevará tiempo y trabajo.

Aunque siempre hayas respondido de una determinada manera negativa ante una situación concreta, esas respuestas negativas pasadas no tienen que ser necesariamente iguales que tus respuestas futuras. Tienes frente a ti la oportunidad de elegir cada vez que te suceda algo negativo. Puedes elegir reaccionar como siempre o hacer o decir algo diferente. El pasado no tiene por qué ser necesariamente igual que el futuro.

Cada vez que decides conscientemente desviar tu experiencia emocional y sentir algo positivo en su lugar, estarás alterando antiguos programas en tu mente subconsciente. Esto puede parecer difícil al principio, pero sigue intentándolo y conseguirás establecer programas nuevos y efectivos que harán que elegir algo positivo sea parte de tu naturaleza.

La realidad de las emociones es que tú siempre las eliges. Siempre eliges cómo sentirte. Siempre. Ser consciente de esto es en sí mismo bastante potenciador. Eres el autor de tus propias experiencias emocionales. Puedes elegir cualquier emoción que quieras en cualquier situación que afrontes. Eres el autor de tus experiencias emocionales.

TU CENTRO DETERMINA LA REALIDAD

Todos los días se nos presentan elecciones, aunque solo sea decidir si sentirnos bien o mal con respecto a las cosas que suceden en nuestras vidas. Casi siempre hay cosas buenas y no tan buenas que ocurren en un momento determinado. En qué elijas enfocarte será un factor determinante en la ecuación de tu felicidad.

Cada vez que nos centramos en nuestros problemas y en las cosas que están yendo mal en nuestras vidas, terminamos creando más negatividad. Una vez vi una película en la que un sabio profesor le decía a su alumno: «Recuerda: aquello en lo que te enfocas determina tu realidad». Cuán cierta es esta afirmación. Puedes ver un vaso medio lleno o medio vacío, pero ver el vaso medio lleno te da más poder y crea una realidad más positiva para ti.

MIRA AL PASADO CON AMOR

Algunas personas se centran demasiado en el pasado. Si eliges enfocar tu mente en un acontecimiento negativo de tu pasado y volver a experimentar las mismas emociones, puedes crear una emoción atrapada a raíz de este acontecimiento, incluso mucho después de que haya ocurrido.

Me viene a la mente una paciente llamada Diane. El padre de Diane había fallecido hacía diez años, pero encontré en ella una emoción atrapada de dolor que había creado cuatro años después de su muerte. A pesar de que había logrado superar su duelo sin crear ninguna emoción atrapada, eligió permitir que la emoción negativa de dolor la invadiera en el cuarto aniversario de su muerte. En ese momento, Diane tomó una decisión consciente de volver a experimentar su pérdida y su pena. El resultado fue una emoción atrapada negativa y peligrosa. Todos pasamos por momentos difíciles y es posible que no puedas evitar crear una emoción negativa aquí y allá. Pero podrás evitar una gran parte de ellas si tomas la decisión de seguir dos pasos importantes. En primer lugar, recuerda que todas tus emociones tienen un propósito; se trata de un mensaje que te están mandando tu cuerpo, tu corazón y tu mente. Lo siguiente que puedes hacer es desviar tus elecciones emocionales. Por ejemplo, si empiezas a sentir dolor por la pérdida de un ser querido, utilízalo como un recordatorio de tu amor por ellos y elige poner tu atención en los recuerdos positivos. Le sugerí a Diane que lo probase la siguiente vez que empezase a echar de menos a su padre y te sugiero que, cuando lo necesites, lleves a cabo un proceso parecido.

EN PAZ CON EL PASADO

He notado grandes avances en mi salud emocional y física desde que derribé mi muro del corazón. Tenía una ansiedad muy acusada y ha disminuido. También me siento más en paz con las cosas que tuvieron lugar en el pasado y que no había notado que me estaban afectando.

TRICIA V.

CENTRARSE EN LOS RECUERDOS POSITIVOS

Mi hija más pequeña estaba pasando por un momento de dolor profundo debido al fallecimiento de un amigo de la familia por cáncer. Tras liberar esta emoción atrapada, fue capaz de centrarse en los recuerdos de alegría y amor vividos con esta persona en lugar de en la pérdida.

JOY B.

DESVIAR LAS EMOCIONES

Si deseas convertirte en maestro de tus emociones, es esencial que aprendas a desviar tus experiencias emocionales. La clave es que te vuelvas sumamente consciente de tus experiencias emocionales en general, para que puedas aprender a entender cada parte del proceso más claramente.

Recuerda que elegimos nuestras emociones basándonos en varios factores: emociones atrapadas, antiguos hábitos e ideas y, por supuesto, las circunstancias actuales. La mayor parte del tiempo, reaccionamos o creamos una emoción y comenzamos a sentirla inmediatamente. Pero en la mayoría de nuestras experiencias, esta respuesta aparece demasiado rápido y nos podemos permitir bajar el ritmo considerablemente. Te sugiero que establezcas la intención de aprender a desviar tus emociones en este mismo instante.

De momento, no intentes desviar tus emociones durante los sucesos más traumáticos y dramáticos; concéntrate en las emociones del día a día y en los sucesos que, en caso de no desviar las emociones correctamente, no supondrán un problema. Con la práctica, podrás encargarte de todos.

La próxima vez que te sientas irritado, triste o solo (o cualquier otra emoción que no sea muy extrema), respira hondo, haz a un lado todo lo demás por unos minutos y toma la decisión de sumergirte en este ejercicio de redirección emocional. Si estás sintiendo una de estas emociones en este momento o puedes evocar una, puedes probarlo ahora.

1. Respira profundamente, concentrándote en la emoción. Recuerda que te estás sintiendo de esta manera por una razón y trata de aferrarte a esta idea hasta que seas capaz de descifrar su mensaje.
2. Intenta reconocer la emoción que estás sintiendo. Si no eres capaz, utiliza el cuadro de emociones para guiarte. Si sigues sin poder identificarla, puedes valerte de la prueba muscular para hacerlo.
3. Observa si sientes dolor o cualquier otra sensación física en tu cuerpo, pues podría tener relación.
4. Analiza cómo has llegado a este sentimiento. ¿Ha aparecido de repente? ¿Estás reaccionando apropiadamente ante una determinada situación? ¿Crees que puedes

estar reaccionando exageradamente? (Recuerda que, aunque tu percepción no sea clara, no pasa nada).

5. Date permiso para sentir esta emoción y entender el mensaje que te trae.

6. Descubre si hay alguna emoción atrapada contribuyendo a este sentimiento o creándolo. Si la hay, libérala. Repite este paso tantas veces como sea necesario hasta que no quede ninguna emoción atrapada.

7. Analiza tus sentimientos de nuevo, mientras respiras profundamente. ¿Sigues notando ese sentimiento? Si sientes que estás experimentando una emoción diferente vuelve al paso 2. Si sigues sintiendo lo mismo ve al paso 8.

8. Agradece a tu cuerpo y a tu subconsciente que se comuniquen contigo. Honra la emoción que estás experimentando. Date permiso para dejar que los antiguos hábitos se disipen y elige una emoción positiva en su lugar.

9. Decide cómo quieres sentirte. Puedes sustituir la emoción negativa por otras de vibración alta tales como la compasión, la tolerancia y la curiosidad.

10. Si es necesario, crea pensamientos que se alineen con la emoción que has elegido. Por ejemplo, si deseas sentir curiosidad, puedes decirte: «Me pregunto cómo podría hacerle entender mejor lo que necesito».

11. Si eres capaz de seguir el proceso hasta aquí, ¡has desviado una experiencia emocional con éxito! Es posible que al principio parezca complicado y te sientas torpe, pero cuanto más repitas el proceso, mejor te saldrá, hasta que se vuelva automático.

Hacer elecciones conscientes en vez de permitir que antiguos patrones subconscientes te guíen es elegir evolucionar y crecer.

Utilizar tu nuevo conocimiento y consciencia acerca de las emociones atrapadas te ayudará a pararte y pensar antes de permitir que una respuesta automática se apodere de ti.

La próxima vez que te enfrentes a una situación negativa, simplemente no reacciones; ¡piensa! Y pregúntate: «¿Qué me hará mejor, una emoción negativa o una positiva?». Apuesto a que la positividad ganará la mayoría de las veces. Existe todo un repertorio de emociones para elegir. A continuación tienes una lista de emociones positivas que puedes usar la próxima vez que quieras actuar de manera positiva.

LISTA DE EMOCIONES POSITIVAS		
Aceptación	Contento	Gratitud
Alegría	Coraje	Honor
Amabilidad	Curiosidad	Humildad
Ambición	Deleite	Interés
Amistad	Deseo	Júbilo
Amor	Diligencia	Modestia
Anticipación	Disposición	Paciencia
Asombro	Empatía	Pasión
Benevolencia	Entusiasmo	Paz
Calma	Esperanza	Perdón
Caridad	Fe	Regocijo
Comodidad	Felicidad	Satisfacción
Confianza	Generosidad	Sorpresa

LA LEY DE LA ATRACCIÓN

Sentir emociones positivas sobre aquello que deseas conseguir te ayudará a alcanzar tus sueños literalmente. Cuando visualices tu vida de la manera en que quieres que sea y te sientas como si ya hubieras cumplido tu sueño, encontrarás justo delante de ti las oportunidades para llevar a cabo aquello que te hace feliz.

Centrarte en las cosas indeseadas o negativas de tu vida perpetuará esos mismos problemas.

Por ejemplo, si te pasas el tiempo lamentándote porque no encuentras el amor, la señal que le estás enviando al universo es que no puedes encontrar el amor. Como resultado, no lo encontrarás, o al menos te será más difícil dar con él. Estamos constantemente irradiando nuestros pensamientos hacia el cosmos. Estos pensamientos llenan la inmensidad del espacio y no están limitados por la velocidad de la luz ni ninguna otra condición. Nuestros pensamientos son poderosos y lo que pensamos y sentimos es lo que creamos.

LA CREACIÓN SIEMPRE ESTÁ OCURRIENDO

La creación siempre está ocurriendo. Cada vez que tenemos un pensamiento estamos en proceso de creación. Parte de esos pensamientos se va a manifestar y, en consecuencia, terminamos atrayendo hacia nosotros los pensamientos predominantes que mantenemos en la conciencia, ya sean conscientes o inconscientes.

REV. MICHAEL BECKWITH

Ya puedes comprender la importancia de controlar los pensamientos conscientes y mantenerlos en una línea positiva. Pero ¿qué pasa con tus pensamientos subconscientes?

Tu subconsciente puede tener un gran efecto en los objetivos que tratas de alcanzar en la vida. Las emociones atrapadas trabajan su influencia negativa en ti en gran parte a través del mecanismo del subconsciente. Puedes intentar hacer lo mejor para pensar de manera positiva y ver el vaso medio lleno mientras que tus emociones atrapadas subconscientes te traicionan al irradiar constantemente sus propias y particulares frecuencias negativas de pensamiento en el universo.

Cuantas más emociones atrapadas tengas, más energía negativa irradiarán y más difícil será atraer lo que quieres.

La buena noticia es que las emociones atrapadas pueden ser liberadas. Cuando hagas uso del Código de la Emoción de manera regular podrás evitar el daño que tiene lugar a nivel subconsciente, porque estarás cambiando tus frecuencias de pensamiento.

Cuando estás libre de emociones atrapadas negativas te resulta más fácil elegir las emociones positivas que te ayudarán a atraer lo que realmente quieres en tu vida.

SIEMPRE PODEMOS ELEGIR

En su libro *El hombre en busca de sentido*, Victor Frankl ilustra muy bien la importancia de elegir tus propias emociones en vez de permitir que la negatividad te elija a ti. El autor era un psicólogo al que mandaron a un campo de concentración nazi durante la Segunda Guerra Mundial. Como estudiante de la conducta humana, el Dr. Frankl comenzó a observar de manera natural a las personas que le rodeaban. Las reacciones de las personas ante los horrores que veían diariamente variaban de manera amplia. El Dr. Frankl advirtió que las personas que elegían la emoción de desesperanza y que simplemente se rendían no sobrevivían mucho tiempo. Para su sorpresa, también descubrió que en medio de un horror indescriptible todavía había individuos que elegían emociones de amor y esperanza. Escribió:

> Nosotros, los que vivimos un tiempo en campos de concentración, podemos recordar a los hombres que caminaban a través de las barracas consolando a otros, ofreciéndoles su último pedazo de pan. Quizá fueron pocos en cantidad, pero se constituyeron en la prueba suficiente de que todo le puede ser arrebatado a un hombre excepto una cosa, la última de las libertades humanas: elegir la propia actitud en cualquier circunstancia, decidir el camino propio.

RESISTENCIA Y ACEPTACIÓN

La mayor parte de nuestro sufrimiento procede de la resistencia que sentimos frente a lo que ha ocurrido en el pasado, lo que está ocurriendo en el presente y lo que podría suceder en el futuro. Empezamos a resistirnos cuando nos obcecamos en expectativas no alcanzadas. También podemos oponer resistencia a la voluntad divina y a aquello que sabemos que es correcto. Este estado de resistencia es lo que comúnmente se conoce como *orgullo*.

Las emociones atrapadas pueden empujarnos a entrar en un estado de resistencia, pero al final siempre es nuestra decisión. Y esta decisión lleva a otras, aquellas que a menudo producen más emociones atrapadas, y nos vemos atrapados en un círculo vicioso. Cuando nos resistimos a lo que está ocurriendo, nos llenamos de ira, resentimiento, amargura y miedo. Estar en un estado de resistencia también provoca que saquemos conclusiones precipitadas, que juzguemos y que elijamos nuestras emociones con demasiada rapidez.

Cuando estamos en un estado de resistencia, tendemos a rechazar las oportunidades que nos llegan, a ver la fealdad que nos rodea y a buscar las diferencias que existen entre nosotros y los demás.

AUSENCIA DE PAVOR

Mi madre falleció hace unos 18 meses. Varios meses antes, derribé el muro de mi corazón y liberé muchas otras emociones atrapadas que tenía alojadas en mi cuerpo. Tenía la emoción de miedo alojada en varios lugares de mi cuerpo, así como en mi muro del corazón, debido a traumas de mi infancia y los juicios que experimenté en aquella época. Se trataba de miedo a pasar vergüenza. Otra de las emociones atrapadas que descubrí fue pavor, heredado de mi madre. Este pavor se presentaba de forma sutil, encubierto, y parecía ser parte de mí cuando me enfrentaba a tareas difíciles. Estas dos emociones juntas estaban creando mucha resistencia en mi vida, especialmente cuando tenía que hablar en público. Había llegado a aceptar que tendría que luchar contra estos dos abusones (las emociones) durante el resto de mi vida y era algo que requería mucha energía. Tras la muerte de mi madre, mi familia me pidió que dirigiese el funeral, y estoy muy contenta de haber liberado estas emociones atrapadas, porque la mañana del funeral me desperté sin pavor. No tenía que luchar contra dichos sentimientos. Sentía la presencia de un miedo sano, en forma de nerviosismo. Hubo un par de fallos técnicos durante el funeral, que estaban fuera de mi control; sin embargo, disfruté del servicio y no cambiaría nada. También me he dado cuenta de que mi dolor ha disminuido ahora que me he liberado de las emociones atrapadas.

KENNETH P.

PERDÓN Y VOLUNTAD DIVINA

Uno de los problemas más dañinos causados por el orgullo y la resistencia es la reticencia a perdonar a los demás que puede llegar a generar en nosotros. En lugar de eso, nos aferramos a las heridas reales o imaginarias que hemos sufrido y esto nos lleva a sentir más emociones negativas e incluso deseos de venganza.

> «El odio nunca desaparecerá mientras abriguemos resentimiento en nuestra mente. El odio desaparecerá tan pronto como estos pensamientos sean olvidados».
>
> BUDA

El estado de resistencia también puede ponernos en contra de la voluntad de nuestro Creador Divino y del universo. Cada día tenemos la maravillosa oportunidad de recibir inspiración divina y de aprovechar la inteligencia universal. Sin embargo, cuando elegimos estar en resistencia, dejamos ese maravilloso poder en el arcén y caminamos arduamente por la vida con las baterías al mínimo, empapándonos de energías de baja vibración y sintiéndonos desconectados de todo lo bueno.

Cuando contraponemos nuestra voluntad a los demás, al Creador o al universo, bloqueamos nuestra habilidad para crecer y nos desconectamos del poder que está a nuestra disposición.

Nuestros cuerpos reaccionan a dicha resistencia exactamente como te imaginas: nos tensamos e irritamos, no podemos dormir, sentimos dolores... Es decir, nuestros cuerpos están respondiendo al estado caótico creado por la resistencia en nuestra energía, así como en la energía que nos rodea.

Cuando oponemos resistencia, ¡atraemos más resistencia! Es como si estuvieses esperando que pase lo peor y luego te enfadases cuando sucede.

Compara esto con el estado de aceptación. Cuando estamos en un estado de aceptación, la energía no es caótica, fluye como el agua. La aceptación nos permite abrirnos a los demás, conectar con ellos a un nivel más profundo y significativo, ver su belleza y responder con compasión. Estar en un estado de aceptación no nos hace más vulnerables a ser heridos, sino que nos permite responder a lo que está ocurriendo más despacio, con consideración y de manera apropiada. También funciona como un tipo de protección contra la negatividad, no solo porque la atraemos en menor medida, sino porque hace que nuestra vibración se eleve y, cuando esto sucede, la negatividad no se nos pega casi nada o nada en absoluto.

Aceptar el pasado nos permite perdonar y soltar. Es una decisión. Las emociones atrapadas podrían hacer que este paso te resultase muy difícil, pero una vez que las liberes te resultará mucho más sencillo. Aceptar es dejar ir todas aquellas expectativas del pasado que no han sido cumplidas. Cuando tomes la decisión de pasar a un estado de aceptación y soltar la resistencia, verás que es mucho más fácil liberarte de las emociones antiguas que han estado dificultando tu progreso y tu felicidad.

UN PROCESO PRECIOSO

En general, mi proceso ha sido precioso, aunque en ciertas ocasiones ha sido bastante difícil. El procesamiento puede llegar a ser muy duro, pero los resultados merecen la pena. Tengo una relación bastante complicada con un miembro de mi familia y ha sido así toda mi vida. Mi compasión y mi capacidad de no juzgar se fortalecen cada día. Y mi fatiga crónica está mejorando gracias a la liberación del muro de mi corazón y todo el trabajo que estoy realizando con el Código del Cuerpo.

KAT L.

DEBES ESTAR DISPUESTO A EQUIVOCARTE

Una de las claves para pasar de un estado de resistencia a uno de aceptación y conseguir resultados poderosos en nuestro desarrollo personal es aceptar que nos hemos podido equivocar en ciertos momentos. Nadie es perfecto. Se supone que debemos cometer errores, pues así es como aprendemos y progresamos. Pero el orgullo herido y otras experiencias emocionales negativas nos enseñan que equivocarse no es bueno. Si estás experimentando emociones tales como la obstinación, la vergüenza, la culpa, la autolesión, el resentimiento o el orgullo, quizá te vendría bien observar cuáles son tus creencias acerca de cometer errores. Si te cuesta disculparte, también puedes ponerlo en práctica. Y si no aguantas ser el perdedor en una discusión, especialmente cuando sabes que tienes razón, también.

Estar dispuesto a equivocarse es muy útil a la hora de utilizar el Código de la Emoción, ya que te permite ponerlo en práctica sin juzgarte. Te permite ser curioso y explorar. Piensa en los niños: exploran el mundo que les rodea libremente con curiosidad y asombro y van aprendiendo sobre la marcha. Esto es posible porque no están obcecados en tener razón y ¡no les importa equivocarse! Cuando aceptamos que ya nos hemos equivocado en la vida y que con seguridad nos volveremos a equivocar, nos liberamos de la prisión que nos autoimponemos. Esto es empoderante, no solo porque nos permite explorar cosas nuevas, sino porque nos da una mayor sensación de ser conscientes de nosotros mismos.

PINTAR SIN INHIBICIONES

Derribar el muro de mi corazón fue una experiencia poderosa. Cuando mi terapeuta y yo estábamos llegando a las últimas emociones, sentí como si, con cada emoción liberada, se abriese una puerta y de cada puerta abierta emanase amor y luz. Sentí cómo mi corazón se iba llenando y se sentía satisfecho con cada capa del muro que liberábamos. Aún hoy lo puedo sentir, aunque en menor medida.

También noté un gran cambio en mi arte. Estudié Bellas Artes, pero siempre he tenido miedo a pintar o crear arte de cualquier tipo porque estaba preocupada por lo que dirían los demás. Tras derribar el muro, un día empecé a pintar y me di cuenta de que lo estaba disfrutando. Podía dibujar lo que sentía o lo que me hacía feliz, sin preocuparme de los juicios externos. No había sido capaz de pintar de esa manera por lo menos desde que estaba en el instituto, aunque la sensación me recordaba más a lo que sentía cuando pintaba de niña: absorta en mi mundo, pintando sin inhibiciones durante horas.

También he sido capaz de perder peso con más facilidad. No he sentido la adicción a la comida basura que siento normalmente y no he tenido problemas para seguir una dieta nutritiva.

Estoy sumamente agradecida por haber descubierto que tenía un muro del corazón y haber podido derribarlo. Desde entonces, siento que me he reconectado con mi verdadero yo y he podido compartir esa parte de mí con los demás.

AMBER R.

PERMITE A LOS DEMÁS EQUIVOCARSE

Uno de los beneficios de la aceptación es que nos permite perdonar las ofensas constantes de los demás. Cuando estamos en resistencia, nos justificamos por aferrarnos a nuestros sentimientos heridos, ya que parece que esto castiga a aquellos que nos hicieron daño. En realidad, aferrarnos a las emociones negativas solo nos hace daño a nosotros mismos, no a ellos. Puede que sean conscientes de cómo nos sentimos o puede que no, pero lo que sientan al respecto depende únicamente de ellos. Aceptar es darse cuenta de que no tenemos control sobre los sentimientos ajenos, solo podemos decidir cómo queremos sentirnos nosotros en el momento presente. Simplemente porque hayas elegido sufrir aferrándote al pasado no significa que ellos vayan a sufrir contigo. Además, desear que los demás sufran es un estado vibracional bajo que ¡también te hace daño!

Siempre me ha gustado esta cita de Lewis Smedes: «Perdonar es liberar a un prisionero y después descubrir que el prisionero eras tú». Entonces, ¿por qué no liberarte a ti mismo? ¿Por qué crear más negatividad y más daño alimentando tus sentimientos hirientes día tras día?

El sufrimiento humano se debe a que no sabemos lo que nos hacemos unos a otros. Sería maravilloso que pudiésemos comprender que lo que les hacemos a los demás nos lo estamos haciendo a nosotros mismos.

Si te sientes maltratado, piensa en el ejemplo que nos dejó Jesucristo, quien pronunció estas palabras cuando estaba en la cruz: «Padre, perdónalos, porque no saben lo que hacen». En ese momento extremo eligió la emoción del amor y el perdón, y nosotros también podemos hacerlo.

Un ejemplo real del poder del perdón fue noticia en 2005. El columnista Jay Evensen cuenta la historia:

> ¿Qué sentirías por un adolescente que decidió arrojar un pavo congelado de medio kilo desde un puente contra el parabrisas del coche que tú estabas conduciendo? ¿Cómo te sentirías después de soportar seis horas de cirugía en las que tuvieron que emplear placas de metal para reconstruirte el cráneo y enterarte después de que todavía te esperan años de terapia antes de volver a la normalidad, considerando además que, después de todo, tienes la suerte de no haber muerto ni sufrido

ningún daño cerebral permanente? ¿Y cómo te sentirías después de saber que tu agresor y sus amigos hicieron algo así sin razón alguna, solo por diversión?

Este es el tipo de crimen horrendo que impulsa a los políticos a ponerse serios en materia de delincuencia juvenil. Es el tipo de acción que da lugar a los legisladores a aumentar las penas en delitos tan injustificados y alarmantes. *The New York Times* citó las palabras del fiscal del distrito con las que declaraba que este es el tipo de delito con el que las víctimas sienten que ningún castigo es lo suficientemente duro. «Ni siquiera la muerte las satisface», dijo.

Todo esto es lo que hace que lo que sucedió a continuación sea tan inusual. La víctima, de cuarenta y cuatro años, Victoria Ruvolo, exgerente de una agencia de recaudación, estaba más interesada en salvaguardar la vida de su agresor, de diecinueve años, Ryan Cushing, que en cobrarse cualquier tipo de venganza. Preguntó a los fiscales para obtener información sobre él, sobre su vida, su familia, etc. Luego insistió en ofrecerle un acuerdo. Cushing podría permanecer seis meses en el penal del condado y quedar en libertad condicional durante cinco años si aceptaba su culpabilidad en una agresión de segundo grado. De haber sido condenado por agresiones en primer grado, el cargo más adecuado por el delito que había cometido, tendría que haber permanecido veinticinco años en prisión y después volver a la sociedad siendo un hombre de mediana edad sin ninguna perspectiva de futuro.

Pero esta es solo la mitad de la historia. El resto de lo que ocurrió el día del juicio es loverdaderamente notable. De acuerdo con un informe del *New York Post*, Cushing se abrió paso tímidamente hasta donde estaba sentada Ruvolo y con lágrimas en los ojos le susurró una disculpa: «Lamento lo que te he hecho». Entonces la víctima y su agresor se abrazaron llorando. Ella le acariciaba la cabeza mientras él sollozaba, y los testigos, incluido un reportero del *Times*, escucharon a Ruvolo decir: «Está bien. Solo quiero que hagas con tu vida lo mejor que puedas». De acuerdo con algunos informes, tanto los fiscales más insensibles como los propios periodistas se emocionaron hasta las lágrimas[1].

EL CÓDIGO DE LA EMOCIÓN NOS SANÓ Y ME PERMITIÓ PERDONAR

Mi exmarido me fue infiel durante los 23 años que duró nuestro matrimonio, debido a su adicción al sexo y la pornografía. Cuando terminé de liberar todas sus emociones negativas atrapadas, ya no sentía la necesidad de participar en estas actividades. Se sorprendió tanto que leyó el libro y aprendió el método y se ha vuelto muy bueno en aplicarlo. Pasó los siguientes meses liberando todas las emociones negativas que me había causado, ya que quería hacer todo lo que estuviese en su mano para sanar el daño que me había hecho. El cambio que produjo en mí fue tan grande que pude perdonarle completamente, quitarme ese peso de encima y sanar.

Anónimo

ACERCA DEL AMOR

La capacidad de perdonar a los demás surge de nuestra propia capacidad de amar. Por lo general, enviar amor a una persona que nos ha hecho daño es difícil, así que, si te cuesta, ¡envíate ese amor a ti mismo!

La forma más pura de amor es el amor incondicional, que no está limitado ni condicionado.

¿Cómo puede ser que perdonar a los demás y demostrar amor al prójimo te ayude a evitar las emociones atrapadas?

---

[1] Jay Evensen, «Forgiveness has power to change the future», *Deseret Morning News*, 21 de agosto de 2005.

Cuando dirigimos nuestra atención a generar una vibración de amor incondicional por nosotros mismos y los seres que nos rodean, ascendemos a un nivel de conciencia superior. Estamos más abiertos a entender las motivaciones de los demás y somos capaces de conectar mejor con ellos. No juzgamos con tanta rapidez y mostramos compasión más fácilmente. Asimismo, es menos probable que experimentemos tantas emociones negativas. Esta hermosa frecuencia de amor incondicional simplemente no deja espacio para ninguno de los sentimientos oscuros que podrían dar lugar a las emociones atrapadas.

Creo que una de las razones más importantes por las que estamos aquí, en la Tierra, es para aprender a cultivar este tipo de amor. En ciertas ocasiones puede parecer difícil, pero estamos hechos de energía pura y luz y, si pedimos ayuda divina, la recibiremos.

Cuando sentimos amor incondicional hacia los demás, nuestros corazones resuenan en la misma frecuencia y experimentamos paz y armonía en nuestro interior.

El amor incondicional nos ayuda a salir de nosotros mismos, a ir más allá de nuestro propio egocentrismo. Nos ayuda a interesarnos más por los demás y a comprender sus necesidades. Nos conduce al sacrificio de nuestro tiempo y bienes mundanos para dárselos a quienes los necesitan. Nos ayuda a convertirnos en generosos en lugar de avaros. Crea un vínculo, un parentesco, una hermandad entre nosotros. Nos revaloriza como individuos y nos aporta un sentimiento de totalidad, de que formamos parte de algo que nos trasciende.

Este amor puro es un regalo de nuestro Creador y emana directamente de la fuente, nuestro corazón. Si pedimos ayuda divina para generar más de esta frecuencia y eliminar cualquier emoción atrapada que pueda estar bloqueando el camino, nos resultará mucho más fácil.

Cuando nuestros corazones están llenos de amor, ayudar a los demás a alcanzar la felicidad nos hace felices. Nos preocupamos por el bienestar ajeno tanto como por el propio y, en consecuencia, hacemos contribuciones al mundo y a la sociedad porque eso nos llena de alegría. Nuestros corazones crecen, en un sentido espiritual, y somos capaces de dar y recibir más amor.

Y, en consecuencia, es menos probable que desarrollemos emociones atrapadas. Somos más pacientes, amables y capaces de perdonar.

Cuando sentimos amor incondicional, tendemos a pasar por alto las faltas y debilidades de los demás, en vez de juzgarlos con severidad. Vale la pena luchar por ello y vivir una vida llena de amor y de positividad, una vida que esté por encima del mar de las emociones negativas.

Todos tenemos la capacidad de trascender nuestros hábitos más arraigados y de emerger en nuestros momentos más bajos para así convertirnos en seres llenos de amor. Todo empieza por la intención y se consigue paso a paso.

ACERCA DE LA INTEGRIDAD

Cuando actuamos de acuerdo a lo que sabemos que es correcto y justo, demostramos integridad. La integridad es una virtud, una fuerza interna, una honestidad con uno mismo. La integridad conduce a las personas a ser la mejor versión de ellas mismas.

En general, cuanta más integridad poseamos, menos probabilidad tendremos de desarrollar emociones atrapadas, porque nuestra alma no estará dividida, sino entera. No habrá ruptura en nuestros principios ni conflicto interno.

Cuando una persona elige vivir con integridad, se halla en paz con su propio corazón y espíritu; dicho de otro modo, vive en congruencia. Cuando continúa por este camino, la integridad crece, la confianza se fortalece y la positividad se incrementa.

Una persona que viva de esta manera tiene poco espacio para las emociones negativas que podrían quedar atrapadas.

La vida, por su misma naturaleza, es a veces desafiante, y para enfrentarnos a estos desafíos debemos crecer y cambiar. Esto significa que ni siquiera aquellos que viven en un estado de integridad están exentos de las emociones atrapadas completamente.

El crecimiento personal requiere ajustarse y acomodarse a las necesidades ajenas, reeducarse a uno mismo, correr riesgos, tomar decisiones difíciles, avanzar más de lo que creemos que podemos y en ocasiones ser heridos por los demás o por aquellas circunstancias que se escapan a nuestro control.

La adversidad y los obstáculos nos dan la oportunidad de crecer. Podemos elegir resistirnos y enfadarnos con estos desafíos o aceptarlos, darles la bienvenida como bendiciones y sentir gratitud por el crecimiento que nos ofrecen. A veces, las experiencias más difíciles a las que nos enfrentamos son las que más nos benefician.

Cuando atravesamos momentos difíciles, podemos examinarnos para ver si encontramos emociones atrapadas y quedar libres de sus efectos negativos.

EL FUEGO DEL REFINADOR

La vida es un proceso de aprendizaje y purificación. Hay una historia que ilustra muy bien este principio:

> Un grupo de mujeres estaba leyendo el libro de Malaquías del Antiguo Testamento cuando se toparon con el tercer verso del capítulo 3, que dice: «Se sentará como refinador y purificador de plata». Este verso desconcertó a las mujeres y se preguntaron qué significaría esta afirmación acerca del carácter

y la naturaleza de Dios. Una de las mujeres se ofreció a investigar sobre el proceso de refinamiento de la plata y después informar al grupo en su próxima lectura de la Biblia.

Esa semana la mujer llamó a un orfebre y quedó con él para verlo trabajar. No mencionó nada acerca de los verdaderos motivos de su interés más allá de su mera curiosidad por el proceso de refinamiento de la plata. Mientras miraba al orfebre, este sostenía una pieza de plata sobre el fuego y la dejaba calentar. Le explicó que en el refinamiento de la plata se necesitaba sostener la pieza en mitad de las llamas para hacer desaparecer todas las impurezas.

La mujer se imaginó a Dios sosteniéndonos de la misma forma y luego pensó nuevamente en el versículo. Le preguntó al orfebre si era cierto que tenía que sentarse allí delante del fuego a esperar que la plata se refinara. El hombre asintió y explicó que no solo se tenía que sentar allí sosteniendo la plata, sino que además no debía apartar la mirada de ella. Si dejaba la pieza en el fuego durante demasiado tiempo, se dañaría.

La mujer se quedó en silencio un momento. Luego le preguntó al orfebre: «¿Cómo sabes cuándo está la plata completamente refinada?». Él sonrió y contestó: «Ah, eso es fácil. Cuando veo mi imagen en ella».

Cada vez que sientas las llamas insoportables de este mundo, solo recuerda que Dios te sostiene y sus ojos están fijos en ti.

AUTOR DESCONOCIDO

Si las pruebas de tu vida te sobrepasan, recuerda que Dios tiene un propósito para ti y que Él te ama.

LA VIDA COMO PROCESO DE ASCENSIÓN

Dios te está refinando. Nuestra meta debería ser estar alineados con este proceso de refinamiento, trabajar paso a paso para elevar nuestra vibración y nuestro nivel de conciencia, para que nuestra habilidad para dar amor incondicional sea la misma que la de nuestro Creador.

Creo que cada uno de nosotros tiene un destino que cumplir y una misión por realizar mientras está de paso en este mundo. Las emociones atrapadas pueden contribuir a las enfermedades e impedir que vivamos la vida que querríamos. Este es un llamamiento sagrado para ayudar a aquellos que están sufriendo, no solo por ellos, sino por el efecto dominó que sus vidas pueden provocar a través del tiempo y el espacio hasta la eternidad. Algunas de las satisfacciones más grandes de mi vida han surgido al enseñar a las personas el Código de la Emoción y ayudarlas a encontrar el sanador que hay en ellas. A medida que lo hago, siento el gozo que proviene de inspirar a los demás y ayudarles a estar bien y ser felices.

ACERCA DE LA ORACIÓN

Cuando era joven tuve una experiencia espiritual profunda en la cual aprendí que Dios es real y nos ama a todos por igual. Es nuestro Padre, vive y es real. Nosotros somos sus hijos, hermanos y hermanas espirituales en un sentido muy literal.

La oración ha sido una herramienta esencial que me ha ayudado a comprender quiénes somos en realidad como seres humanos, cómo funcionan realmente nuestros cuerpos, cómo corregir problemas y cómo sanar. Tengo la costumbre de ofrecer una oración en silencio para recibir orientación antes de ayudar a alguien. Muchas veces he recibido comprensión e inspiración que estaban más allá de mi propia capacidad. Estoy agradecido por esta ayuda y muestro mi reconocimiento a Dios por ella.

Te animo encarecidamente a que le pidas ayuda a Dios en todas las áreas de tu vida, en especial en tus intentos de ayudar a los demás. Él estará ahí para ti. Solo tienes que creer y estar agradecido de que Él te esté ayudando.

En caso de que no estés seguro de cómo orar o qué formato seguir, compartiré contigo lo que me funciona a mí.

Empiezo simplemente dirigiéndome a Dios diciendo: «Padre celestial» o «Padre que estás en el cielo».

Luego le doy gracias por la oportunidad que tengo de ayudar a la persona que necesita esa ayuda.

Después le pido a Dios su consejo y guía para hacerlo.

Por último, termino mi oración diciendo: «En el nombre de Jesucristo, *amén*». Esta palabra significa «que así sea».

Que Dios te bendiga en el proceso que te conduce a mejorarte. Espero que ayudes a muchas otras personas en tu camino.

Sé que puedes.

GLOSARIO DE EMOCIONES

L A LISTA DE EMOCIONES que encontrarás a continuación se corresponde con las emociones que aparecen en el cuadro de emociones y abarca toda la gama de emociones humanas. En los diccionarios aparecen muchas otras emociones que no encontrarás aquí, pero hemos decidido utilizar una lista reducida para simplificar y agilizar el proceso. Recuerda, si la emoción que has experimentado y estás buscando no aparece en el cuadro, tu subconsciente te conducirá a la emoción que más se le parezca. Por esta razón, esta lista de 60 emociones abarca toda la gama de emociones que experimentamos y será lo único que necesites para utilizar el Código de la Emoción. Cada vibración emocional que creamos y experimentamos estará incluida en una de las emociones que aparecen a continuación (por ejemplo, **pasar vergüenza** estaría incluida en **humillación**; **desconcierto** estaría incluida en **confusión**; **rabia**, en **ira**, etc.).

Abandono: Sentir *abandono físico* se refiere a la sensación de haber sido dejado solo, dejado atrás o desatendido (este tipo de abandono es el que más se vive durante la infancia). *El bebé se sintió abandonado cuando su madre lo dejó en la guardería.* El *abandono emocional* se da cuando sientes que alguien pierde la fe en ti, cuando te dejan o hay una separación, o cuando te sientes desatendido emocionalmente. Es un sentimiento de haber sido «dejado atrás», pero esto no ocurre físicamente. También podría aplicarse al abandono *financiero*. *Se sintió abandonada cuando su marido no quiso hablar de sus problemas maritales. El estudiante se sintió abandonado cuando sus padres dejaron de pagar sus estudios.*

Actitud defensiva: Mantenerse en un estado de resistencia ante los ataques o de protección de uno mismo. Ser sensible a la amenaza que suponen las críticas o los ataques al ego. Estar en guardia contra amenazas reales o imaginarias, ya sean físicas o emocionales.

Acusar: *Ser acusado* se refiere a lo que sientes cuando te hacen responsable de algo o te culpan por ello (sin tener en cuenta si eres responsable realmente o no). *Sintió que todo el mundo la acusaba por el comportamiento de su marido. Acusar a otra persona* se refiere a hacer a alguien responsable de algo, culparle, encontrar defectos en sus acciones o poner la responsabilidad en esa persona para no tener que responsabilizarte tú. Se trata de una emoción clave a la hora de crear la mentalidad de víctima y puede causar un deterioro del poder personal. *La necesidad de acusar a mi hermana de la situación me agobió, pero no estaba dispuesto a admitir que era culpa de ambos. Acusarse a uno mismo* es culparse a uno mismo, lo cual puede llevar a la creación de emociones como la autolesión y la depresión. *Sentía que tenía la culpa de todas las cosas malas que le habían sucedido a su familia.*

Agobio: Sentirse abrumado a nivel mental o emocional; extremadamente estresado; sentirse dominado por una fuerza superior, sentir que se tienen demasiadas responsabilidades.

Amargura: Una actitud dura, desagradable o cínica. Sentir enfado o resentimiento debido a experiencias dolorosas o injustas.

Amor sin recibir: Sentir que tu amor es rechazado. No sentirse querido, cuidado o aceptado; una falta de amor que se anhela. *Estaba enamorada de él, pero él no sabía ni que existía, así que su amor quedó sin recibir. Intentó mostrar amor por su madre, pero ella no estaba disponible emocionalmente, así que nunca recibió el amor de su hijo.*

Ansiedad: Sentir que algo no va bien pero no saber de qué se trata. Un desasosiego generalizado o un presentimiento; miedo a lo desconocido; miedo sin una fuente conocida. *Se siente ansiosa y asustada todo el tiempo sin razón aparente.*

Asco: Un sentimiento de desaprobación y odio que aparece cuando se comete una ofensa contra el buen gusto y la ética. Aversión fuerte. *Sintió asco cuando el asesino fue absuelto.*

Autolesión: ***Abusar de uno mismo o lesionarse emocionalmente*** incluye hablarse a sí mismo negativamente, culparse, etc. *Se hacía daño cada vez que se decía que tenía que dejar de ser tan idiota.* **Lesionarse físicamente** incluye maltratar tu propio cuerpo utilizando sustancias adictivas; no cuidar del cuerpo, no dormir lo suficiente, ni seguir una dieta saludable; trabajar más de lo que se puede o se debe; castigarse o sancionarse en exceso. Este abuso se lleva a cabo para expiar los «pecados», reales o imaginarios, y suele estar motivado por la ira. *Abusó de sí mismo trabajando en exceso y no durmiendo lo suficiente.*

Baja autoestima: Baja apreciación del valor propio; sentir y centrarse en los defectos propios, falta de respeto por uno mismo; falta de seguridad en uno mismo; falta de amor por uno mismo.

Celos: Resentirse por el éxito, los logros o las ventajas ajenas. Envidia. Tener miedo, basado en la desconfianza, de la rivalidad o la infidelidad. Aparece debido al miedo a no ser querido y a la inseguridad.

Conflicto: El *conflicto interno* es una lucha interna mental y emocional, que surge cuando nos encontramos frente a demandas o impulsos de naturaleza opuesta. *A la hora de tomar la decisión entró en conflicto: no sabía si coger el nuevo trabajo o no.* Un *conflicto externo* es una pelea, un desacuerdo, una discusión, un problema con alguien. *Vive en un conflicto continuo con su exmarido por la custodia de sus hijos.*

Confusión: Sentirse desorientado o confundido, inseguro acerca de las opciones, una falta de distinción o claridad. Sentirse perplejo o desconcertado.

Culpa: La sensación de haber cometido un delito o una ofensa. Responsabilizarse por las acciones dañinas de otra persona (por ejemplo, abusos, el divorcio de los padres, muertes, etc.). Suele ir acompañado por sentimientos de depresión, vergüenza y autolesión.

Demasiada alegría: Deleite intenso o euforia que es demasiado sofocante para el cuerpo; alegría que conmociona al sistema. *Mi sentimiento de alegría en demasía me dejó aturdido y sin aliento.*

Depresión: Un estado que suele aparecer cuando dirigimos nuestra ira hacia nosotros mismos internamente. Incapacidad para sentir alegría o entusiasmo. Un estado negativo de vibración energética baja causado por sentimientos negativos constantes.

Desamparo: Sentirse miserable y abandonado. Sentirse triste y solo debido al abandono, al desconsuelo o a la sensación de vacío. Un tipo de desesperanza solitaria.

Desánimo: Falta de coraje, esperanza y confianza en uno mismo. Sentirse descorazonado o desalentado. Carecer de la valentía para intentar algo.

Desesperación: Una pérdida total de la esperanza. Sentirse miserable e incapaz de recibir ayuda o consuelo.

Desesperanza: Falta de esperanza. No tener expectativas positivas. Sentir que no tienes el remedio o la cura, carecer de perspectivas de cambio o mejora. *Tras solicitar numerosos empleos y no recibir respuesta, empezó a sentirse desesperanzada.*

Desprecio: Emoción que se siente hacia algo o alguien que carece de importancia o valor; carecer de bondad, calidad o estima; no servir para nada.

Dolor profundo: Sufrimiento causado por la pérdida de un ser querido, la muerte de un sueño, un desastre, una desgracia, etc. Una reacción universal a la pérdida. También puede aparecer en casos en los que las expectativas no se cumplen. *La chica sintió un dolor profundo tras la muerte de su padre. La mujer sintió dolor profundo cuando perdió su casa debido a las inundaciones. Las decisiones de su hijo le causaron un profundo dolor.*

Esfuerzo no recibido: Cuando el trabajo, los logros o los empeños de una persona no son aceptados o reconocidos. Cuando los esfuerzos de una persona no se consideran suficientemente buenos. Sentimiento de estar poco valorado. Sentir que no aprueban o validan tus acciones.

Falta de control: La *falta de autocontrol* se da cuando la persona no limita su propio comportamiento y no es consciente de sus propias tendencias y habilidades destructivas. *Estaba fuera de control, compraba todo lo que veía. Perdió el control y le dio una bofetada.* La *falta de control sobre las* *circunstancias* es un sentimiento de pérdida de terreno, de ser incapaz de controlar o cambiar lo que sucede. Sentimiento de que algo o alguien determina tu trayectoria. *No tenía control sobre las decisiones de la junta directiva. Perdió el control del coche sobre la carretera helada.*

Falta de personalidad: Débil, sin ánimo; indeciso; irresoluto; sin fuerza de carácter. Falta de convicción; sin temple.

Fastidio: Irritado, molesto, exasperado, enojado, airado, cabreado. *¡Qué fastidio! Ese tío me ha rayado el coche, no puedo tolerar un comportamiento tan irresponsable.*

Fracaso: Cuando alguien no alcanza el éxito o los logros en algo que espera, intenta o desea. *Se sintió fracasada cuando su matrimonio terminó. Sintió que había fracasado cuando perdió su trabajo y ya no podía mantener a su familia. La niña pensó que sus notas eran un fracaso.*

Frustración: Sentirse exasperado, atormentado o irritado. Sentirse estancado o incapaz de hacer progresos, bloqueado a la hora de hacer cambios o conseguir un objetivo o meta.

Horror: Emoción fuerte de alarma, asco o furia causada por algo aterrador o impactante (por ejemplo, un suceso extremadamente violento o cruel). *Se horrorizó al ver el accidente.*

Humillación: Pérdida dolorosa del orgullo, la dignidad o el respeto por uno mismo; sentirse mortificado o avergonzado.

Impotencia: Falta de poder o incapacidad para ayudarse a uno mismo. No disponer de la ayuda o la protección de otra persona. Se trata de una emoción muy común entre las personas que tienen «mentalidad de víctima». Sentirse incapaz de cambiar las circunstancias o el estado en el que te encuentras. *Se sintió incapaz de obrar un cambio, impotente ante las circunstancias.*

Indecisión: Incapacidad para elegir; dudar constantemente entre dos opciones. Tiene su origen en la desconfianza en uno mismo o dudar de la habilidad para tomar buenas decisiones. *Estaba indecisa porque ninguna de las dos opciones parecía mejor que la otra.*

Indignidad: Sentir que no eres lo suficientemente bueno, estar por debajo de lo que se considera digno; poco encomiable o creíble, no merecedor, sin valor o poco adecuado, impropio.

Inseguridad: Falta de confianza en uno mismo, cohibición, timidez. No sentirse a salvo del peligro o del ridículo.

Inseguridad creativa: Sentirse inseguro o desconfiar de uno mismo con respecto a la creación o desarrollo de algo, incluyendo relaciones, familia, salud, dinero o empeños profesionales o artísticos. Un sentimiento de inseguridad que surge y bloquea el proceso creativo. *Su bloqueo al escribir estaba causado por su inseguridad creativa.*

Ira: Desagrado fuerte y hostilidad, normalmente incrementados por una ofensa real o percibida. La ira puede aparecer cuando nos sentimos amenazados o como un escudo cuando nos sentimos heridos, asustados o estamos reprimiendo alguna otra emoción.

Llanto: Se refiere al acto de expresar dolor. Una respuesta al dolor o al sufrimiento que incluye una oleada de emoción, normalmente acompañada de una sensación física en la garganta, el pecho y/o el diafragma. Una respuesta a la impotencia. Esta emoción suele quedarse atrapada cuando no nos permitimos llorar.

Lujuria: Deseo o apetito sexual muy intenso; un deseo o antojo abrumador (por ejemplo, tener sed de poder); pasión; codicia. *Su sed de poder estaba fuera de control. La víctima del abuso sexual absorbió la emoción de lujuria del violador.*

Miedo: Emoción fuerte y angustiante que aparece cuando nos enfrentamos a un peligro, mal o dolor inminente; dicha amenaza puede ser real o imaginaria.

Nerviosismo: Sentirse inquieto o ansioso de manera poco natural e intensa; temeroso; asustadizo; tenso, en ascuas, con el alma en vilo.

Nostalgia: Echar de menos algo o a alguien; anhelar; añorar o extrañar; tener un deseo intenso o antojo; desear algo que no se tiene. *Sentía una fuerte nostalgia por ella mientras estaba trabajando en el extranjero. Sentía nostalgia por la vida que había llevado hasta el momento del accidente.*

No valorado: Sentir que has sido tratado con indiferencia y desconsideración, que no se te agradece o reconoce por un logro. Emoción parecida a sentirse ignorado o que se aprovechen de uno.

Obstinación: Ser una persona difícil, rígida, incapaz o reticente a perdonar, terca, cabezota o que opone mucha resistencia.

Odio: Desdén o desprecio. Sentir un fuerte desagrado o aversión. Suele aparecer como resultado de un «amor herido». Normalmente se siente odio por una situación, no por una persona (por ejemplo, sentir odio hacia el comportamiento de alguien, hacia circunstancias injustas, etc.). El ***odio hacia uno mismo*** suele ocasionar depresión, comportamientos destructivos, adicciones y enfermedades.

Pánico: Miedo repentino y abrumador que produce un comportamiento histérico, pensamientos exageradamente temerosos o síntomas físicos tales como los temblores o la hiperventilación; una sensación desmesurada de la inminencia de una fatalidad.

Pavor: Miedo a algo que está a punto de ocurrir. Temor acerca de algo en el futuro, normalmente real, pero en ocasiones desconocido. *Tenía pavor de ir a la reunión de antiguos alumnos y encontrarse con los abusones que le habían acosado durante su infancia.*

Pena en el corazón: Angustia o dolor en el corazón; aflicción causada normalmente por las dificultades o la tristeza en una relación. Esta emoción se percibe como una sensación física de quemazón o presión en el pecho.

Perdido: Ser incapaz de encontrar la trayectoria correcta o aceptable; perder el rumbo. *Perdido físicamente* suele originarse durante la niñez. *El niño se había perdido y no era capaz de encontrar el camino de vuelta. Perderse emocionalmente* es un sentimiento de ser incapaz de determinar cuál es la decisión o la dirección correcta, ser incapaz de alcanzar la estabilidad emocional. *Tras la muerte de su mujer, se sintió perdido.*

Pesar: Arrepentimiento; angustia causada por la pérdida, la decepción o el dolor; sentimientos o expresiones de dolor, infelicidad o tristeza.

Preocupación: Obcercarse en las dificultades o los problemas; inquietud o ansiedad acerca de una situación o persona; intranquilidad extrema por posibles problemas; desazón por un ser querido en peligro.

Rechazo: Sentirse negado, repudiado o despreciado; descartado por ser inútil o poco importante; expulsado; no querido; abandonado.

Resentimiento: Sentimiento de desagrado o indignación por alguien o algo que percibimos como la causa de una ofensa o insulto; amargura por haber sido tratado injustamente; poca disposición para perdonar. Esta emoción suele ir acompañada por animosidad: animadversión, fuerte hostilidad o rivalidad. *Estaba resentido con sus hijos porque nunca le ayudaban con las tareas domésticas.*

Shock: Interrupción repentina o violenta de las emociones o la sensatez; sorpresa extrema; sensación de estar traumatizado o aturdido.

Sin apoyo: Sentir falta de apoyo, de ayuda o de ánimos; sentir que no te respaldan, que no te defienden cuando necesitas ayuda; sentir que una responsabilidad es demasiado grande para asumirla solo. También es posible sentir falta de apoyo (por parte del cuerpo) en casos de enfermedad, debilidad o falta de fuerza mental o emocional.

Soberbia: Orgullo excesivo; consideración demasiado alta por uno mismo debido a méritos reales o imaginarios o sentimientos de superioridad; vanidad o deseo excesivo de ser visto, elogiado o de obtener la aprobación de los demás; sentirse mejor que los demás; arrogancia; no poder ser enseñado; necesidad de tener la razón; esperar que se reconozcan más méritos de los que nos hemos ganado; tratar a los demás con desprecio o desdén; estar en un estado de resistencia contra los demás y, en particular, contra Dios o el Creador. Tener una cantidad moderada de orgullo (respeto por uno mismo o autoestima) es bueno y esta emoción no suele aparecer como una emoción atrapada, a no ser que te hieran este orgullo sano. *Le hirió el orgullo al dejarle por otro hombre. Era una mujer con mucha soberbia y no permitía que nadie cometiese ni el más mínimo error.*

Terror: Miedo intenso, agudo y abrumador; temor extremo; alarma. *Se sintió aterrorizada cuando se dio cuenta de que se iba a estrellar.*

Traición: *Sentirse traicionado* se refiere a perder la confianza en alguien, es decir, ser abandonado o herido por una persona en la que confías. *Me sentí traicionada cuando me enteré de que me había mentido.* **Traicionar a alguien** es ser desleal y perder la confianza de alguien, violar la confianza de alguien, abandonar a alguien que confía en ti. *Sintió su traición en lo que le había hecho a su amiga y atrapó esa emoción en su cuerpo.* **Traicionarse a uno mismo** es violar tu propia integridad; actuar contra tu ética; abusar de tu cuerpo o tu alma. *Al robar el dinero sintió cómo traicionaba a su propia conciencia.*

Tristeza: Infeliz, afligido, apenado, afectado por el dolor.

Vergüenza: Sentimiento de estar equivocado, ser defectuoso o tener mala reputación; sentimiento doloroso por haber hecho o experimentado algo deshonroso, inapropiado o ridículo; desgracia; humillación; causa de arrepentimiento. La vibración energética de esta emoción es la más baja de todas. Conduce a la culpa, a la depresión e incluso al suicidio.

Vulnerabilidad: Sentir que tienes propensión a sufrir daños, ya sean emocionales o físicos; sentirse inseguro o inestable.

FUENTES

Amen, D. G., *Cambia tu cerebro, cambia tu vida.* Sirio, Málaga, 2011.

Truman, K. K., *Los sentimientos que se entierran con vida nunca mueren.* Olympus Publishing Company, Salt Lake City, 2013.

Webster's New World Dictionary of the American Language. Prentice Hall Press, Nueva York, 1962.

INVESTIGACIONES ACERCA DEL CÓDIGO DE LA EMOCIÓN

COMO PARTE DE LAS INVESTIGACIONES en curso, el equipo de investigadores del Código de la Emoción midió las respuestas de cien sujetos seleccionados al azar que sufrían trastorno de estrés postraumático (TEPT)[1], ansiedad[2], depresión[3] y adicción a las drogas[4] y al alcohol[5]. Estas respuestas fueron autoevaluaciones y llevadas a cabo antes y después de la eliminación de los muros del corazón de los sujetos.

Los resultados del estudio mostraron una mejora del 35 por ciento en los pacientes con trastorno de estrés postraumático y un 36 por ciento en los pacientes con depresión. Asimismo, los resultados de los pacientes con ansiedad indicaban que estos habían mejorado en un 10 por ciento, lo cual quiere decir que, tras el tratamiento, sufren menos ansiedad en la vida cotidiana.

Por otro lado, antes y después de la liberación del muro del corazón de los participantes se registró otro tipo de información relacionada con el nivel de satisfacción que sentían en sus relaciones[6] y con los cambios percibidos en su conexión espiritual a lo largo del tiempo[7]. También se les preguntó si sentían que sus vidas tenían sentido y propósito[8]. Los resultados acerca del nivel de satisfacción en las relaciones mostraron un aumento medio del 12 por ciento, es decir, los participantes que eliminaron su muro del corazón se mostraban más satisfechos con sus relaciones. De igual manera, la apertura espiritual de los participantes mejoró en un 10 por ciento, dicho de otro modo, se volvieron más abiertos a todos los aspectos de la espiritualidad.

Si deseas saber más sobre los estudios que estamos llevando a cabo, visita discoveryhealing.com.

REFERENCIAS

1. Blevins, Christy A., Frank W. Weathers, Margaret T. Davis, Tracy K. Witte y Jessica L. Domino, «The Posttraumatic Stress Disorder Checklist for *DSM-5* (PCL-5): Development and Initial Psychometric Evaluation», *Journal of Traumatic Stress*, vol. 28, 25 de noviembre de 2015, pp. 489-498, doi: 10.1002/jts.22059.

2. Zung, William W. K., «A Rating Instrument for Anxiety Disorders», *Psychosomatics*, 12, n.º 6, noviembre-diciembre de 1971, pp. 371-379, doi:10.1016/S0033-3182(71)71479-0.

3. Kroenke, K., R. L. Spitzer y J. B. Williams, «The PHQ-9: Validity of a Brief Depression Severity Measure», *Journal of General Internal Medicine*, vol. 16, n.º 9, septiembre de 2001, pp. 606-613, http://doi.org/10.1046/j.1525-1497.2001.016009606.x.

4. Skinner, H. A., «The Drug Abuse Screening Test», *Addict Behavior*, vol 7, n.º 4, 1982, pp. 363-371.

5. Babor, Thomas F., J. R. de la Fuente, J. Saunders y M. Grant. AUDIT. *The Alcohol Use Disorders Identification Test. Guidelines for use in primary health care*. Organización Mundial de la Salud, Ginebra, Suiza, 1992.

6. Funk, J. L., y R. D. Rogge, «Testing the Ruler with Item Response Theory: Increasing Precision of Measurement for Relationship Satisfaction with the Couples Satisfaction Index», *Journal of Family Psychology*, vol. 21, diciembre de 2007, pp. 572-583.

7. Genia, V., «The Spiritual Experience Index: Revision and Reformulation», *Review of Religious Research*, vol. 38, 1997, pp. 344-361.

8. Steger, M. F., P. Frazier, S. Oishi y M. Kaler, «The Meaning in Life Questionnaire: Assessing the Presence of and Search for Meaning in Life», *Journal of Counseling Psychology*, vol. 53, 2006, pp. 80-93.

PARA SABER MÁS

CONVIÉRTETE EN PROFESIONAL CERTIFICADO

Obtener la certificación profesional del Código de la Emoción te ayudará a convertirte en un experto en este método y a desbloquear tu potencial sanador. Tanto si tienes interés en trabajar como sanador a nivel profesional como si no, obtener el certificado es la mejor manera de dominar el método. Pero ¿has pensado alguna vez en dedicarte a ayudar a los demás de forma profesional con el Código de la Emoción? Nuestro programa también es la mejor manera de empezar tu carrera en el mundo de la sanación energética y es posible que abra un nuevo mundo de libertad física, emocional y financiera para ti.

Hay una creciente demanda de profesionales certificados en todo el mundo y es posible que tú puedas ayudar a cubrirla.

Te invitamos a que explores las posibilidades que te puede ofrecer una nueva vida como profesional certificado en el Código de la Emoción.

En discoveryhealing.com nos reservamos el derecho a enseñar y certificar a aquellos individuos que vayan a utilizar nuestra metodología del Código de la Emoción, protegida por derechos de autor, con fines lucrativos o que se vayan a presentar a sí mismos como practicantes del Código de la Emoción.

Para obtener más información, visita https://discoverhealing.com/es/programas-de-certificacion/.

¿NECESITAS AYUDA?

Si deseas que un profesional certificado libere tus emociones atrapadas y/o tu muro del corazón, ya sea por medio de un representante o en persona, estoy seguro de que lo encontrarás en nuestra creciente base de datos.

Si deseas obtener más información o pedir cita, visita https://discoverhealing.com/es/mapa-de-profesionales/.

DISCOVERYHEALING.COM/ES/

Uno de mis principales objetivos es proporcionar los conocimientos necesarios que ayuden a las personas a convertirse en sanadores. Creo que este es un derecho inalienable de todos: saber cómo ayudarnos a nosotros mismos y a nuestros seres queridos, eliminando nuestro bagaje emocional y muros del corazón, y cómo vivir este potencial en plenitud.

He creado la web discoveryhealing.com con el propósito expreso de poner a disposición de todo el mundo estas poderosas técnicas de sanación y suplementos naturales. Visítanos y descubre lo fácil que es hacerse miembro de esta biblioteca educativa, en la que podrás:

— Aprender más sobre sanación energética.
— Ver vídeos sobre el Código de la Emoción.
— Acceder a vídeos, libros, CD, herramientas y suplementos.
— Hacer preguntas e interactuar con otros estudiantes.

- Ver las próximas fechas de nuestros programas en vivo y *online*.
- Comprar el libro *El código de la emoción*.
- Obtener información sobre los programas de certificación.
- Pedir cita para una sesión a distancia con profesionales certificados.
- Ver seminarios *online*.
- Obtener más información acerca del Código del Cuerpo.

En discoveryhealing.com puedes ponerte en contacto con otros estudiantes, ver vídeos educativos exclusivos para miembros y beneficiarte de todo lo que la página tiene para ofrecerte.

REDES SOCIALES

Si deseas obtener más información acerca de nuestra presencia en redes sociales, visita discoveryhealing.com/social*.

IDIOMAS

Para comprar *El código de la emoción* en otros idiomas, visita nuestra página web.

RELACIONES PÚBLICAS

Si deseas ponerte en contacto con nuestro equipo de relaciones públicas para posibles entrevistas u otras oportunidades

---

* Solo en inglés. *[N. de la T.]*

en los medios de comunicación, visita discoveryhealing.com/es/relaciones-publicas/.

EL CÓDIGO DEL CUERPO

He aprendido que corregir los desequilibrios es sin duda la forma más rápida de sanar. Como has podido ver en este libro, las emociones atrapadas son una de las causas más significativas de todo tipo de enfermedades, ya sean mentales, emocionales o físicas, y son el desequilibrio más común que sufrimos.

Durante mis años de trabajo, he desarrollado un método sencillo pero muy completo para abordar todos y cada uno de los desequilibrios tanto físicos como mentales que pueda tener una persona. Este sistema ha funcionado muy bien, incluso en los casos más difíciles, porque son precisamente estos desequilibrios los que causan nuestras enfermedades.

El Código de la Emoción es parte de un sistema más amplio de trabajo al que yo llamo el Código del Cuerpo. Usando el Código del Cuerpo es posible acceder a la mente subconsciente para encontrar y solucionar cualquier tipo de disfunción que esté interfiriendo en la sanación y contribuyendo al desarrollo de enfermedades mentales, físicas o emocionales. El Código del Cuerpo nos facilita la tarea de preguntarle al subconsciente cuáles son los desequilibrios que debemos corregir e incluso nos sugiere las medidas que podemos tomar para solucionar el problema.

El Código del Cuerpo es el curso autodidacta sobre sanación energética más completo creado hasta el momento. El curso incluye vídeos educativos, manuales, un mapa mental interactivo para tu ordenador y tus dispositivos móviles y mucho más.

Si deseas obtener más información, visita discoveryhealing.com/es/el-codigo-del-cuerpo/.

¿TIENES ALGUNA PREGUNTA?

Si tienes alguna pregunta sobre el Código de la Emoción, quizá encuentres la respuesta en nuestro enlace de preguntas frecuentes, que puedes consultar aquí: https://support.discover-healing.com/portal/es/kb/discover-healing.

En esta base de datos podrás ver las preguntas que otras personas han formulado y hacer cualquier consulta que aún no haya sido contestada.

Si deseas ponerte en contacto con nosotros para resolver otras dudas, visita discoveryhealing.com/es/contacto/.

ÍNDICE TEMÁTICO

En esta misma editorial

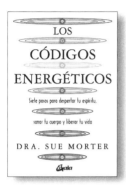

LOS CÓDIGOS ENERGÉTICOS

7 pasos para despertar tu espíritu, sanar tu cuerpo y liberar tu vida

DRA. SUE MORTER

Tras años de estudio e investigaciones avanzadas en medicina y curación energética, la Dra. Sue Morter, desarrolló los códigos energéticos, un programa transformador que ya ha permitido a miles de personas de todo el mundo superar el dolor, la enfermedad, la fatiga, la ansiedad y la depresión, y despertar su creatividad innata, su intuición y su poder interior.

CURACIÓN CUÁNTICA

Las fronteras de la medicina mente-cuerpo

DEEPAK CHOPRA

Curación cuántica muestra que el cuerpo humano está controlado por una fina y sutil "red de inteligencia" cuyas raíces se asientan en la realidad cuántica, una realidad profunda que modifica incluso los patrones básicos que rigen nuestra fisiología y que nos brinda la posibilidad de superar el cancer, las enfermedades cardiovasculares e incluso en envejecimiento.

CUANDO EL CUERPO DICE "NO"

La conexión entre el estrés y la enfermedad

DR. GABOR MATÉ

Partiendo de profundas investigaciones científicas y de la extensa experiencia médica del autor, *Cuando el cuerpo dice «no»* ofrece respuestas a estas y otras importantes preguntas sobre el efecto que la conexión cuerpo-mente ejerce sobre la enfermedad y la salud, y sobre el papel que desempeñan el estrés y la constitución emocional en la aparición de un considerable número de enfermedades comunes.